国家出版基金项目
NATIONAL PUBLICATION FOUNDATION

"十三五"国家重点图书出版规划项目

本丛书成果受中国人民大学科学研究基金项目（批准号：18XNQ016）支持

本丛书得到中国人民大学中共党史党建学科建设基金支持

中国改革开放40年丛书

中国人民大学中共党史党建研究院 组织编写

靳诺 杨凤城 主编

改革开放40年的 中国外交

齐鹏飞 陈宗海 李桂华
张　安 穆阿妮 著

中共党史出版社

图书在版编目（CIP）数据

改革开放 40 年的中国外交 / 齐鹏飞等著 . — 北京：
中共党史出版社 , 2018.7（2020.5 重印）
ISBN 978-7-5098-4611-7

Ⅰ . ①改⋯ Ⅱ . ①齐⋯ Ⅲ . ①外交史—中国—现代
Ⅳ . ① D829

中国版本图书馆 CIP 数据核字 (2018) 第 055366 号

出版发行：**中共党史出版社**
领衔编辑：王鸽子
责任编辑：王媛
复　　审：姚建萍
终　　审：汪晓军
责任校对：龚秀华
责任印制：谷智宇
责任监制：贺冬英
社　　址：北京市海淀区芙蓉里南街 6 号院 1 号楼
邮　　编：100080
网　　址：www.dscbs.com
经　　销：新华书店
印　　刷：北京盛通印刷股份有限公司
开　　本：170mm×240mm　1/16
字　　数：195 千字
印　　张：16.5
印　　数：13116—15130 册
版　　次：2018 年 7 月第 1 版
印　　次：2020 年 5 月第 4 次印刷
　　　ISBN 978-7-5098-4611-7
定　　价：37.00 元

此书如有印制质量问题，请与中共党史出版社出版业务部联系
电话：010-82517197

总　序

改革开放与中国特色社会主义进入新时代

杨凤城

习近平总书记指出："只有社会主义才能救中国，只有改革开放才能发展中国、发展社会主义、发展马克思主义。"[①] "改革开放是当代中国最鲜明的特色，是我们党在新的历史时期最鲜明的旗帜。改革开放是决定当代中国命运的关键抉择，是党和人民事业大踏步赶上时代的重要法宝。"[②]

从1978年十一届三中全会到2018年，改革开放已经走过40年的历程。40年可谓"其作始也简，其将毕也必巨"。期间既有筚路蓝缕、"一山放过一山拦"的艰辛，也有柳暗花明、"堂堂溪水出前村"的欣喜，既有大刀阔斧、激情澎湃的乐章，也有彷徨困惑、如履薄冰的凝重。然而，不经风雨怎能见彩虹！中国经济的壮美腾飞，中国国家实力和民众生活水平迅速而大幅度的提升，中国经济实力、科技实力、国防实力和由此构成的综合国力迈入世界前列，中华民族已经迎来从站起来、富起来到强起来的伟大历史性飞跃，这就是中国改革开放在风雨如磐、狂飙突进后

---

① 习近平：《决胜全面建成小康社会，夺取新时代中国特色社会主义伟大胜利——在中国共产党第十九次全国代表大会上的报告》，《人民日报》2017年10月28日。

② 习近平：《在庆祝中国共产党成立95周年大会上的讲话》，《人民日报》2016年7月2日。

见到的绚烂彩虹、展现的光明前景。

一

40年改革开放的最大成就是开创和发展了中国特色社会主义。换言之，改革开放是中国特色社会主义的历史和逻辑起点。没有改革开放，就不可能有中国特色社会主义。

在国际共产主义运动史上，究竟什么是社会主义或者更准确地说什么是科学社会主义，长期以来困扰着各国共产党和工人党。无疑，马克思和恩格斯对未来社会主义的描绘或设想，构成了科学社会主义的基本原则。然而，他们的设想主要是在经济方面，这和他们的唯物史观是一致的。例如，提出由社会占有生产资料、实行按劳分配等。需要指出的是，马克思主义创始人对未来社会主义的原则设想，是作为对他们所生活的那个时代也就是19世纪资本主义的制度缺陷的校正物提出的。实际上，马克思和恩格斯在世时就一再强调，他们的理论是活的行动理论而不是一成不变的教条，不是先验的一劳永逸的有关未来社会的详细蓝图。正如邓小平所言："绝不能要求马克思为解决他去世之后上百年、几百年所产生的问题提供现成答案。……真正的马克思列宁主义者必须根据现在的情况，认识、继承和发展马克思列宁主义。"[1]

列宁领导建立了第一个社会主义国家，但没有形成社会主义建设的系统理论，只提出过一些原则设想，如"苏维埃政权＋普鲁士的铁路秩序＋美国的技术和托拉斯组织＋美国的国民教育等等等等＝总和＝社会主义"。[2]列宁去世后，在斯大林的领导下，逐步形成了我们日常所讲的苏联社会主义模式或曰传统社会主义模式或曰"斯大林模式"。这个

---

① 邓小平：《结束过去，开辟未来》（1989年5月16日），《邓小平文选》第3卷，人民出版社1993年版，第291页。

② 列宁：《〈苏维埃政权的当前任务〉一文的几个提纲》（1918年3月—4月），《列宁全集》第34卷，人民出版社1985年版，第520页。

模式的构成要件是：单一公有制、指令性计划经济体制、单一按劳分配制度等。

客观地讲，改革开放前的30年，中国基本上遵循的就是苏联社会主义模式。当然，这并不意味着以毛泽东为代表的那一代共产党人在一切方面均步苏联后尘，照抄照搬。事实上，毛泽东在1956年就提出以苏联为借鉴，实现马克思主义与中国实际的第二次结合。中国共产党第八次全国代表大会、毛泽东《论十大关系》的报告、《关于正确处理人民内部矛盾的问题》的讲话等，便集中地体现着这种探索。从为中国特色社会主义提供理论起点的角度回看，这一探索主要包括：（1）中国进入社会主义后，国内主要矛盾已经是人民对于建立先进的工业国的要求同落后的农业国现实之间的矛盾，已经是人民对于经济文化迅速发展的需要同当前经济文化不能满足人民需要的状况之间的矛盾。由此，党和国家的主要任务就是尽快把我国从落后的农业国变为先进的工业国。（2）在经济体制方面，国家经营和集体经营是工商业的主体，但附有一定数量的个体经营作补充；计划生产是工农业生产的主体，按照市场变化而在国家计划许可范围内的自由生产作补充；国家市场是主体，但附有一定范围内国家领导的自由市场作补充。毛泽东甚至设想"消灭了资本主义，可以再搞资本主义"。（3）社会主义要发展商品生产，尊重价值规律的作用。不能把商品生产与资本主义混为一谈。（4）在社会主义社会，疾风骤雨式的大规模的阶级斗争已经基本结束，社会矛盾大量的是属于人民内部非对抗性的矛盾，正确处理人民内部矛盾成为国家政治生活的主题。要发扬社会主义民主、建立健全社会主义法制，学会用法制保障国家建设。（5）坚持马克思主义在思想文化领域的指导地位，同时实行"百花齐放，百家争鸣"的方针，发扬学术艺术民主，尊重学术艺术自由，活跃精神文化生活。上述探索，放在20世纪五六十年代的背景下，其深刻性和创新性不能低估。虽然，这些探索在当年并未得到完全落实甚至相当长的时间内反其道而行之。但是，20年后，这些探索开始发挥作用，这就是为改革开放、为中国特色社会主义开局提供最初的也是最为珍贵的合法性支持和理论起点。回想20世纪70年末80年代初的历史情境，在传统社会主义观念根深蒂固的情况下，在极左思想依然高强度地束缚着人们头脑的情况下，没有上述探索，改革开放的破冰之旅就会更为艰难。

经过改革开放前的30年，中国社会主义基本制度得以确立和巩固，从而为日后的一切发展奠定了制度基础，同时，经过30年的努力，中国建立了一个比较完整的工业体系和国民经济体系，没有这样一个体系和基础，中国日后的改革开放和国民经济的快速发展就会大打折扣甚至失去必要的前提。1949年中华人民共和国成立，结束了近代中国半殖民地的屈辱地位，这是自鸦片战争以来中华民族接续奋斗尤其是中国共产党成立后领导中国人民奋斗的结果。就一个民族国家而言，国家实力和国防实力，是站起来并屹立不倒的基础和保障，为此，必须实现工业化、现代化。1955年10月，毛泽东谈道："我国是个大国，但不是富国，也不是强国。飞机也不能造，大炮也不能造，坦克也不能造，汽车也不能造，精密机器也不能造，许多东西我们都不能造，现在才开始学习制造。我们还是一个农业国。在农业国的基础上，是谈不上什么强的，也谈不上什么富的。""所以，全国各界……都要努力，把我国建设成为一个富强的国家……我们一定要争这一口气。"[1]经过30年的努力，到改革开放之际，中国已经建立了一个独立的比较完整的工业体系，特别是拥有了旧中国所极度缺乏的重工业，而没有重工业就不可能有巩固的国防，没有巩固的国防"站起来"就缺乏保障。不仅如此，国防科技领域内取得的以"两弹一星"为标志的一系列骄人成就更奠定了中国的大国地位，中国终于以一个有尊严的形象矗立于世界民族之林。

---

[1] 毛泽东：《在资本主义工商业社会主义改造问题座谈会上的讲话》（1955年10月29日），《毛泽东文集》第6卷，第495、500页。

二

在充分肯定改革开放前30年成就的同时，必须承认，改革开放启动之初的中国依然是一个贫穷落后的国家，尤其是民众生活水平比较低。这里有一个历史的阶段性发展问题。中华人民共和国成立之际，近代以来遭受西方列强欺辱的历史刚刚画上句号，国家强大对于中国共产党而言具有压倒一切的目标优先性。在战后东西方冷战和局部热战的背景下，在中国贫困落后、实力有限的情况下，中国共产党需要做一个有先有后的战略安排。这个战略安排，就是优先发展重工业，为此不断倡导民众要"勒紧裤腰带过苦日子"，也就是说，将生产发展的剩余不是先用于改善生活而是贡献给国家发展重工业。这就导致民众生活在中华人民共和国成立后提高慢甚至在许多农村地区没有提高。改革开放之初，农村大约2.5亿人口不能满足温饱的现实证明了这一点。改革开放以来7亿人先后脱贫的伟业也是很好的说明。

贫穷拷问着社会主义、拷问着中国，由此，邓小平启动了改革开放的伟大进程，希望找到一条尽快摆脱贫穷的新路，这就是后来逐步形成的中国特色社会主义道路。1978年12月召开的中共十一届三中全会，标志着中国社会主义建设事业一个新时期的开启。这个新时期最鲜明的特色就是改革开放，最大成果就是开辟了中国特色社会主义道路。

回看历史，邓小平作为改革开放总设计师先是改变人们长期以来形成的"宁要贫穷的社会主义和共产主义，不要富裕的资本主义"[1]等错误观念，在70年代末80年代初反复强调：社会主义制度优越性的根本表现，是社会生产力的发展和人民生活水平的不断提高，"这是压倒一切的标准。"[2]贫穷不是社会主义，"社会主义最大的优越性就是共同

---

[1] 邓小平：《社会主义必须摆脱贫穷》（1987年4月26日），《邓小平文选》第3卷，人民出版社1993年版，第223页。

[2] 邓小平：《社会主义首先要发展生产力》（1980年4月—5月），《邓小平文选》第2卷，人民出版社1994年版，第314页。

富裕。"①而要实现富裕必须集中精力发展生产力。社会主义几十年的实践表明，生产力要获得迅速发展必须对传统社会主义体制进行改革。于是，大体上从1984年到1987年期间，邓小平开始频繁地提出"什么叫社会主义，什么叫马克思主义"②"什么是社会主义和怎样建设社会主义"③等问题。及至1987年中共十三大则对中国特色社会主义探索作了理论上的总结和阐述，尤其是社会主义初级阶段和"一个中心两个基本点"的基本路线的概括，"什么是社会主义、怎样建设社会主义"因此有了初步但却是基本的解答。及至1992年南方谈话，邓小平明确概括道："社会主义的本质，是解放生产力，发展生产力，消灭剥削，消除两极分化，最终达到共同富裕。"④

在逐步明确社会主义的本质是解放和发展生产力，走向共同富裕等重要认识的基础上，中国共产党紧紧抓住经济建设这个中心，把发展首先是经济发展作为执政兴国的第一要务。为了实现更快更好的发展，必须建立社会主义市场经济体制，必须确立公有制为主体多种所有制经济共同发展的基本经济制度、按劳分配为主体多种分配方式共同存在的基本分配制度；必须在党的领导、人民当家作主和依法治国三者有机统一的基础上发展社会主义民主政治；必须在坚持马克思主义指导地位的前提下实行"百花齐放、百家争鸣"的方针，通过文化体制改革解放和发展文化生产力，促进中华文化的大繁荣大发展；必须以保障和改善民生为出发点和落脚点，创新社会管理体制机制，构建民主法制、公平正

---

① 邓小平：《善于利用时机解决发展问题》（1990年12月24日），《邓小平文选》第3卷，人民出版社1993年版，第363页。

② 邓小平：《建设有中国特色的社会主义》（1984年6月30日），《邓小平文选》第3卷，人民出版社1993年版，第63页。

③ 邓小平：《政治上发展民主，经济上实行改革》（1985年4月15日），《邓小平文选》第3卷，人民出版社1993年版，第116页。

④ 邓小平：《在武昌、深圳、珠海、上海等地的谈话要点》（1992年1月18日—2月21日），《邓小平文选》第3卷，人民出版社1993年版，第373页。

义、诚信友爱、充满活力、安定有序、经济与社会协调发展、人与自然和谐共处的社会主义和谐社会；必须正确地判断国际形势，牢牢把握和平与发展的两大时代主题，坚定不移地实行独立自主的和平外交方针，为中国社会主义建设营造良好的国际环境，等等。围绕上述主题而展开的思考和阐述，构成了邓小平理论、"三个代表"重要思想和科学发展观的丰富内容。中国国家实力的迅速提升，中国人民生活水平的迅速提高，已经无可辩驳地证明了中国特色社会主义理论和实践的成功。2010年中国超过日本成为世界第二大经济体。国际货币基金组织公布的数据显示，2010年中国人均GDP超过4300美元，排在世界200多个国家和地区的100位左右。显然，与改革开放之初相比，中国已经富起来了。按照党中央的设想，到2020年要实现在2010年基础上翻一番的目标，这也就意味着，届时中国人均GDP将达到1万美元左右，稳步进入中高收入国家行列（依据国际货币基金组织的数据，中国在2016年人均GDP已经超过8000美元）。这就是改革开放的成绩单，这就是中国特色社会主义优越性的证明。

党的十八大以来，中国经济已由高速增长阶段转向高质量发展阶段，建设现代化经济体系，建设科技强国、航天强国、网络强国、交通强国、海洋强国、数字中国、智慧社会等，已经成为直接的奋斗目标。数字经济等新兴产业蓬勃发展，"天宫""蛟龙""天眼""悟空""墨子"等重大科技成果相继问世，高铁、大飞机、运载火箭、空间、卫星、激光等技术迅速发展。中国经济在党的十八大后一直保持中高速增长，国内生产总值从54万亿元增长到80万亿元，稳居世界第二，对世界经济增长贡献率达到30%以上，超过美国、欧元区和日本贡献率的总和，居世界第一位。这意味着中国比任何时候都更接近也更有能力和信心实现社会主义现代化强国的民族复兴伟大梦想。

新时代的另一个重要内涵和表征，是中国社会主要矛盾已经转化为人民日益增长的美好生活需要和不平衡不充分的发展之间的矛盾。1981

年党的十一届六中全会通过的《关于建国以来党的若干历史问题的决议》明确提出，我国社会的主要矛盾"是人民日益增长的物质文化需要同落后的社会生产之间的矛盾。"①党和国家的主要任务是发展生产力。之后，直至党的十八大，每次党代表大会都要重申这一判断。这一判断的精神实质就是通过发展生产力，尽快摆脱中国穷困落后的面貌。然而，党的十八大之后，在物质财富迅速增长、产能日趋过剩的背景下，随着转变经济发展方式、调整产业结构步伐的加快，随着去产能、实施供给侧改革等决策的出台，随着脱贫攻坚战决胜阶段的来临，党内外有识之士越来越深刻地认识到，从国家整体发展而言，中国社会主要矛盾已经悄然发生了变化，民众不仅对物质文化生活提出了更高要求，而且在民主、法治、公平、正义、安全、环境等方面的要求也日益增长。同时，我国社会生产力水平总体上显著提高，社会生产能力在很多方面进入世界前列，更加突出的问题是发展不平衡不充分，这已经成为满足人民日益增长的美好生活需要的主要制约因素。社会主要矛盾的变化是关系全局的历史性变化，是时代发展进入新阶段的重要标志和内容。

新的时代需要新的指导思想，而习近平新时代中国特色社会主义思想正是对十八大以来国内外形势变化和我国各项事业发展提出的时代课题的回答，它从理论和实践结合上系统阐述了新时代坚持和发展什么样的中国特色社会主义、怎样坚持和发展中国特色社会主义。这一思想是对马克思列宁主义、毛泽东思想、邓小平理论、"三个代表"重要思想和科学发展观的继承和发展，是马克思主义中国化最新成果，是中国特色社会主义理论体系的重要组成部分。以这个最新成果指导改革开放和中国特色社会主义建设既符合历史逻辑、实践逻辑，也符合理论逻辑。

---

① 《中国共产党中央委员会关于建国以来党的若干历史问题的决议》（1981年6月27日中国共产党第十一届中央委员会第六次全体会议一致通过），《三中全会以来重要文献选编》（下），人民出版社1982年版，第785—786页。

三

十九大报告指出，中国特色社会主义进入新时代，"意味着科学社会主义在二十一世纪的中国焕发出强大生机活力，在世界上高高举起了中国特色社会主义伟大旗帜；意味着中国特色社会主义道路、理论、制度、文化不断发展，拓展了发展中国家走向现代化的途径，给世界上那些既希望加快发展又希望保持自身独立性的国家和民族提供了全新选择，为解决人类问题贡献了中国智慧和中国方案。"①这一结论放在新中国历史中审视更能见其意义。从毛泽东时代的"世界革命"情怀与力不从心的困局，到邓小平韬光养晦、先办好中国自己的事情，再到今天中国正前所未有地走近世界舞台中央、推动构建人类命运共同体，沧海桑田，彰显着时代的不同，也彰显着改革开放给中国国际地位带来的巨大变化。

按照经典马克思主义理论，全球化是资本主义发展的一大趋势和特征，从这个意义上讲，取代资本主义的社会主义自然也是全球性的。列宁的帝国主义论认为，19世纪末20世纪初自由资本主义进入垄断资本主义阶段；全球殖民地已经瓜分完毕，新的垄断资本要改变已有的殖民体系只有通过战争；战争引起革命，革命消灭战争。这一理论和逻辑为毛泽东为代表的一代共产党人所熟谙所信奉。在本国革命取得胜利后，尽一己之力，推动国际共产主义运动，成为新中国建立后执政的中国共产党人的重要信条。这也是为什么学界以"政治外交""革命外交"概括毛泽东时代外交特点的深层原因。然而，我们看到毛泽东也因此饱受困扰，周恩来、王稼祥等老革命家曾不同程度地感到了对外援助的力不从心、捉襟见肘。

改革开放后，以邓小平为核心的中央领导集体深刻研判时代特点，

---

① 习近平：《决胜全面建成小康社会，夺取新时代中国特色社会主义伟大胜利——在中国共产党第十九次全国代表大会上的报告》，《人民日报》2017年10月28日。

得出和平与发展成为时代主题的新认识。另一方面，吸收以往"革命外交""政治外交"的经验教训，形成了新的外交理念外交战略。其一，以经济建设为中心、埋头苦干，先办好中国自己的事情。邓小平明确指出："我们在国际事务中起的作用的大小，要看我们自己经济建设成就的大小。"[①]因而，"我们的对外政策，就本国来说，是要寻求一个和平环境来实现四个现代化。"[②]其二，坚持独立自主的和平外交政策、不以社会制度和意识形态的异同划线和界定国家关系的远近疏亲，对国际问题要"冷静观察、稳住阵脚、沉着应付、韬光养晦、善于守拙、决不当头、有所作为"，这著名的二十八字方针核心是"韬光养晦，有所作为"。沿着邓小平奠定的外交理念和战略，以江泽民为核心的中央领导集体直面苏联解体后国际格局的巨变，提出多样性是世界存在的本质特征，主张各国"尊重世界的多样性"，在求同存异中共同发展。进入21世纪后，以胡锦涛为总书记的中央领导集体提出了以"坚持和平发展道路"和"建设和谐世界"为核心的新思想新理念。很清楚，在邓小平身后，无论是江泽民还是胡锦涛，"韬光养晦，有所作为"的外交理念始终得到贯彻，总体上是一种守势为主的外交。

随着中国特色社会主义成就的持续铸就，中国的国际地位悄然变化。十八大以后，一方面是世界尤其是发展中国家对中国奇迹愈来愈浓厚的兴趣；另一方面是中国外交理念和战略的调整，中国特色的大国外交呈现具有实质意义的变化。在西方发达国家时常泛起的"中国崩溃论"已经没有市场，无论是对中国发展的欣赏，还是出于复杂心态的低评甚至干扰、围堵，一个不争的事实是中国正在迅速崛起。对于发展中国家而言，中国经验中国道路更具意义。来自非洲、拉美的政府考察团在学习在研究中国改革开放、发展经济、治国理政的经验。中国的专家学者

---

① 　邓小平：《目前的形势和任务》（1980年1月16日），《邓小平文选》第2卷，第240页。

② 　邓小平：《目前的形势和任务》（1980年1月16日），《邓小平文选》第2卷，第241页。

和官员也经常走出国门介绍中国经验。十九大期间，外国媒体对会议议题的广泛和持续关注；十九大闭幕后，十九大精神宣介团奔赴世界各地所引起的反响，都是鲜活的例证。

中国日益走近世界舞台中央已经是不争的事实。中共十八大以来的五年间，"中国特色大国外交"最亮丽的两道风景线——"领袖外交""主场外交"硕果累累、影响巨大。作为中国共产党和中国政府最高领导人的习近平个人出访，已经超过30次逾60个国家，参加双边或多边的国际会议近百场；中国举办了近30场重要的国际峰会，有数百人次的外国国家元首、政府首脑、议会领袖、政党领袖来中国访问。中国的"一带一路"倡议更获得国际社会的广泛响应。在这些国际交往的背后，中国提出构建人类命运共同体的价值理念，中国的国际话语权在迅速增强，在诸多领域引领着国际治理体系变革，中国作为一个负责任大国的形象日趋彰显。所有这一切都是中国所不曾有的，也是从国际视野看中国特色社会主义进入新时代的重要依凭。

与中国日益走近世界舞台中央相伴，党的十八大以来，中国共产党看待中国特色社会主义的视野也发生了具有重要意义的变化，那就是由中国本位到全球视野的变化。

2013年1月5日，习近平总书记提出了社会主义五百年的概念，强调要通过学习了解社会主义发展史，更加坚定理想信念、坚定中国特色社会主义信心。这个讲话标志着中国共产党看中国特色社会主义视野和高度的重要变化。无论是理论界还是领导人，以往谈社会主义一般是讲几十年或者不到一百年的历史，而讲社会主义五百年，那就不仅包括了社会主义实践史，而且包括了社会主义理论史；不仅包括科学社会主义，而且包括了空想社会主义。视野空前宏阔，历史空前延长。这样的视野、这样的历史叙述，就是要说明社会主义是人类文明大道、是人类主流文明，而中国特色社会主义就源于这悠久的历史。这一点，到2016年习近平总书记"七一"讲话就更清楚了，讲话指出，中国特色社会主义"使具有

500年历史的社会主义主张在世界上人口最多的国家成功开辟出具有高度现实性和可行性的正确道路,让科学社会主义在21世纪焕发出新的蓬勃生机"[1],历史没有也不可能被终结。在这里,观点更为鲜明也更具针对性。从人类历史的漫漫长河看,人类探索理想社会制度的脚步也不会因此停歇,而中国特色社会主义便是源于这一世界性的对人类美好制度的探索。

2017年7月6日,习近平总书记在中央党校的讲话进一步指出,中国特色社会主义不断取得的重大成就,意味着社会主义在中国焕发出强大生机活力并不断开辟发展新境界,意味着中国特色社会主义拓展了发展中国家走向现代化的途径,为解决人类问题贡献了中国智慧、提供了中国方案。十九大报告重申了这一思想。改革开放40年中国创造的发展奇迹,令世界对中国特色社会主义刮目相看。二战后一度风起云涌、20世纪90年代初则跌入谷底的社会主义运动因为中国而呈现新的生机,从而给世界特别是发展中国家以新的希望。中国特色社会主义对于世界的贡献就在于为世界各民族走向富裕发达的样板库里增添了中国样板、中国道路,中国成为振兴社会主义的中流砥柱。正因为此,十九大报告讲,中国特色社会主义进入新时代,在世界社会主义发展史上、人类社会发展史上也具有重大意义。

四

中国特色社会主义进入新时代完全可以说是改革开放持续推动的结果,没有改革开放新时期就没有中国特色社会主义新时代。从这个意义上讲,改革开放也是决定当代中国命运的关键选择。中国的改革在十八大前后已经进入攻坚期、深水区,全面深化改革,继续全方位对外开放任重而道远。仅就改革本身的进程而言,十八大之前30余年的改革

---

[1]　习近平:《在庆祝中国共产党成立95周年大会上的讲话》,《人民日报》2016年7月2日。

和十八大之后的全面深化改革，无论从动力、指导思想还是实际样态而言，都发生了重大变化，从而也标示着时代的不同。

就改革的动力而言，改变贫穷，实现富裕，是邓小平启动改革开放的原初动力，这一动力延续了30年。而十八大以后不断提升国家治理体系与治理能力的现代化，实现经济与社会的协调发展、人与自然的和谐共生，成为全面深化改革的新动力。一言以蔽之，富起来与强起来是十八大前后之改革动力的显著不同。

就改革的指导思想而言，解放思想、与时俱进是十八大之前改革的最强音。"摸着石头过河"，大胆闯、大胆试，不争论，"不管黑猫黄猫，捉住老鼠就是好猫"等，成为邓小平启动改革开放的号角。"文化大革命"结束后，邓小平面对的党情国情是思想僵化，是对传统社会主义模式的固守，因此邓小平高倡解放思想。中国的改革事业没有现成经验可以借鉴，所以需要大胆实验、试错。虽然，改革的指导思想在逐渐变化，但是明确化并成为日益遵循的方针无疑是在十八大以后。党的十八届三中全会讨论通过的关于全面深化改革的决议，明确提出改革需要顶层设计，要充分考虑改革的系统性、整体性、协调性。这一思想习近平总书记后来在不同场合均加以重申。原因很清楚，中国改革走过30多年后，已经形成了经济、政治、文教、科技、社会、生态等各方面改革共存共构的复杂体系，牵一发而动全身。更重要的是中国已经成为世界第二大经济体，不再是改革开放之初"坛坛罐罐打烂无碍大局"的情势了，中国改革不能犯颠覆性错误。虽然，在具体问题上依然可以"摸着石头过河"，但是从改革全局而言，指导思想变了。它并不意味着对之前指导思想的否定，而是与时俱进的调整。时代不同，没有一劳永逸的答案，此中道理无须赘言。

就改革的实际样态而言，十八大前后亦发生了显著变化。2014年2月7日，习近平总书记曾在索契接受俄罗斯电视台专访，其中谈道：中国改革经过30多年，已进入深水区，可以说，容易的、皆大欢喜的改革已经完成了，好吃的肉都吃掉了，剩下的都是难啃的硬骨头。这就要求我们胆子要大、步子要稳。胆子要大，就是改革再难也要向前推进，敢于担当，敢于啃硬骨头，敢于涉险滩。步子要稳，就是方向一定要准，行驶一定要稳，尤其是不能犯颠覆性错误。[①]习近平总书记的这一番话其实也形象而深刻地揭示了中国改革在十八大前后的变化。简政放权是政府的自我革命，国有企业改革涉及复杂的经济与政治纠结，教育与医疗领域的改革、生态领域的管理治理改革等，触碰的都是实实在在的且是在以往改革进程中形成的日益固化的利益或利益集团，于是，攻坚克难成为全面深化改革的实态。改革已经发生悄悄的确是具有实质意义的变化。十八大之后，共有1500多项改革举措出台，改革全面发力、多点突破、纵深推进，重要领域和关键环节改革取得突破性进展，主要领域改革主体框架基本确立，一个改革的新时代降临了。

中国改革事业是和开放联系在一起的。从开放这一角度看，十八大前后亦发生了显著变化。开放主要表现为"引进来"、开放倒逼改革，是前30年改革的重要特征。"文化大革命"结束后，国门逐渐打开。首先是经济领域，接着是借鉴发达国家的一些做法和经验进行科技、教育等领域的改革，即使在政治领域，民主法治方面的一些改革尤其是政府职能转变等，也不乏开放的倒逼作用和借鉴发达国家的具体做法。进入21世纪后，随着中国正式加入WTO，中国在继续"引进来"的同时步伐越来越大越来越快地"走出去"。十八大之后有了明显变化，"一带一路"等倡议带来了中国开放的新理念新思想新顶层设计，也带来了中国开放的新特征新面貌，一方面"引进来"继续向纵深拓展，这主要表现在放宽市场准入，尤其金融业、服务业等领域的扩大开放；另一方面，"走出去"——全方位走向全球、走向高端成为最亮丽的风景线，中国标准中国规则的主导性、国际化期待正在变为现实，尤其在贸易保护主义抬头

---

① 《习近平接受俄罗斯电视台专访》，《人民日报》2014年2月9日。

的背景下,中国开放对于构建开放型世界经济的作用弥足珍贵。

纵观改革开放40年的历程,可谓波澜壮阔、绚丽多彩。记录这一华彩乐章,展示其伟大进程,是历史学者的责任。出于此,我们组织撰写了这套"中国改革开放40年"丛书,力图全方位展示改革开放在经济、政治、文化、社会、生态、外交和党的建设等领域的次第展开及其带来的巨大变化和成就。依据这一设想,本套丛书共分为经济、政治、文化、社会、生态、外交和党建,共七卷。虽然,本套丛书作者均为中共党史和中华人民共和国史研究领域的专业人士,有的还是颇有成就和影响的专家,但由于成书时间要求紧,题材重大,把握难度大,加之水平所限,难免疏漏甚至错误,敬请读者批评指正。

记于中国人民大学人文楼

2018年3月29日

目录

导　言

　　1978年12月召开的党的十一届三中全会，实现了中共党史和中华人民共和国史上具有深远意义的伟大转折，开启了改革开放和社会主义现代化建设新时期。以中国特色社会主义事业和中华民族伟大复兴事业不断开拓进取且取得举世瞩目、举世公认的巨大成就，"解决了许多长期想解决而没有解决的难题，办成了许多过去想办而没有办成的大事"为积淀和支撑，以中国的综合国力——包括硬实力、软实力不断提升，"实现了从站起来、富起来到强起来的历史性飞跃"为积淀和支撑，以中国的国际形象、国际地位和国际话语权以及国际影响力、感召力、塑造力不断改善和提高，致"中国主张""中国方案""中国智慧"在全球治理中的分量越来越重为积淀和支撑，中国独立自主的和平外交也"焕发出强大生机活力并不断开辟发展新境界"，步入了"中国特色大国外交"之中国特色社会主义新时代，为改革开放和社会主义现代化建设事业、为中国特色社会主义事业、为中华民族伟大复兴事业缔造了一个对我有利的、和平稳定的外部环境和国际环境，并以一个"负责任的大国"、以"世界和平的建设者、全球发展的贡献者、国际秩序的维护者"之至崇形象和地位逐步走近世界舞台的中央。

一

进入新时期以后，随着中国共产党和中国政府工作重心的转移，中国外交的理念、战略和政策也开始进行全面的调整和嬗变，逐步确立起全新目标。即邓小平在20世纪80年代初期所言之——"我们的对外政策，就本国来说，是要寻求一个和平环境来实现四个现代化。"①

在进入新时期以前，以毛泽东为核心的第一代中央领导集体已经在20世纪70年代开始进行中国外交战略和外交政策的局部调整并取得了重大突破，这主要表现在中国恢复在联合国的合法席位、中日邦交正常化、中美关系正常化这三个中国外交战略布局的关键点上，事实上已经宣告了新中国成立以来以美国为首的西方资本主义阵营对于新中国进行的"公开敌视"和"全面封堵"政策的破产，同时也基本打破了新中国在20世纪60年代以来尤其是在"文化大革命"时期受"左"倾错误影响因推行"革命外交"而导致的"光荣孤立"的外交僵局，为以邓小平为核心的第二代中央领导集体对中国外交的理念、战略和政策进行全面调整，并且为全面对外开放、全面融入国际社会，创造了条件、奠定了基础。

进入新时期以后，以邓小平为核心的第二代中央领导集体对于中国外交的理念、战略和政策进行全面调整，其首要的突破口且具有转折意义的选择，就是对于国际形势和"时代主题"的重新判断和阐释。

以邓小平为核心的第二代中央领导集体，解放思想，实事求是，抓住当代世界的主要矛盾，根据国际形势、国际关系的新发展、新变化，从根本上改变了新中国成立以后关于"战争与革命"仍然是当代世界的"两大时代主题"的传统思维和传统观点，改变了新的世界大战不可避免、新的世界革命不可避免，而且要立足于"早打、大打、打核战争"的传统思维和传统观点，明确提出，在相当长的一个历史时期内，就世

---

① 邓小平：《目前的形势和任务》（1980年1月16日），《邓小平文选》第2卷，人民出版社1994年版，第241页。

界范围而言，和平力量的增长是超过战争力量的增长的，世界大战或者是大规模的战争是可以避免的；以和平而不是仅仅是战争的方式、以对话而不仅仅是对抗的方式、以合作而不仅仅是竞争的方式、以"求同存异"而不是仅仅是"强求一致"的方式、以"互利双赢"而不仅仅是"零和"的方式，来解决主权国家、民族国家之间，甚至是不同意识形态、不同社会制度国家之间的矛盾和冲突，日益成为国际关系发展和建设的"主旋律"；无论是当代社会主义，还是当代资本主义，都发生了非常深刻的变化，争取和平的国际环境和"战略机遇期"发展自己，谋求在世界范围的日益激烈的综合国力竞争中的"主动权"和"制高点"，是每一个主权国家、民族国家对内、对外的基本国策。邓小平讲："世界战争的危险还是存在的，但是世界和平力量的增长超过战争力量的增长。""在较长时间内不发生大规模的世界战争是有可能的，维护世界和平是有希望的。"[①]"现在世界上真正大的问题，带全球性的战略问题，一个是和平问题，一个是经济问题或者说发展问题。和平问题是东西问题，发展问题是南北问题。概括起来，就是东西南北四个字。南北问题是核心问题。""和平与发展"新的"时代主题说"，为新中国外交之理念、战略和政策的全面调整、全面转型，提供了根本性的理论根据和思想基础。

在此基础上，以邓小平为核心的第二代中央领导集体明确提出维护国家的核心利益、维护中国人民的根本利益是新中国外交的最主要的考量因素和基本出发点，不以社会制度和意识形态的异同划线和定国家关系的远近疏亲，赋予了和平共处五项原则以新的思想内涵和时代特征。

在两种社会制度并存的历史条件下，社会主义中国要发展自己，要提升自己的综合国力，要在国际事务中发挥积极作用，就不仅需要与其他社会主义国家发展关系，而且也必须与西方发达资本主义国家打交道。这就存在一个是以国家利益为重还是以意识形态为重的问题。新中

---

① 《在军委扩大会议上的讲话》（1985年6月4日），《邓小平文选》第3卷，人民出版社1993年版，第127页。

国成立以后中国外交传统的以"以美划线""以苏划线"、以社会制度和意识形态的异同划线和定国家关系远近疏亲的旧思维、旧观点,已经不再适应已经发展和变化了的"和平与发展"的新环境,社会制度和意识形态的异同已经不应该继续成为影响国家关系远近疏亲的决定性因素,不同社会制度、不同意识形态的国家之间完全可以发展正常化的国家关系,完全可以和平共处。对此,邓小平明确指出:"那种按社会制度决定国与国关系的时代过去了。不同社会制度的国家完全可以和平共处,发展友谊,找到共同的利益。"① "中国观察国家关系问题不是看社会制度"。② "考虑国与国之间的关系主要应该从国家自身的战略利益出发。着眼于自身长远的战略利益,同时也尊重对方的利益,而不去计较历史的恩怨,不去计较社会制度和意识形态的差别,并且国家不分大小强弱都相互尊重,平等相待。"③ 邓小平认为,社会制度和意识形态作为国家整体利益的一部分,应服从、服务于国家的整体利益,要加快当代中国社会主义经济建设的步伐,就要超越社会制度和意识形态的差异,与两种制度、多种类型的国家进行多渠道的交流与合作。

在此基础上,以邓小平为核心的第二代中央领导集体明确提出"真正的不结盟"说,为中国在国际社会、国际关系体系中独立自主地处理与各国的关系、独立自主地处理国际事务并发挥积极作用,为在新时期大幅度地提升新中国在国际社会、国际关系体系中"独立自主"的国际地位、形象和影响力之外交努力,提供了重要的理论根据和思想基础,同样赋予了独立自主原则以新的思想内涵和时代特征。

以邓小平为核心的第二代中央领导集体,逐步改变了新中国成立以后之"联苏反美""联美反苏"的所谓"一条线"战略,明确提出了不同

① 《邓小平年谱(1975—1997)》(下),中央文献出版社2004年版,第1297页。
② 《答美国记者迈克·华莱士问》(1986年9月2日),《邓小平文选》第3卷,人民出版社1993年版,第168页。
③ 《结束严峻的中美关系要由美国采取主动》(1989年10月31日),《邓小平文选》第3卷,人民出版社1993年版,第330页。

任何大国结盟，也不支持它们中的一方去反对另一方，对于一切国际问题，根据其本身的是非曲直和中国人民及世界人民的根本利益，按照是否有利于维护世界和平、发展各国友好关系、促进共同发展的标准，独立自主地做出判断，实行"真正的不结盟"的外交理念、外交战略和外交政策。邓小平指出："独立自主，自力更生，无论过去、现在和将来，都是我们的立足点。中国人民珍惜同其他国家和人民的友谊和合作，更加珍惜自己经过长期奋斗而得来的独立自主权利。任何外国不要指望中国做他们的附庸，不要指望中国会吞下损害我国利益的苦果。"①"中国的对外政策是独立自主的，是真正的不结盟。"②"我们奉行独立自主的正确的外交路线和对外政策，高举反对霸权主义、维护世界和平的旗帜，坚定地站在和平力量一边，谁搞霸权就反对谁，谁搞战争就反对谁。""根据独立自主的对外政策，我们改善了同美国的关系，也改善了同苏联的关系。我们中国不打别人的牌，也不允许任何人打中国牌，这个我们说到做到。这就增强了中国在国际上的地位，增强了中国在国际问题上的发言权。"③中国处理国际关系的基本原则，必须是"真正的不结盟"，中国外交必须实行"三不政策"：不结盟、不对抗、不针对第三国。包括不依附于任何一个"超级大国"，不与任何大国结成同盟，不参加任何集团，也不把一些中小国家拉到自己身边，自己当盟主。这样我们就可以同谁都来往，同谁都交朋友。

在此基础上，以邓小平为核心的第二代中央领导集体明确提出以和平共处五项原则为基础建立公正、合理的世界政治、经济新秩序的"新国际关系秩序说"。为反对世界范围的霸权主义和强权政治，建立一个

---

① 《中国共产党第十二次全国代表大会开幕词》（1982年9月1日），《邓小平文选》第3卷，人民出版社1993年版，第3页。

② 《维护世界和平，搞好国内建设》（1984年5月29日），《邓小平文选》第3卷，人民出版社1993年版，第57页。

③ 《在军委扩大会议上的讲话》（1985年6月4日），《邓小平文选》第3卷，人民出版社1993年版，第127—128页。

真正以和平共处五项原则为基础，超越不同的社会制度、意识形态和各自发展道路新的国际关系模式，建立一个公正、合理的维护和平和共同发展的国际政治经济新秩序，营造一个对中国改革开放和社会主义现代化建设事业有利的国际环境的外交努力，提供了重要的理论根据和思想基础。

第二次世界大战后的国际秩序是在"雅尔塔体系"的基础上形成和发展起来的，具有美苏两个"超级大国"争霸世界、主宰世界的浓厚的强权政治色彩，是当代世界和平与发展的主要障碍，是不公正、不合理的。新中国在联合国的合法席位恢复以后，在重返国际社会、国际关系体系中的重要位置以后，就已经开始提出建立公正、平等、合理的世界政治、经济新秩序的问题。早在1974年4月，邓小平在联合国第六届特别大会上就曾经积极主张建立公平、平等、合理的国际经济新秩序。进入新时期以后，以邓小平为核心的第二代中央领导集体更是开始全面、系统地阐释中国以和平共处五项原则为基础建立公正、合理的世界政治、经济新秩序的思想。1988年12月，邓小平明确指出："世界总的局势在变，各国都在考虑相应的新政策，建立新的国际秩序。霸权主义、集团政治或条约组织是行不通了，那末应当用什么原则来指导新的国际关系呢？最近，我同一些外国领导人和朋友都谈到这个问题。世界上现在有两件事情要同时做，一个是建立国际政治新秩序，一个是建立国际经济新秩序。关于国际经济新秩序，早在一九七四年我在联合国发言时，就用了很长时间讲这个问题。这个问题我们一直在提，今后也还要提。至于国际政治新秩序，我认为，中印两国共同倡导的和平共处五项原则是最经得住考验的。这些原则的创造者是周恩来总理和尼赫鲁总理。这五项原则非常明确，干净利落，清清楚楚。我们应当用和平共处五项原则作为指导国际关系的准则。我们向国际社会推荐这些原则来指导国际关系。"①1989年10月，邓小平又讲："应该建立国际经济新秩序，解决南北问题，还应该建立国际政治新秩序，使它同国际经济新秩序相适应。我特别推荐五十年代由我们亚洲人提出的和平共处五项原则，作为今后国际政治新秩序的准则。"②

邓小平曾经将上述中国外交的指导思想之全面的"拨乱反正"，精辟地归纳为"两个重要的转变"——"党的十一届三中全会以后，我们对国际形势的判断有变化，对外政策也有变化，这是两个重要的转变。""一个是对国际形势的判断，一个是根据这个判断相应地调整对外政策，这是我们的两个大变化。现在看来，这两个变化是正确的，对我们是有益的，我们要坚持下去。只要坚持这样的判断和这样的政策，我们就能放胆地一心一意地好好地搞我们的四个现代化建设。我们的立足点还是自力更生，但是我们搞开放政策，利用国际和平环境更多地吸收对我们有用的东西，这对加速我们的发展比较有利。"③

1986年4月，六届全国人大四次会议批准的国务院《关于第七个五年计划的报告》明确指出："我国奉行的独立自主的和平外交政策的主要内容和基本原则包括以下十个方面。第一、中国从本国人民和世界人民的长远利益和根本利益出发，把反对霸权主义、维护世界和平、发展各国友好合作和促进共同经济繁荣，作为自己对外工作的根本目标。第二、中国主张世界上所有国家不论大小、富贫、强弱一律平等，坚决反对以大欺小，以富压贫，以强凌弱。各国的事应由各国人民自己去管，世界上的事应由各国协商解决，而不能由一两个超级大国说了算。中国自己决不称霸，也坚决反对来自任何方面和以任何形式出现的霸权主义。第

---

① 《以和平共处五项原则为准则建立国际新秩序》（1988年12月21日），《邓小平文选》第3卷，人民出版社1993年版，第282—283页。

② 《社会主义的中国谁也动摇不了》（1989年10月26日），《邓小平文选》第3卷，人民出版社1993年版，第328页。

③ 《在军委扩大会议上的讲话》（1985年6月4日），《邓小平文选》第3卷，人民出版社1993年版，第126—128页。

三、中国在任何时候和任何情况下都坚持独立自主，对一切国际问题都根据其本身的是非曲直决定自己的态度和对策。中国判断是非的标准，就是看它是否有利于维护世界和平、发展各国友好合作和促进世界经济繁荣。第四、中国决不依附于任何一个超级大国，也决不同它们任何一方结盟或建立战略关系。中国坚持谋求的是，中美关系在严格遵守历次中美公报所规定的原则基础上稳定发展，中苏关系在采取实际行动消除三大障碍的过程中切实改善。第五、中国信守互相尊重主权和领土完整、互不侵犯、互不干涉内政、平等互利、和平共处五项原则，并努力在这个基础上同世界各国建立、恢复和发展正常关系，和睦相处，友好合作，而不以社会制度和意识形态的异同来决定亲疏、好恶。中国坚决反对任何国家以社会制度和意识形态的相同或不同作为占领别国领土、干涉别国内政的借口。中国坚决反对一切形式的恐怖主义活动，并且认为只有铲除产生这种活动的社会根源和政治根源，才能从根本上解决这个问题。第六、中国属于第三世界，坚持把加强和发展同第三世界国家的团结与合作作为我国对外工作的一个基本立足点。中国坚决反对帝国主义、殖民主义和种族主义，支持第三世界国家争取和维护民族独立的正义斗争。中国支持第三世界国家发展民族经济、谋求改善南北关系和发展南南合作的努力。中国殷切希望第三世界国家加强团结，通过友好协商和平解决彼此之间的争端，反对外部势力的插手和干涉。第七、中国反对军备竞赛，反对把这种竞赛扩展到外层空间。中国在进行第一次核试验的时候，就提出全面禁止和彻底销毁核武器的主张，并且声明在任何时候、任何情况下决不首先使用核武器。当前的首要问题是，两个超级大国应当率先实现大幅度裁减核军备，从而为所有核国家的核裁军创造条件。中国还主张全面禁止和彻底销毁化学武器，在进行核裁军的同时大幅度裁减常规军备。第八、中国坚持长期实行对外开放，在平等互利的基础上不断扩大和发展同各国的经济、贸易、技术交流与合作。中国的开放政策面向全世界，既对资本主义国家开放，也对社会主义国家开放；既对发达国家开放，也对广大发展中国家开放。第九、中国遵循联合国宪章的宗旨和原则，支持联合国组织根据宪章精神所进行的各项工作，积极参加联合国及其各专门机构开展的有利于世界和平与发展的活动。中国广泛参加各种国际组织，开展积极的多边外交活动，努力增进各国在各个领域的合作。第十、中国重视各国人民之间的交往。中国政府鼓励和支持各群众团体、民间组织和各界人士开展同各国在经济、文化、教育、科技、新闻、卫生、体育等各个方面的交流与合作，加强各国人民之间的了解和友谊。"[①]这十个被赋予了新的思想内涵和时代特征的中国独立自主的和平外交政策的总结和概括，标志着新时期以来中国外交全面调整、全面转型工作的基本完成。

正是以邓小平为核心的第二代中央领导集体提出的中国外交新理念新思想新战略为指导，中国外交实现了根本性、战略性的伟大转折，取得了举世瞩目的重大进展，打开了崭新的局面。

在1978—1989年间，中国的大国外交成绩显著——已经实现了关系正常化的中美关系、中日关系尽管波折不断（如美国对台湾军售风波、日本政要参拜"靖国神社"风波等），但是都经受住了严峻考验，总体发展态势平稳，甚至还一度出现了中美关系史上、中日关系史上少有的"蜜月期"。中苏两党、两国关系"结束过去，开辟未来"实现正常化。中国的周边外交成绩显著——长期陷入僵持局面的中印关系、中越关系的逐步改善并实现正常化，中朝两国之间、中巴两国之间的传统友好关系在新形势下得以进一步的巩固和提升。中国与发展中国家外交成绩显著，"平等互利、讲求实效、形式多样、共同发展"之经济合作四原则的提出和实践，为中国与广大发展中国家之间全面、深入地发展友好合作关系奠定了坚实的经济基础，中国对于推动"南北对话""南南合作"发挥了独特的作用、作出了独特的贡献。中国的多边外交成绩显著——中国

[①]　《关于第七个五年计划的报告——1986年3月25日在第六届全国人民代表大会第四次会议上》，《人民日报》1986年4月14日。

积极参与以联合国为中心的多边外交活动,全面加入各种国际公约和国际多边条约。在国际和地区事务中,坚持以发展中国家的身份和地位主持正义、担负责任,国家影响力不断扩大。在1978—1989年间,中国的建交国总数由1978年的118个上升到1989年的137个,超过了联合国成员国总数的三分之二。我们还根据"一国两制"的科学构想,同英国、葡萄牙通过外交谈判圆满地解决了历史遗留的香港问题、澳门问题,把"和平统一、一国两制"事业向前推进了一大步,为国际社会解决类似的国际争端提供了成功范例和经验。"可以说,我国对外工作已经打开了新的局面,正处于建国以来最好的时期。"①一个对我有利的、和平稳定的国际环境正在初步形成。

二

进入20世纪90年代以后,以江泽民为核心的第三代中央领导集体,直面冷战结束后国际关系、国际格局"颠覆性"巨变所带来的新挑战和新机遇,保持战略定力,始终把维护中国的国家主权和国家安全放在第一位,坚持以经济建设为中心,坚持以谋求中国自己的发展而不断增强综合国力为根本,推动新中国独立自主的和平外交趋利避害、有守有攻、有所不为有所为,在稳住中国社会主义大国阵脚的同时,坚定不移地"走出去",继续推动公正、合理的国际政治经济新秩序的建立,积极推动国际关系民主化的发展进程,逐步打开了中国独立自主的和平外交在当代世界政治多极化和经济全球化时代的新局面。

进入20世纪90年代以后,以江泽民为核心的第三代中央领导集体,在错综复杂的国际形势和外部环境面前,一方面,在邓小平提出的"冷静观察,稳住阵脚,沉着应付,韬光养晦,善于守拙,决不当头,有所作

---

① 《关于第七个五年计划的报告——1986年3月25日在第六届全国人民代表大会第四次会议上》,《人民日报》1986年4月14日。

为”之“二十八字外交方针”的指导下，逐步打破和扭转了以美国为首的西方发达资本主义国家在1989年政治风波以后对新中国实行的“制裁”“封堵”和“遏制”的严重态势，全面恢复、改善和发展了同“东西南北”各种性质、各种类型国家的外交关系。另一方面，在全面继承并创造性地发展以邓小平为核心的第二代中央领导集体独立自主的和平外交思想的基础上，提出了一系列关于营造对建设有中国特色社会主义有利的国际形势和外部环境的新理念新思想新战略并付诸中国改革开放和社会主义现代化建设新阶段的外交实践：

——借用中国古人“和而不同”的概念，提出多样性是世界存在的本质特征，“没有多样化，就不成其为世界。”① 主张各个国家、各种文化应该在“求同存异”中共同发展，主张“尊重世界的多样性，保证各国和睦相处、相互尊重。”② 江泽民讲：“世界多样性是客观存在，应该正视它、适应它。这就要求各国互相尊重，互不干涉内政，平等相待，求同存异，和平共处，发展合作。只有这样，才有可能维持持久的和平与稳定，为各国共同发展创造必要的国际环境。”③

——根据“后冷战”时代不公正、不合理的国际政治经济旧秩序还没有根本改变、新的霸权主义和强权政治又在以推行西方资本主义的单一模式来反对当代世界多极化、多样性的现实，提出要“推进国际关系民主化，凝聚各国人民的力量解决面临的突出问题”④。“无论是维护世界和平，还是促进共同发展，都要在国际事务中提倡和贯彻民主原

---

① 《让我们共同缔造一个更美好的世界》（1995年10月24日），《江泽民文选》第1卷，人民出版社2006年版，第480页。

② 《共同创造一个和平繁荣的新世纪》（2002年4月10日），《江泽民文选》第3卷，人民出版社2006年版，第474页。

③ 《把一个和平繁荣的世界带到二十一世纪》（1993年11月19日），《江泽民文选》第1卷，人民出版社2006年版，第331页。

④ 《共同创造一个和平繁荣的新世纪》（2002年4月10日），《江泽民文选》第3卷，人民出版社2006年版，第474页。

则。"①主张"世界上所有的国家，无论大小、强弱、贫富，都是国际社会中平等的一员，都有参与和处理国际事务的权利。各国主权范围内的事情只能由本国政府和人民去管，世界上的事情只能由各国政府和人民共同商量来办。这是处理国际事务的民主原则"②。

——继续高举邓小平代表中国共产党和中国政府打出的建立国际政治经济新秩序的大旗，根据国际形势中出现的新情况、新问题，与时俱进地丰富和完善了建立国际新秩序的思想内涵和具体内容，使其更具有针对性、操作性。江泽民明确主张："各国政治上应相互尊重，共同协商，而不应把自己意志强加于人；经济上应相互促进，共同发展，而不应造成贫富悬殊；文化上应相互借鉴，共同繁荣，而不应排斥其他民族的文化；安全上应相互信任，共同维护，树立互信、互利、平等和协作的新安全观，通过对话和合作解决争端，而不应诉诸武力或以武力相威胁。反对各种形式的霸权主义和强权政治。"③

这些新理念新思想新战略的提出并付诸实践，极大地推动了国际形势和外部环境的缓和与改善，极大地推动了公正、合理的国际政治经济新秩序的建立和国际关系民主化的发展进程。

2002年11月，江泽民在党的十六大报告中对1989—2002这13年建设和发展中国特色社会主义事业的十条基本经验进行了高度概括的精辟总结，其中涉及外交方面的主题是"坚持独立自主的和平外交政策，维护世界和平与促进共同发展"。即"始终把国家的主权和安全放在第一位。在和平共处五项原则的基础上，同各国发展友好合作关系，反对霸

---

① 《在联合国千年首脑会议上的讲话》（2000年9月6日），《江泽民文选》第3卷，人民出版社2006年版，第110页。

② 《在联合国千年首脑会议上的讲话》（2000年9月6日），《江泽民文选》第3卷，人民出版社2006年版，第110页。

③ 江泽民：《全面建设小康社会，开创中国特色社会主义事业新局面——在中国共产党第十六次全国代表大会上的报告》（2002年11月8日），《人民日报》2002年11月18日。

权主义和强权政治，推动建立公正合理的国际政治经济新秩序。按照冷静观察、沉着应对的方针和相互尊重、求同存异的精神处理国际事务，尊重世界多样性，促进国际关系民主化，争取和平的国际环境和良好的周边环境"。同时，对在改革开放和社会主义现代化建设新时期新阶段必须与时俱进地坚持和发展的独立自主的和平外交之新理念新思想新战略进行了全面阐释，强调："我们主张建立公正合理的国际政治经济新秩序。各国政治上应相互尊重，共同协商，而不应把自己的意志强加于人；经济上应相互促进，共同发展，而不应造成贫富悬殊；文化上应相互借鉴，共同繁荣，而不应排斥其他民族的文化；安全上应相互信任，共同维护，树立互信、互利、平等和协作的新安全观，通过对话和合作解决争端，而不应诉诸武力或以武力相威胁。反对各种形式的霸权主义和强权政治。中国永远不称霸，永远不搞扩张。我们主张维护世界多样性，提倡国际关系民主化和发展模式多样化。世界是丰富多彩的。世界上的各种文明、不同的社会制度和发展道路应彼此尊重，在竞争比较中取长补短，在求同存异中共同发展。各国的事情应由各国人民自己决定，世界上的事情应由各国平等协商。我们主张反对一切形式的恐怖主义。要加强国际合作，标本兼治，防范和打击恐怖活动，努力消除产生恐怖主义的根源。"①

在1989—2002年这13年间，中国的大国外交成绩显著——以冷战时代和冷战结束初期传统的"结盟模式""不结盟模式"向"后冷战"时代新型的"伙伴关系模式"的全面嬗变为历史契机，中国逐步与一些大国建立了不同程度、不同范围、不同性质、不同类型的"伙伴关系"，如中美两国之间的"建设性战略伙伴关系"、中日两国之间的"致力于和平与发展的友好合作伙伴关系"、中俄两国之间的"建设性伙伴关

---

① 江泽民：《全面建设小康社会，开创中国特色社会主义事业新局面——在中国共产党第十六次全国代表大会上的报告》（2002年11月8日），《人民日报》2002年11月18日。

系"和"战略协作伙伴关系"，中国的大国外交在克服了种种困难和阻挠之后继续保持着全面、稳定、均衡的良好发展态势。中国的周边外交成绩显著——中国积极推动与邻国之间的历史遗留问题的妥善解决，中国与俄罗斯、哈萨克斯坦、吉尔吉斯斯坦、塔吉克斯坦、越南、老挝等邻国之间的陆地边界问题全面解决，没有顺利解决的中印、中不边界问题，也达成了通过双方平等协商、友好对话的和平方式来最终彻底解决的基本共识。这就从根本上消除了中国实行"睦邻外交"的历史障碍，极大地破解和平息了"中国威胁论"的喧嚣。在东北亚方面，中国与韩国正式建交以后，政治交流与合作、经济交流与合作、文化交流与合作的发展势头迅猛。在东南亚方面，在同印度尼西亚复交、同新加坡和文莱建交以后，中国与东盟十国的关系逐步改善和全面发展，从"全面对话国""联合委员会"一直到"10+1"定期会晤机制的建立，中国与东盟十国之间的"战略伙伴关系"发展到了一个新的历史阶段。中国与发展中国家外交成绩显著——中国与亚非拉广大发展中国家之间的友好合作关系经过结构性的战略调整而进入了一个稳定和全面发展的新阶段。在冷战结束后世界政治多极化和经济全球化的时代，中国继续坚持自己"发展中国家"的身份和定位，继续把发展同亚非拉广大发展中国家之间的友好合作关系作为新中国外交的"重中之重"和基本立足点，继续全面支持和援助亚非拉广大发展中国家这个可以彼此信赖的"全天候朋友"。中国的多边外交成绩显著——我们首次倡导的多边外交机制——自"上海五国"至"上海合作组织"逐步确立并产生了重大的国际影响、我们全面融入经济全球化的历史发展大趋势而提出的自"复关"至"入世"的重大举措取得全面突破，中国的对外开放进入到一个全新的发展阶段。中国更加全面、深入地参与并大力推进以联合国为重点的国际组织的多边活动，积极参与联合国及其附属机构改革的活动，积极参与联合国及其专门机构发起的一系列旨在促进"南北对话"、加强"南南合作"的活动，积极参与由联合国出面主持的和平调解国际争端和地区冲突的活动，积极参与国际人权领域和国际裁军领域的活动，积极参与联合国维和行动；中国更加全面、深入地参与并大力推进区域组织、次区域组织所开展的多边活动，积极参与创建并大力推进上海五国——上海合作组织、博鳌亚洲论坛、东亚首脑会议、中国与东盟"10+1"和中日韩与东盟"10+3"定期会晤机制、亚欧首脑会议、中欧首脑定期会晤机制、亚非首脑会议、中非首脑定期会晤机制等的多边外交进程，积极参与并大力推进中国与八国集团、亚太经济合作组织、拉美各区域组织和次区域组织的合作进程；中国还越来越重视有效利用由中国主办的以各种国际会议为载体的多种形式的多边合作机制，如2001年在上海举办的第九届APEC领导人非正式会议等。在1989—2002年这13年间，我们迎来了新中国历史上的第四个建交高潮，截至2001年，新中国已经同160余个联合国成员建立了正常的外交关系。在1989—2002年这13年间，我们还根据"一国两制"的科学构想和《中英联合声明》《中葡联合声明》，圆满实现了香港回归、澳门回归。"人们公认，这十三年是我国综合国力大幅度跃升、人民得到实惠最多的时期，是我国社会长期保持安定团结、政通人和的时期，是我国国际影响显著扩大、民族凝聚力极大增强的时期。"[①]

三

2002—2012年，中国外交所面临的国际形势和外部环境发生了广泛而深刻的变化："当今世界正处在大变革大调整之中。和平与发展仍然是时代主题，求和平、谋发展、促合作已经成为不可阻挡的时代潮流。世界多极化不可逆转，经济全球化深入发展，科技革命加速推进，

[①]　江泽民：《全面建设小康社会，开创中国特色社会主义事业新局面——在中国共产党第十六次全国代表大会上的报告》（2002年11月8日），《人民日报》2002年11月18日。

全球和区域合作方兴未艾，国与国相互依存日益紧密，国际力量对比朝着有利于维护世界和平方向发展，国际形势总体稳定。同时，世界仍然很不安宁。霸权主义和强权政治依然存在，局部冲突和热点问题此起彼伏，全球经济失衡加剧，南北差距拉大，传统安全威胁和非传统安全威胁相互交织，世界和平与发展面临诸多难题和挑战。共同分享发展机遇，共同应对各种挑战，推进人类和平与发展的崇高事业，事关各国人民的根本利益，也是各国人民的共同心愿。""当代中国同世界的关系发生了历史性变化，中国的前途命运日益紧密地同世界的前途命运联系在一起。"①

以胡锦涛为总书记的中央领导集体，直面内外部环境"机遇前所未有，挑战也前所未有，机遇大于挑战"的新形势，从"共同分享发展机遇，共同应对各种挑战"的指导思想出发，全面、系统地提出了中国外交在新世纪新阶段以"坚持和平发展的道路"和"建设和谐世界"为核心概念和主要内容的新理念新思想新战略。

历史发展到21世纪，"在世界的东方，中国这个拥有13亿多人口的文明古国，正在现代化道路上阔步前行。世界对中国的关注集中起来就是，中国选择了一条什么样的发展道路，中国的发展对世界意味着什么？"②为了正面回应这一重大问题，以胡锦涛为总书记的中央领导集体正式提出了自"中国和平崛起新道路"至"中国和平发展道路"的中国独立自主的和平外交之新模式。

2005年12月22日，中国国务院新闻办公室发表《中国的和平发展道路》白皮书，首次全面系统地阐述中国走和平发展之路的必然性和坚定决心，以及为实现这一目标而采取的战略方针和政策措施。白皮书明确

---

① 胡锦涛：《高举中国特色社会主义伟大旗帜　为夺取全面建设小康社会新胜利而奋斗——在中国共产党第十七次全国代表大会上的报告》（2007年10月15日），《人民日报》2007年10月25日。

② 中华人民共和国国务院新闻办公室：《中国的和平发展》白皮书（2011年9月），《人民日报》2011年9月7日。

指出：中国的和平发展道路的基本内涵是："依靠自身力量和改革创新实现发展，同时坚持实行对外开放"；"顺应经济全球化发展趋势，努力实现与各国的互利共赢和共同发展"；"坚持和平、发展、合作，与各国共同致力于建设持久和平与共同繁荣的和谐世界。""和平、开放、合作、和谐、共赢是我们的主张、我们的理念、我们的原则、我们的追求。走和平发展道路，就是要把中国国内发展与对外开放统一起来，把中国的发展与世界的发展联系起来，把中国人民的根本利益与世界人民的共同利益结合起来。中国对内坚持和谐发展，对外坚持和平发展，这两个方面是密切联系、有机统一的整体。"中国之所以坚持走和平发展道路，"是基于中国国情的必然选择""是基于中国历史文化传统的必然选择""是基于当今世界发展潮流的必然选择"。①

　　2011年9月，中国国务院新闻办公室发表《中国的和平发展》白皮书，再次回应世界关注，详细阐述中国所选择的发展道路。白皮书明确指出："中国多次向世界宣示，中国始终不渝走和平发展道路，在坚持自己和平发展的同时，致力于维护世界和平，积极促进各国共同发展繁荣。在进入21世纪第二个十年和中国共产党成立90周年之际，中国再次向世界郑重宣告，和平发展是中国实现现代化和富民强国、为世界文明进步作出更大贡献的战略抉择。中国将坚定不移沿着和平发展道路走下去。"白皮书明确指出："和平发展道路归结起来就是：既通过维护世界和平发展自己，又通过自身发展维护世界和平；在强调依靠自身力量和改革创新实现发展的同时，坚持对外开放，学习借鉴别国长处；顺应经济全球化发展潮流，寻求与各国互利共赢和共同发展；同国际社会一道努力，推动建设持久和平、共同繁荣的和谐世界。这条道路最鲜明的特征是科学发展、自主发展、开放发展、和平发展、合作发展、共同发展。"白皮书明确指出："和平发展道路是中国这个世界上

---

① 中华人民共和国国务院新闻办公室：《中国的和平发展道路》白皮书（2005年12月），《人民日报》2005年12月22日。

最大的发展中国家探索出的一条新型发展道路，随着时间的推移，这条道路已经并将进一步显示出其世界意义"——中国和平发展打破了"国强必霸"的大国崛起传统模式；"中国发展离不开世界，世界繁荣稳定也离不开中国。"①

　　历史发展到21世纪，单靠用一种价值或一种模式去同化别的国家和民族是行不通的，靠强权的力量去强行制造"和平"更会导致大的动乱和战争。为此，以胡锦涛为总书记的中央领导集体明确提出了构建"和谐世界"的新理念新思想新战略。2005年4月22日，胡锦涛在雅加达的亚非峰会上发表演讲时说："要提倡开放包容精神，尊重文明、宗教、价值观的多样性，尊重各国选择社会制度和发展模式的自主权，推动不同文明友好相处、平等对话、发展繁荣，共同建构一个和谐世界。"②这是以胡锦涛为总书记的中央领导集体首次明确提出构建"和谐世界"的问题。

　　2005年9月15日，胡锦涛在纽约联合国首脑会议上，以中国国家最高领导人的名义，向全世界公开提出建设一个持久和平、共同繁荣的"和谐世界"的构想，对构建"和谐世界"面临的机遇和挑战以及如何构建"和谐世界"的问题进行了精辟的论述。他明确指出："历史昭示我们，在机遇和挑战并存的重要历史时期，只有世界所有国家紧密团结起来，共同把握机遇、应对挑战，才能为人类社会发展创造光明的未来，才能真正建设一个持久和平、共同繁荣的和谐世界。"③

　　2005年12月22日，中国国务院新闻办公室发表《中国的和平发展道路》白皮书，首次全面、系统地阐述了中国"建设持久和平与共同繁荣的和谐世界"的重要思想。白皮书明确指出："人类只有地球一个家园。建

---

① 　中华人民共和国国务院新闻办公室：《中国的和平发展》白皮书（2011年9月），《人民日报》2011年9月7日。

② 　胡锦涛：《与时俱进，继往开来，构筑亚非新型战略伙伴关系——在亚非峰会上的讲话》（2005年4月22日），《人民日报》2005年4月23日。

③ 　《努力建设持久和平共同繁荣的和谐世界》（2005年9月15日），《胡锦涛文选》第2卷，人民出版社2006年版，第352页。

设一个持久和平、共同繁荣的和谐世界，是世界各国人民的共同心愿，是中国走和平发展道路的崇高目标。中国认为，和谐世界应该是民主的世界，和睦的世界，公正的世界，包容的世界"——"坚持民主平等，实现协调合作"；"坚持和睦互信，实现共同安全"；"坚持公正互利，实现共同发展"；"坚持包容开放，实现文明对话"。白皮书明确指出："中国政府和中国人民还清楚地看到，当今世界和平与发展这两大问题仍没有得到根本解决。由种种原因导致的局部战争和冲突依然存在，地区热点问题错综复杂。传统安全威胁和非传统安全威胁的因素相互交织。南北差距进一步扩大，一些国家人民的基本生存得不到保障。人类建设一个持久和平、共同繁荣的和谐世界还任重道远，需要各国人民长期不懈的共同努力。"①

2011年9月，在时隔六年之后，中国政府再次发表关于"和平发展"问题的白皮书——《中国的和平发展》，进一步论述中国"建设持久和平与共同繁荣的和谐世界"的重要思想。白皮书明确指出："维护世界和平、促进共同发展是中国外交政策的宗旨。中国倡导并致力于同世界各国一道推动建设持久和平、共同繁荣的和谐世界。认为这既是一个长期目标，又是一项现实任务。为了建设和谐世界，应努力做到"——"政治上相互尊重、平等协商，共同推进国际关系民主化"；"经济上相互合作、优势互补，共同推动经济全球化朝着均衡、普惠、共赢方向发展"；"文化上相互借鉴、求同存异，尊重世界多样性，共同促进人类文明繁荣进步"；"安全上相互信任、加强合作，坚持用和平方式而不是战争手段解决国际争端，共同维护世界和平稳定"；"环保上相互帮助、协力推进，共同呵护人类赖以生存的地球家园。"②

① 中华人民共和国国务院新闻办公室：《中国的和平发展道路》白皮书（2005年12月），《人民日报》2005年12月22日。

② 中华人民共和国国务院新闻办公室：《中国的和平发展》白皮书（2011年9月），《人民日报》2011年9月7日。

  2012年11月，胡锦涛在党的十八大报告中对"在新的历史条件下夺取中国特色社会主义新胜利，必须牢牢把握"的八项基本要求，进行了精辟总结，其中涉及外交方面的主题是"必须坚持和平发展。和平发展是中国特色社会主义的必然选择。要坚持开放的发展、合作的发展、共赢的发展，通过争取和平国际环境发展自己，又以自身发展维护和促进世界和平，扩大同各方利益汇合点，推动建设持久和平、共同繁荣的和谐世界"。同时，对在新世纪新阶段必须与时俱进地坚持和发展的独立自主的和平外交之新理念新思想新战略进行了全面阐释："我们主张，在国际关系中弘扬平等互信、包容互鉴、合作共赢的精神，共同维护国际公平正义。平等互信，就是要遵循联合国宪章宗旨和原则，坚持国家不分大小、强弱、贫富一律平等，推动国际关系民主化，尊重主权，共享安全，维护世界和平稳定。包容互鉴，就是要尊重世界文明多样性、发展道路多样化，尊重和维护各国人民自主选择社会制度和发展道路的权利，相互借鉴，取长补短，推动人类文明进步。合作共赢，就是要倡导人类命运共同体意识，在追求本国利益时兼顾他国合理关切，在谋求本国发展中促进各国共同发展，建立更加平等均衡的新型全球发展伙伴关系，同舟共济，权责共担，增进人类共同利益。中国将继续高举和平、发展、合作、共赢的旗帜，坚定不移致力于维护世界和平、促进共同发展。中国将始终不渝走和平发展道路，坚定奉行独立自主的和平外交政策。我们坚决维护国家主权、安全、发展利益，决不会屈服于任何外来压力。我们根据事情本身的是非曲直决定自己的立场和政策，秉持公道，伸张正义。中国主张和平解决国际争端和热点问题，反对动辄诉诸武力或以武力相威胁，反对颠覆别国合法政权，反对一切形式的恐怖主义。中国反对各种形式的霸权主义和强权政治，不干涉别国内政，永远不称霸，永远不搞扩张。中国将坚持把中国人民利益同各国人民共同利益结合起来，以更加积极的姿态参与国际事务，发挥负责任大国作用，共同应对全球性挑战。中国将始终不渝奉行互利共赢的开放战略,通过深化合作促进世界经济强劲、可持续、平衡增长。中国致力于缩小南北差距,支持发展中国家增强自主发展能力。中国将加强同主要经济体宏观经济政策协调,通过协商妥善解决经贸摩擦。中国坚持权利和义务相平衡,积极参与全球经济治理,推动贸易和投资自由化便利化,反对各种形式的保护主义。中国坚持在和平共处五项原则基础上全面发展同各国的友好合作。我们将改善和发展同发达国家关系,拓宽合作领域,妥善处理分歧,推动建立长期稳定健康发展的新型大国关系。我们将坚持与邻为善、以邻为伴,巩固睦邻友好,深化互利合作,努力使自身发展更好惠及周边国家。我们将加强同广大发展中国家的团结合作,共同维护发展中国家正当权益,支持扩大发展中国家在国际事务中的代表性和发言权,永远做发展中国家的可靠朋友和真诚伙伴。我们将积极参与多边事务,支持联合国、二十国集团、上海合作组织、金砖国家等发挥积极作用,推动国际秩序和国际体系朝着公正合理的方向发展。我们将扎实推进公共外交和人文交流,维护我国海外合法权益。我们将开展同各国政党和政治组织的友好往来,加强人大、政协、地方、民间团体的对外交流,夯实国家关系发展社会基础。中国人民热爱和平、渴望发展,愿同各国人民一道为人类和平与发展的崇高事业而不懈努力。"①

正是在上述中国独立自主的和平外交之新理念新思想新战略的指导下,在2002—2012年这十年间,以胡锦涛为总书记的中央领导集体,"面对深刻变化的国际形势,高举和平、发展、合作的旗帜,坚持独立自主的和平外交政策,按照大国是关键、周边是首要、发展中国家是基础、多边是重要舞台的外交总体布局,全方位开展对外工作,为全面建

---

① 胡锦涛:《坚定不移沿着中国特色社会主义道路前进　为全面建成小康社会而奋斗——在中国共产党第十八次全国代表大会上的报告》(2012年11月8日),《人民日报》2012年11月18日。

设小康社会营造良好的国际环境。"①中国独立自主的和平外交成就显著，在各个领域都取得了重大突破、重大进展。

在2002—2012年这十年间，中国的大国外交成绩显著——中国积极同西方发达资本主义国家加强战略对话，增进战略互信，深化战略合作，妥善处理分歧，探索建立和发展新型大国关系。中美两国关系尽管波折不断，但总体上还是在"一个繁荣稳定的中国符合美国和世界利益，一个繁荣增长的美国也符合中国和世界的利益"方面达成基本共识，在建设性合作伙伴关系的大方向上稳步向前推进。中日两国关系尽管遭遇重重困难，进入中日邦交正常化以来最困难的一个时期，但总体上还能够在维护双方共同利益的基础上有效管控危机。中俄两国"不结盟、不对抗、不针对第三国"的新型的战略伙伴关系进入一个健康发展和稳步提升的新阶段。中国与欧盟之间的全面战略伙伴关系取得巨大进展，形成了全方位、宽领域、多层次的合作局面。中国的周边外交成绩显著——在"与邻为善、以邻为伴"和"睦邻、安邻、富邻"的睦邻友好方针政策指导下，中国积极发展同周边国家的友好合作关系，积极开展双边合作和区域合作，共同营造和平稳定、平等互信、合作共赢的地区环境，将中国的睦邻外交推进到一个全新的历史发展阶段。中国与发展中国家外交成绩显著——作为世界上最大的发展中国家，中国全面加强同广大发展中国家的团结与合作，深化传统友谊，扩大互利往来，通过援助和投资等方式，真诚帮助发展中国家实现自主发展，维护发展中国家正当权益和共同利益。中国与非洲国家、与拉丁美洲国家、与阿拉伯国家之间的友好合作关系均提升到一个前所未有的新高度。中国的多边外交成绩显著——中国进一步融入国际社会，日益成为国际社会一个"负责任"的建设性大国。中国高度重视联合国作为国际多边机制的核心在国际事务中的重要作用，更加积极投身于联合国多边外交当中。中国还

① 胡锦涛：《在中共十六届五中全会上的工作报告》（2005年10月8日），《十六大以来重要文献选编》（中），中央文献出版社2006年版，第1034页。

重视其他国际多边体制，积极参加、大力推进并不时举办以区域和跨区域性的政府间组织、国际会议为载体的重大多边外交活动，在安全、发展、人道主义援助、环境与气候、防治禽流感、打击跨国犯罪等方面展开多边务实合作。中国还通过在中国举行的"奥运会""世博会""亚运会""大运会"等平台成功进行各种形式、各种类型的多边外交。"新中国成立以来特别是改革开放30多年的发展历程表明，中国是国际社会的重要成员，是推动国际政治经济秩序朝着更加公正合理方向发展并努力作出贡献的国家。"①

四

　　2012年党的十八大的胜利召开，开启了中国特色社会主义新时代。党的十八大以来的五年间，以习近平同志为核心的党中央，直面"当今世界正在发生深刻复杂变化，和平与发展仍然是时代主题。世界多极化、经济全球化深入发展，文化多样化、社会信息化持续推进，科技革命孕育新突破，全球合作向多层次全方位拓展，新兴市场国家和发展中国家整体实力增强，国际力量对比朝着有利于维护世界和平方向发展，保持国际形势总体稳定具备更多有利条件。同时，世界仍然很不安宁。国际金融危机影响深远，世界经济增长不稳定不确定因素增多，全球发展不平衡加剧，霸权主义、强权政治和新干涉主义有所上升，局部动荡频繁发生，粮食安全、能源资源安全、网络安全等全球性问题更加突出"②之错综复杂的国际形势和外部环境，紧紧围绕推进中国特色社会主义伟大事业、实现"两个一百年"中华民族伟大复兴"中国梦"之中国共产党

---

① 中华人民共和国国务院新闻办公室：《中国的和平发展》白皮书（2011年9月），《人民日报》2011年9月7日。

② 胡锦涛：《坚定不移沿着中国特色社会主义道路前进　为全面建成小康社会而奋斗——在中国共产党第十八次全国代表大会上的报告》（2012年11月8日），《人民日报》2012年11月18日。

和中国政府的中心工作和奋斗目标，对于中国独立自主的和平外交之理念、思想、战略以及"顶层设计"和"底线思维"不断进行全面的理论创新和实践创新，努力构建"中国特色大国外交"的新格局，赢得了"中国特色大国外交"前所未有的重大进展、重大突破：

党的十八大以来的五年间，以习近平同志为核心的党中央，深入思考关乎人类前途命运的重大课题，科学判断当代世界的发展大势和当代中国所处的历史方位，明确提出了构建新形势下"中国特色大国外交"的战略目标和历史使命。这一"顶层设计"，努力目标是打造人类命运共同体，战略选择是坚持和平发展，基本原则是寻求合作共赢，主要路径是建设伙伴关系，价值取向是践行正确义利观。习近平指出，中国必须有自己特色的大国外交，要在总结实践经验的基础上，丰富和发展对外工作理念，使中国对外工作有鲜明的中国特色、中国风格、中国气派。

习近平在国内国际重要场合多次阐释"命运共同体"理念：在博鳌亚洲论坛2015年年会上，提出推动建设人类命运共同体的"四点主张"；在联合国成立70周年系列峰会上，系统阐述打造人类命运共同体"五位一体"的总布局和总路径；在日内瓦万国宫，全面阐述构建人类命运共同体的理念，为人类社会发展进步描绘了蓝图……而且，中国倡议很快成为国际共识——2017年3月17日，构建人类命运共同体理念首次载入联合国安理会决议。在此基础上，习近平积极倡导各国共同推动建立以合作共赢为核心的新型国际关系，强调不能身体已进入21世纪，而脑袋还停留在冷战思维、零和博弈老框框内，要跟上时代前进步伐，把合作共赢理念体现到政治、经济、安全、文化等对外合作的方方面面。习近平明确指出，构建以合作共赢为核心的新型国际关系，就是要以合作取代对抗，以共赢取代独占，推动各国同舟共济、携手共进。这是对传统国际关系理论的重大突破，完全符合世界发展潮流和人类进步方向，为建设美好世界提供了崭新思路。

党的十八大以来的五年间，中国深度参与全球治理，倡导并践行新型全球治理观，维护联合国在处理国际和平与安全事务中的核心地位和主渠道作用，支持二十国集团、亚太经合组织等发挥积极作用，推动国际秩序和国际体系朝着更加公正合理的方向发展；加强金砖机制建设，办好金砖国家领导人厦门会晤，提升新兴市场国家和发展中国家在国际治理体系中的话语权；通过主办北京亚太经合组织领导人非正式会议、二十国集团领导人杭州峰会以及出席一系列重大多边外交活动，积极参与和引领全球治理进程，深化互利共赢开放战略，推进中国形成更加宽广多元的对外开放格局，积极维护国际社会多边贸易体制主渠道地位，促进国际贸易和投资自由化便利化，反对一切形式的保护主义，全力推动构建开放型世界经济；中国推动成立亚洲基础设施投资银行、丝路基金、金砖国家新开发银行，推动国际经济金融治理体制向更加公正合理方向发展；中国人出任联合国专门机构和重要国际组织负责人的越来越多，中国在国际货币基金组织中的份额从第六位跃居第三位，人民币被纳入国际货币基金组织特别提款权货币篮子……

党的十八大以来的五年间，以习近平同志为核心的党中央，积极探索中国特色的热点和全球性问题解决之道，为维护国际和地区和平作出新贡献。习近平指出，中国始终做世界和平的建设者，致力于同各国共谋和平、共护和平、共享和平。2015年中国成功举办中国人民抗日战争暨世界反法西斯战争胜利70周年纪念活动，发出维护第二次世界大战胜利成果、捍卫世界和平的时代强音。中国坚定致力于政治解决国际和地区热点问题，努力发挥弥合分歧、劝和促谈的建设性作用。中国坚持朝鲜半岛无核化目标，坚持通过对话谈判解决半岛核问题，提出"双轨并行"思路和"双暂停"倡议，为缓解朝鲜半岛的紧张局势、推动重启接触对话、维护地区和平安宁继续作出重要贡献。中国积极参与伊朗、叙利亚、南苏丹、阿富汗等问题解决进程，宣布建立联合国和平与发展基金，率先组建常备成建制维和警队及8000人规模的维和待命部队，彰显

中国负责任大国形象。同各国合力应对恐怖主义、网络安全、公共卫生、难民等全球性挑战，为推动达成气候变化《巴黎协定》、应对埃博拉疫情等发挥重要作用。

党的十八大以来的五年间，以习近平同志为核心的党中央，努力深化对外战略布局，全方位、宽领域、多层次对外交往格局更加丰富完整，使中国的"朋友圈"覆盖全球。习近平指出，要在坚持不结盟原则的前提下广交朋友，形成遍布全球的伙伴关系网络。习近平明确指出，伙伴关系具有平等性、和平性、包容性，没有主从之分、阵营之别，不设假想敌、不针对第三方，志同道合是伙伴，求同存异也是伙伴。这是对结盟或对抗的传统国与国关系模式的超越。据此，中国坚持在和平共处五项原则基础上同各国发展友好合作，构建全球伙伴关系网络。中国加强大国协调与合作，不断扩大利益汇合点，构筑总体稳定的大国关系架构，携手共促世界和平与发展。截至2016年，中国一年的货物进出口贸易总额已经高达3.68万亿美元，服务进出口总额高达7500亿美元；中国一年的实际使用外资金额已经高达1260亿美元，对外非金融类直接投资高达11299.2亿元人民币，对外承包工程完成营业额10589.2亿元人民币、新签合同额16207.9亿元人民币。截至2017年，中国已经同195个联合国成员中的174个国家建立了外交关系，中国已经同约100个国家和国际组织建立不同形式的伙伴关系，实现对大国、周边和发展中国家伙伴关系的全覆盖。

党的十八大以来，共建"一带一路"逐渐从倡议变为行动，从理念转化为实践，成为开放包容的国际合作平台和各方普遍欢迎的全球公共产品，100多个国家和国际组织积极支持和参与，一大批有影响力的标志性项目顺利落地，中国与许多国家发展战略顺利对接，政策沟通、设施联通、贸易畅通、资金融通、民心相通水平快速提升。2017年中国又成功举办"一带一路"国际合作高峰论坛并取得丰硕成果，进一步形成了各方携手共建"一带一路"的良好局面。这是"中国梦"与"世界梦"相互融通、相互促进的生动体现，是合力推动构建人类命运共同体的伟大创举。以本次高峰论坛为契机，中国的"一带一路"倡议将更有力发挥推动世界经济再出发、实现经济全球化再平衡的公共产品作用。

党的十八大以来，以习近平同志为核心的党中央，有效强化"中国特色大国外交"的"底线思维"，充分展现捍卫国家主权、安全和发展利益的决心和意志。习近平明确指出，坚定维护国家利益和人民利益是中国外交的神圣使命。中国坚持走和平发展道路，不觊觎他国权益，但决不放弃我们的正当权益；任何外国不要指望我们会拿自己的核心利益做交易，不要指望我们会吞下损害我国主权、安全、发展利益的苦果。中国开始明确在涉及国家主权、安全和发展利益的国家核心利益问题上表明立场，划出红线、设定底线，敢于并善于斗争。中国在国际社会旗帜鲜明维护一个中国原则，反对制造"两个中国"或"一中一台"的图谋，反对外部势力干预港澳事务，扎实开展涉藏、涉疆外交，加强打击"三股势力"国际合作，维护国家安全和国家统一。中国在钓鱼岛问题上坚持原则，充分展示了中国政府和中国人民捍卫国家主权和领土完整的决心和意志。我们对菲律宾前政府非法挑起的所谓"南海仲裁案"坚决回击，有效维护中国在南海的领土主权和海洋利益，同时坚持通过对话谈判解决具体争议，维护了南海局势的总体稳定。中国全面加强反恐、网络和执法等领域国际合作，维护和促进国家安全。中国完善构建高效有力的海外利益保护体系，坚持不懈打造"海外民生工程"，大力践行总体国家安全观，建立外交部全球领事保护与服务应急呼叫中心系统，从也门、尼泊尔等国成功撤回滞留同胞，同其他国家达成50多项便利人员往来协定或安排，为维护海外中国公民和法人安全及合法权益提供了有力保障。

党的十八大以来的五年间，中国举办了近30场重要的国际峰会，有数百人次的外国国家元首、政府首脑、议会领袖、政党领袖来中国访问。习近平带头在出国访问、接待外国领导人来访、出席或主持双边或多边国际会议期间，通过会谈、演讲、接受采访或发表文章等多种方式，积

极向国际社会宣介中国的传统文化和现代文明，宣介中国的基本国情，宣介中国特色社会主义发展道路、政治制度、理论体系、价值理念，引导和增进外部世界对中国的正确认知，为当代世界的和平发展、合作共赢，为人类命运共同体的构建、为全球治理体系的变革，提供中国方案，贡献中国智慧，充分展现了中华文明的深厚底蕴，夯实了中外友好合作的民意基础，树立了当代中国和平、文明、开放、包容、合作的良好形象。同时，习近平还明确指出，"中国特色大国外交"的价值取向就是践行正确的义利观：政治上主持公道、伸张正义，经济上互利共赢、共同发展，国际事务中讲信义、重情义、扬正义、树道义。习近平特别强调，对那些长期对华友好而自身发展任务艰巨的周边和发展中国家，要更多考虑对方利益。正确义利观体现了中华民族传统美德和新中国外交优良品格，进一步丰富了中国外交的核心价值观，得到国际社会特别是广大发展中国家的普遍赞誉，成为中国软实力的独特标志。

2017年10月，习近平在党的十九大报告中对党的十八大以来五年间治国理政的基本经验，进行了高度概括的精辟总结，其中涉及外交方面的主题是："坚持推动构建人类命运共同体。中国人民的梦想同各国人民的梦想息息相通，实现中国梦离不开和平的国际环境和稳定的国际秩序。必须统筹国内国际两个大局，始终不渝走和平发展道路、奉行互利共赢的开放战略，坚持正确义利观，树立共同、综合、合作、可持续的新安全观，谋求开放创新、包容互惠的发展前景，促进和而不同、兼收并蓄的文明交流，构筑尊崇自然、绿色发展的生态体系，始终做世界和平的建设者、全球发展的贡献者、国际秩序的维护者。"同时，对在中国特色社会主义新时代必须与时俱进地坚持和发展的独立自主的和平外交之基本方略进行了全面阐释："中国将高举和平、发展、合作、共赢的旗帜，恪守维护世界和平、促进共同发展的外交政策宗旨，坚定不移在和平共处五项原则基础上发展同各国的友好合作，推动建设相互尊重、公平正义、合作共赢的新型国际关系。""我们呼吁，各国人民同心协力，构建人类命运共同体，建设持久和平、普遍安全、共同繁荣、开放包容、清洁美丽的世界。要相互尊重、平等协商，坚决摒弃冷战思维和强权政治，走对话而不对抗、结伴而不结盟的国与国交往新路。要坚持以对话解决争端、以协商化解分歧，统筹应对传统和非传统安全威胁，反对一切形式的恐怖主义。要同舟共济，促进贸易和投资自由化便利化，推动经济全球化朝着更加开放、包容、普惠、平衡、共赢的方向发展。要尊重世界文明多样性，以文明交流超越文明隔阂、文明互鉴超越文明冲突、文明共存超越文明优越。要坚持环境友好，合作应对气候变化，保护好人类赖以生存的地球家园。中国坚定奉行独立自主的和平外交政策，尊重各国人民自主选择发展道路的权利，维护国际公平正义，反对把自己的意志强加于人，反对干涉别国内政，反对以强凌弱。中国决不会以牺牲别国利益为代价来发展自己，也决不放弃自己的正当权益，任何人不要幻想让中国吞下损害自身利益的苦果。中国奉行防御性的国防政策。中国发展不对任何国家构成威胁。中国无论发展到什么程度，永远不称霸，永远不搞扩张。中国积极发展全球伙伴关系，扩大同各国的利益交汇点，推进大国协调和合作，构建总体稳定、均衡发展的大国关系框架，按照亲诚惠容理念和与邻为善、以邻为伴周边外交方针深化同周边国家关系，秉持正确义利观和真实亲诚理念加强同发展中国家团结合作。加强同各国政党和政治组织的交流合作，推进人大、政协、军队、地方、人民团体等的对外交往。中国坚持对外开放的基本国策，坚持打开国门搞建设，积极促进'一带一路'国际合作，努力实现政策沟通、设施联通、贸易畅通、资金融通、民心相通，打造国际合作新平台，增添共同发展新动力。加大对发展中国家特别是最不发达国家援助力度，促进缩小南北发展差距。中国支持多边贸易体制，促进自由贸易区建设，推动建设开放型世界经济。中国秉持共商共建共享的全球治理观，倡导国际关系民主化，坚持国家不分大小、强弱、贫富一律平等，支持联合国发挥积极作用，支持扩大发展中国家在国际事务中的代表性和发言权。中国将继续

发挥负责任大国作用，积极参与全球治理体系改革和建设，不断贡献中国智慧和力量。"①成为中国特色社会主义新时代"中国特色大国外交"开拓前进的指导思想和行动纲领。

<h1 style="text-align:center">五</h1>

一部改革开放40年的中国外交史，就是一部中国共产党在新时期的治国理政史、就是一部中华人民共和国史在新时期于对外关系领域的投射和缩影。因此，本书的四章，即是以邓小平为核心的第二代中央领导集体、以江泽民为核心的第三代中央领导集体、以胡锦涛为总书记的中央领导集体、以习近平同志为核心的党中央先后治国理政的四个历史发展阶段而分别设列的，探索着以此为主线，对40年中国独立自主的和平外交之历史发展进程、脉络、规律、特征、成就和经验，进行一番粗线条的简要梳理和阐释、总结和揭示，以期以此沉甸甸的历史积淀作为"中国特色大国外交"继续开拓前进的借鉴和滋养。其历史下限，为2017年10月党的十九大召开之际。

---

① 习近平：《决胜全面建成小康社会　夺取新时代中国特色社会主义伟大胜利——在中国共产党第十九次全国代表大会上的报告》（2017年10月18日），《人民日报》2017年10月28日。

第一章

『对外开放』和『韬光养晦』

——中国外交的『大转折』

（1978～1989）

　　与近70年的社会主义时期中共党史和中华人民共和国史之历史分期基本同轨同步，近70年的新中国独立自主的和平外交史也可以1978年12月的中共十一届三中全会为界，划分为两个大的历史发展阶段——"前三十年"和"后三十年"。这两个大的历史发展阶段是一个辩证统一的有机整体，不能对立起来、不能割裂开来。习近平明确指出："我们党领导人民进行社会主义建设，有改革开放前和改革开放后两个历史时期，这是两个相互联系又有重大区别的时期，但本质上都是我们党领导人民进行社会主义建设的实践探索。……对改革开放前的历史时期要正确评价，不能用改革开放后的历史时期否定改革开放前的历史时期，也不能用改革开放前的历史时期否定改革开放后的历史时期。改革开放前的社会主义实践探索为改革开放后的社会主义实践探索积累了条件，改革开放后的社会主义实践探索是对前一个时期的坚持、改革、发展。对改革开放前的社会主义实践探索，要坚持实事求是的思想路线，分清主流和支流，坚持真理，修正错误，发扬经验，吸取教训，在这个基础上把党和人民事业继续推向前进。……正确处理改革开放前后的社会主义实践探索的关系，不只是一个历史问题，更主要的是一个政治问题。"①

①　习近平：《关于坚持和发展中国特色社会主义的几个问题》（2013年1月5日），中共中央文献研究室编：《十八大以来重要文献选编》（上），中央文献出版社2014年版，第111—114页。

　　1949—1978年是中国独立自主的和平外交"站起来"的30年。在这30年间,中国独立自主的和平外交,是根据国内外形势的发展变化以及对国内外形势发展变化之认识和判断,不断调整基本理念、基本战略和基本政策的,外交实践的具体内容也在不断的发展变化中。其中,从20世纪40年代末至50年代末,是新中国独立自主的和平外交之奠基和逐步成型时期。这一时期,在东西方冷战大格局下,面临着错综复杂的国内形势与国际环境,以毛泽东为核心的第一代中央领导集体提出了以"另起炉灶""打扫干净屋子再请客""一边倒"之"三大外交政策"和"互相尊重主权和领土完整、互不侵犯、互不干涉内政、平等互利、和平共处"之和平共处五项原则为基本内容的一系列外交理念、外交战略和外交政策,并一一付诸实践。经过卓有成效的工作,初步打开了中国外交的新局面。20世纪50年代末至60年代末,世界局势发生了剧烈的变动,在美国仍然继续推行其公开敌视中国的外交战略和外交政策的情况下,中苏关系又逐步恶化、破裂并走向全面对抗,中国外交遭遇重大挑战而经历曲折发展。为适应国际形势变化,中国的外交战略和外交政策作出了重大调整,由新中国成立之初的"一边倒",逐步转向了反对美苏两个"超级大国"之霸权主义和同时发展与两个"中间地带"的关系。20世纪60年代末至70年代末,世界局势再次发生了剧烈的变动,面对国际关系、国际格局的新变化,尤其是面对美苏两个"超级大国"在争夺世界霸权的斗争中苏联霸权主义日益成为新中国最主要威胁的新形势,毛泽东发展了"两个中间地带"的思想,进一步提出了"三个世界"划分的理论。中国外交抓住难得的历史机遇,进行大调整和大突破,使此一时期为党的十一届三中全会以后中国外交的"大转折"和"凯歌行进"的大好局面,奠定了基础、创造了条件。

　　党的十一届三中全会以后,新中国的历史发展迈入改革开放和社会主义现代化建设的新时期。随着国家工作重心的转移,中国领导人开始酝酿调整中国的外交理念、外交战略、外交政策。在以邓小平为

核心的第二代中央领导集体的领导下，中国独立自主的和平外交全面实现了拨乱反正和对外开放的"大转折"，使中国独立自主的和平外交取得了前所未有的重大突破和重大进展，呈现出前所未有的新气象、新局面。

一、1978年至1989年的中国外交新理念新思想新战略

20世纪70年代末至80年代末，是中国独立自主的和平外交在进入新时期以后实现其外交理念、外交战略和外交政策大调整的全面转型时期。在以邓小平为核心的第二代中央领导集体的领导下，中国共产党和中国政府因应国内外形势的发展变化，创造性地提出了一系列关于时代主题、国际形势的新特征新趋势以及中国独立自主的和平外交新理念新思想新战略，并以此奠定和构筑了新时期中国独立自主的和平外交的指导原则和理论基石。

（一）科学判断国际局势，提出和平与发展的时代主题

20世纪70年代末至20世纪80年代末，中国独立自主的和平外交所面临的国际形势和外部环境发生了重大变化。世界局势仍然处于剧烈的动荡中。美苏两个"超级大国"继续争夺世界霸权的基本国际格局没有变，但是它们之间的力量对比，再次发生了一些微妙的变化。苏联由于在世界范围的不断扩张，战线过长，特别是陷入阿富汗战争以后，内外矛盾加深，外交上孤立，国内经济停滞不前，国力下降；而美国自从越南战争中"脱身"以后，内外环境都有所改善，1980年里根上台后，对苏联采取强硬政策，增加军费开支，推出"星球大战"计划和"有限推回战略"，外交上由防守转向进攻。美苏两个"超级大国"继续争夺世界霸权的态势开始进入到互有攻守的大体均衡和全面僵持阶段，"两霸"之间既对抗又对话，关系时紧时缓。此一时期，亚非拉广大发展中国家维护

民族独立、捍卫国家利益、发展民族经济的斗争取得重大的胜利，日益成为国际政治舞台、国际经济舞台上不可忽视的一支重要力量。一些发达资本主义国家尤其是西欧国家和日本的经济发展迅速，在国际事务中的影响力和发言权越来越大，成为当代世界综合国力竞争格局中的一支重要力量。也就是说，各种反对霸权主义和战争、维护世界和平和发展的正义和进步力量在逐步积蓄和发展，世界多极化的发展趋向已经隐隐出现，"两极"对立的冷战时代已经走入尾声，一个大变革、大转折的国际新形势、新格局已经在酝酿和发轫之中。

邓小平正是在深刻洞察和分析了国际局势的这些新变化新情况新问题，从当代国际社会存在的纷繁复杂的诸多矛盾中，抓住了当代世界的主要矛盾，对当代世界上普遍关注的和平与发展两大问题进行深入思考。1984年5月，邓小平在会见巴西总统菲格雷多时明确指出："现在世界上问题很多，有两个比较突出。一是和平问题。……二是南北问题。"[①]1984年10月31日，邓小平在会见缅甸总统吴山友时再次指出："国际上有两大问题非常突出，一个是和平问题，一个是南北问题。还有其他许多问题，但都不像这两个问题关系全局，带有全球性、战略性的意义。"[②]1985年3月，邓小平在会见日本友人时进一步阐述了和平与发展的思想："现在世界上真正大的问题，带全球性的战略问题，一个是和平问题，一个是经济问题或者说发展问题。和平问题是东西问题，发展问题是南北问题，概括起来，就是东西南北四个字。南北问题是核心问题。"[③]1987年10月，党的十三大报告把邓小平反复论述的和平与发展是当代世界的两大问题的思想正式明确概括为"和平与发展是当代世

---

① 《维护世界和平，搞好国内建设》（1984年5月29日），《邓小平文选》第3卷，人民出版社1993年版，第56页。

② 《和平共处原则具有强大生命力》（1984年10月31日），《邓小平文选》第3卷，人民出版社1993年版，第96页。

③ 《和平和发展是当代世界的两大问题》（1985年3月4日），《邓小平文选》第3卷，人民出版社1993年版，第105页。

界的主题"。这一概括对于中国共产党和中国政府科学认识国际形势，制定正确的内外政策，抓住机遇，加快发展步伐，产生了深远影响。

以邓小平为核心的第二代中央领导集体关于"和平与发展"新的时代主题的认识和判断，既系统总结了此前国际形势发展演变的基本脉络和主要特征，又深入分析了此后国际形势进一步发展演变的基本趋势和主要路向，为中国共产党和中国政府科学地判断国际形势和对新中国外交理念、外交战略、外交政策进行全面调整和全面转型提供了最重要的理论根据和思想基础。以此为最重要的理论和思想驱动力，中国独立自主的和平外交在改革开放和社会主义现代化建设新时期实现了根本性、战略性的伟大转折，取得了举世瞩目的伟大成就，打开了新局面。这是值得我们认真总结和汲取的丰富而深刻的历史经验和现实启示。

（二）改变"一条线"战略，奉行独立自主的不结盟外交战略

20世纪70年代末至20世纪80年代末，中国的外交理念、外交战略和外交政策成功地实现从"结盟"向"不结盟"转变。1949年新中国成立时正逢东西方大冷战，复杂的国际国内形势使新中国确立了"一边倒"的外交战略和外交政策，与苏联结盟。但从20世纪50年代后期开始，中苏同盟因国家利益与意识形态的分歧出现了冲突和矛盾。到了20世纪60年代中期，中苏同盟破裂，中国实行既反美又反苏的"两个拳头打人"的政策，坚决捍卫了独立自主的地位。但由于中国同美苏的关系均趋于紧张，国际形势、国际环境十分险恶。而美国因为深陷越南战争而国力日渐衰落，试图改善同中国的关系，以便借助中国的力量抗衡苏联。在这种情况下，中国调整了政策，与美国关系开始缓和。然而到了20世纪70年代末，国际形势又有了新的变化。苏联国力衰退，内外交困，美国国力有所回升，美苏在全球的争夺态势由苏攻美守转为互有攻守的均衡、相持。而中美关系在这期间出现曲折，美国在台湾问题上多次制造麻烦，使

中美之间矛盾上升。中苏两国关系出现松动。中国以1982年3月勃列日涅夫"塔什干讲话"为契机,倡议举行中苏两国外长级磋商,并于1982年10月开始,由两国政府特使(副外长级)轮流在北京和莫斯科就改善两国关系问题进行会谈。

邓小平在深入分析了以上中美苏战略关系的演变和反思过去处理同大国关系的失误和历史教训后,认为"一条线"战略已不适应国际关系体系中的矛盾变化了。若继续联美反苏,不利于国际战略力量的平衡和世界的和平与稳定。因此,邓小平适时地提出了不同任何大国结盟,也不支持它们中的一方去反对另一方,对一切国际问题,根据其本身的是非曲直和中国人民及世界人民的根本利益,按照是否有利于维护世界和平、发展各国友好关系、促进共同发展的标准,独立自主地做出判断,独立自主地决定自己的态度和政策的战略思想。邓小平明确指出:"我们的对外政策有了一个调整。我们过去曾说过建立'一条线'的反霸统一战线,现在不搞那些,执行独立自主的外交政策。国际上一切和平力量都是我们的朋友,谁搞霸权主义,我们就反对谁,也不搞集团政治,不依附于任何集团。这一政策对于维护和平比较有利。"[1] "中国的对外政策是独立自主的,是真正的不结盟。"[2]包括不与任何大国结盟,不参加任何集团,也不把一些中小国家拉到自己身边,自己当盟主。这一战略原则的外交表现形式,就是"三不政策":不结盟、不对抗、不针对第三国。

1982年召开的党的十二大正式对中国外交的"一条线"战略作了调整,正式确定新时期中国外交战略是独立自主外交。其基本内容是中国不同任何大国结盟,在独立自主、和平共处五项原则的基础上,同世界

---

① 中共中央文献研究室编:《邓小平思想年谱(1957—1997)》,中央文献出版社1998年版,第318页。

② 《维护世界和平,搞好国内建设》(1984年5月29日),《邓小平文选》第3卷,人民出版社1993年版,第57页。

一切国家包括结盟国家和不结盟国家建立和发展各方面的关系。大会明确宣布："我们坚持执行独立自主的对外政策，同我们履行维护世界和平，促进人类进步的崇高的国际义务是一致的。""中国绝不依附于任何大国或者国家集团，决不屈服于任何大国的压力。"①

不结盟政策的实施，使中国在外交上更加独立自主，在纷繁复杂的世界舞台上，可以权衡利弊，审时度势，趋利避害，作出自己正确的决策。同时中国严格维护国家利益为最高准则处理国家关系，把维护国家的独立和主权放在首位，不允许任何国家干涉中国的内部事务，坚决抵制任何有损于国家主权和民族尊严的行为。

（三）提出了超越意识形态和社会制度的全方位外交的思想

进入改革开放和社会主义现代化建设新时期以后，中国坚定不移地将对外开放作为基本国策之一。邓小平屡次强调，独立自主不是闭关自守，更不意味着盲目排外，"总结历史经验，中国长期处于停滞和落后状态的一个重要原因的闭关自守。经验证明，关起门来搞建设是不能成功的，中国的发展离不开世界。"②由此，邓小平明确指出："那种按社会制度决定国与国关系的时代过去了。不同社会制度的国家完全可以和平共处，发展友谊，找到共同的利益。"③邓小平认为，社会制度和意识形态作为国家整体利益的一部分，应服从、服务于国家的整体利益，要加快中国社会主义经济建设的步伐，就要超越社会制度和意识形态的差异，与两种制度、多种类型的国家进行多渠道的交流与合作，就要"大

① 胡耀邦：《全面开创社会主义现代化建设的新局面——在中国共产党第十二次全国代表大会上的报告》，人民出版社1982年版，第27页。

② 《我们的宏伟目标和根本政策》（1984年10月6日），《邓小平文选》第3卷，人民出版社1993年版，第78页。

③ 中共中央文献研究室编：《邓小平年谱（1975—1997）》（下），中央文献出版社2004年版，第1297页。

胆吸收和借鉴人类社会创造的一切文明成果，吸收和借鉴当今世界各国包括资本主义发达国家的一切反映现代社会化生产规律的先进经营方式、管理方法。"①

同时，必须明确指出的是，邓小平所提出的超越意识形态的异同，不主动搞意识形态的争论，绝不是忽视和放弃意识形态领域的斗争。相反，邓小平认为，在两种制度并存的历史条件下，只有充分估计到意识形态斗争的复杂性和艰巨性，积极正确地开展意识形态领域的斗争，才能真正维护国家利益。随着世界经济全球化的发展，资本主义的意识形态也在向全球扩展和渗透。对此，邓小平有着清醒的认识。他告诫世人："西方国家正在打一场没有硝烟的第三次世界大战。所谓没有硝烟，就是要社会主义国家和平演变。"②所以，我们要坚决抵制西方各种腐朽思想的渗透和侵蚀，粉碎其"西化""分化""弱化"社会主义中国的企图。邓小平非常注意西方资产阶级文化对中国的渗透，他提醒人们"一定要用马克思主义对它们的思想内容和表现方法进行分析、鉴别和批判"③。

邓小平主张在坚持和平共处五项原则基础上同所有国家建立和发展友好关系。邓小平指出："处理国与国之间的关系，和平共处五项原则是最好的方式。其他方式，如'大家庭'方式，'集团政治'方式，'势力范围'方式，都会带来矛盾，激化国际局势。总结国际关系的实践，最具有强大生命力的就是和平共处五项原则。"④因此，他认为，只有以和平共处五项原则为基础，才能建立和平、稳定、公正、合理的国际新

① 《在武昌、深圳、珠海、上海等地的谈话要点》（1992年1月18日—2月21日），《邓小平文选》第3卷，人民出版社1993年版，第373页。

② 《坚持社会主义，防止和平演变》（1989年11月23日），《邓小平文选》第3卷，人民出版社1993年版，第344页。

③ 《党在组织战线和思想战线上的迫切任务》（1983年10月12日），《邓小平文选》第3卷，人民出版社1993年版，第44页。

④ 《和平共处原则具有强大生命力》（1984年10月31日），《邓小平文选》第3卷，人民出版社1993年版，第96页。

秩序。

以邓小平为核心的第二代中央领导集体提出的超越意识形态的全方位外交思想，为进入改革开放和社会主义现代化建设新时期以后的中国与周边国家、与西方发达资本主义国家、与亚非拉广大发展中国家之间国家关系的全面改善和全面发展，提供了根本性的理论根据和思想基础。

（四）提出"韬光养晦、有所作为"的战略方针

早在20世纪80年代初，邓小平就提出了"决不当头"的思想。1982年8月，他在会见联合国秘书长德奎利亚尔时明确提出，中国"作为第三世界的一员，要尽到我们自己的责任。很多朋友说，中国是第三世界的头头。我们说，头头可不能当，头头一当就坏了。搞霸权主义的名誉很坏，当第三世界的头头名誉也不好。这不是客气话，这是一种真实的政治考虑"①。

1989年春夏之交北京发生政治风波。1989年6月，美国政府粗暴干涉中国内政，宣布对中国采取严厉制裁措施，随后西方七国集团和20多个西方发达国家先后参与对华制裁。此时，苏东局势也处于风雨飘摇之中，对中国形成很大的战略压力。

此时，中国面临"怎么办""向何处去"等尖锐问题。正是在这种背景下，为应对国际风云的剧变，1989年3月4日，邓小平特别请中共中央负责同志向全党各级领导转达一句话："告诉同志们，遇事要沉着"，不要惊慌失措②。邓小平反复告诫中央领导同志要冷静："世界上矛盾多得很、大得很，一些深刻的矛盾刚刚暴露出来。我们可以利用的矛盾存在

---

① 《中国的对外政策》（1982年8月21日），《邓小平文选》第2卷，人民出版社1994年版，第416页。

② 《中国不允许乱》（1989年3月4日），《邓小平文选》第3卷，人民出版社1993年版，第286页。

着,对我们有利的条件存在着,机遇存在着,问题是要善于把握。"①

因此,邓小平强调,中国在国际事务中要善于藏拙,埋头苦干,避免锋芒毕露,以集中精力先把自己的事情办好。只有自己的综合国力提升了,才会在国际事务中有较大话语权。邓小平认为:"一切决定于我们自己的事情干得好不好。我们在国际事务中起的作用的大小,要看我们自己经济建设成就的大小。如果我们国家发展了,更加兴旺发达了,我们在国际事务中的作用就会大。"②因此,不能在意一时一地的得失,"考虑任何问题都要着眼于长远,着眼于大局。"③

在以上重要论述的基础上,1989年9月4日,邓小平从中国的基本国情和国际力量对比的现实出发,进一步明确指出:"对于国际局势,概括起来就是三句话:第一句话,冷静观察;第二句话,稳住阵脚;第三句话,沉着应付。不要急,也急不得。要冷静、冷静、再冷静,埋头实干,做好一件事,我们自己的事。"④这一重要思想,后来被概括为"冷静观察、稳住阵脚、沉着应付、韬光养晦、善于守拙、决不当头、有所作为"的"二十八字外交方针"。其中,核心思想就是"韬光养晦,有所作为"。

整体观察"韬光养晦、有所作为"的战略方针,是建立在对中国国情的深刻认识和世界局势的全面把握基础之上的。但韬光养晦不意味着无所作为、畏缩不前。相反,在韬光养晦的同时,还要有所作为,二者之间是相辅相成、互为补充、互为支撑,是辩证统一的有机整体关系。这一外交战略方针,其根本点是要寻找有利时机,发展和壮大自己,体现了邓小平灵活务实的思想方法和个人风格。在这一战略方针的指引下,

---

① 《发展中日关系要看得远些》（1984年3月25日）,《邓小平文选》第3卷,人民出版社1993年版,第54页。

② 《目前的形势和任务》（1980年1月6日）,《邓小平文选》第2卷,人民出版社1994年版,第240页。

③ 《组成一个实行改革的有希望的领导集体》（1989年5月31日）,《邓小平文选》第3卷,人民出版社1993年版,第298页。

④ 《改革开放政策稳定,中国大有希望》（1989年9月4日）,《邓小平文选》第3卷,人民出版社1993年版,第321页。

中国外交逐渐化被动为主动，最终打破和扭转以美国为首的西方发达资本主义国家在1989年政治风波以后对中国实行的"制裁""封堵"和"遏制"的严重态势，全面恢复、改善和发展了同各种性质、各种类型国家的外交关系，使中国外交顺利度过20世纪80年代末90年代初的严峻时期，为中国坚持、巩固、发展对外开放的基本国策营造了良好的外部条件和国际环境。

20世纪90年代，"韬光养晦、有所作为"的外交战略方针不断丰富与发展，不断被赋予了新的时代内涵，至今仍然对中国特色大国外交之战略布局具有一定的思想借鉴和指导意义。它不仅是"黑云压城城欲摧"不利形势下的卧薪尝胆，也是中国在"富起来"和"强起来"以后，必须长期坚持的外交指导原则。党的十九大报告所言的"中国坚定奉行独立自主的和平外交政策，尊重各国人民自主选择发展道路的权利，维护国际公平正义，反对把自己的意志强加于人，反对干涉别国内政，反对以强凌弱。……中国发展不对任何国家构成威胁。中国无论发展到什么程度，永远不称霸，永远不搞扩张"[1]，就是这一外交战略方针在中国特色社会主义新时代与时俱进的继承、发展、创新。

二、1978年至1989年的中国与大国关系、与发达国家关系

20世纪70年代末至80年代末，进入改革开放和社会主义现代化建设新时期的中国与大国关系、与发达国家关系，取得重大突破和重大进展，呈现出前所未有的新气象、新局面，为中国推进改革开放和社会主义现代化建设事业争取有利的国际形势奠定了坚实的基础，对于维护世界和平和促进共同发展具有战略意义。

---

① 习近平：《决胜全面建成小康社会　夺取新时代中国特色社会主义伟大胜利——在中国共产党第十九次全国代表大会上的报告》（2017年10月18日），《人民日报》2017年10月28日。

（一）与美国的关系

1972年美国总统尼克松访华，中美两国联合发表《上海公报》，打破了中美关系的坚冰。但一直到1978年12月，在美国政府接受了中国政府提出的"建交三原则"——美国与台湾当局"断交"、废除美台《共同防御条约》以及从台湾撤军以后，中美两国才于1979年1月1日正式建立外交关系，中美关系实现正常化。应美国总统卡特的邀请，1979年1月邓小平访美，这是新中国成立以后，中国领导人第一次访问美国。

但令人遗憾的是，1979年3月美国国会不顾中国政府的一再申明和强烈反对，通过《与台湾关系法》，严重损害了中国的国家主权和国家利益，致使中美关系出现严重波折。更有甚者，1980年1月，美国政府通知国会，要求国会批准向台湾出售价值2.8亿美元的武器装备。1981年1月，里根总统上台后，采取"双轨"对华政策，一方面表示继续发展美中正常关系；另一方面在台湾等问题上蓄意挑起事端，声称根据《与台湾关系法》，美国有义务向台湾出售性能有所提高的"防御性"武器，并扬言中国无权过问美国的对台政策，再次引发中美关系的摩擦和倒退。为解决美国售台武器问题，中美两国政府通过谈判，于1982年8月达成协议，发表了有关中美关系的第三个联合公报，简称"八•一七公报"，使中美之间的这一场危机有所缓解。而1982年以后，中国在外交战略和外交政策上作了比较大的调整，明确提出不同任何大国结盟的政策。美国也认识到不能仅仅依据对苏战略需要来发展中美关系。由此，中美两国政府均采取了比较务实的态度来发展和巩固双边关系，使两国关系在此后的数年中，始终保持了平稳发展的良性互动态势。

双方政治互动频繁。特别是两国领导人互访增加。1984年1月，中国国务院总理赵紫阳对美国进行了正式访问，这是继邓小平1979年访美之后中国高层领导人的首次访美。同年4月，美国总统里根对中国进行国事访问。1985年7月，中国国家主席李先念访问美国，这是中国国家元首首

次访美。访美期间，双方签署了中美和平利用核能协定、中美文化协定两年执行计划、中美教育交流议定书和中美渔业协定等四个重要文件。1989年2月，美国总统布什访华。中国领导人邓小平、杨尚昆、李鹏分别与他进行了会谈，双方都认为中美关系发展是稳定的，尽管存在一些问题和分歧。美方表示愿意在三个联合公报的基础上，进一步发展两国的政治经济关系。

经济文化交流发展迅速。经过谈判，1979年中美两国解决了最惠国待遇问题。1979年5月，美国商务部长访华，与中国方面商讨中美经济贸易实质性问题。1979年7月，中国对外贸易部部长李强和美国驻华大使伍德科克分别代表两国政府在北京正式签署了为期三年的中美贸易协定。根据这一协定，中美双方将在关税、手续税费用方面相互给予最惠国待遇，协商解决双边贸易问题等，从而为两国经济贸易关系的进一步发展开辟了道路。随着中美政治关系的回暖，两国贸易总额也不断增加。中美贸易总额，从1979年的25亿美元增长到1988年的100亿美元。中美经济贸易的发展，不仅为中国的现代化建设吸引了大量的资金和技术，而且为稳定中美关系的大局构筑了一个新的支点。

与此同时，中美两国在军事、科技、文化、教育领域的合作和交流也逐年扩大，人员往来，学生、学者交流和各种文化代表团互访日益频繁。为加强科技、文化领域的合作，1979年邓小平访美期间，邓小平和卡特分别代表中美两国政府签署了科技合作协定和文化协定。1988年双方互访人数达到1500人和200起团体或个人。到1988年中美已建立39对友好城市、25对友好省州关系。越来越广泛的民间往来和交流扩大了中美友好关系的社会基础，对于两国关系发展具有不可低估的积极意义。

（二）与苏联的关系

新中国成立后，中苏关系经历了由结盟到严重恶化的演变，甚至20世纪60年代下半期中苏边界多次发生比较大规模的武装冲突。党的十一届三中全会后，中国开启了改革开放和社会主义现代化建设的新征程。但是，中苏关系紧张仍是影响中国现代化建设的重要因素。特别是1979年苏联入侵阿富汗，严重威胁着中国的周边安全。其时，正值中苏关于两国国家关系正常化的第一轮谈判结束不久，正准备举行中苏第二轮谈判。由于苏联入侵阿富汗，中国政府决定暂停谈判。1980年1月20日，中国外交部新闻司发言人对记者表示：由于"苏联入侵阿富汗，威胁世界和平，也威胁着中国的安全，并为中苏两国关系正常化制造了新的障碍。在当前情况下，进行中苏谈判显然是不适宜的"①。

　　1982年3月24日，苏共总书记、苏联最高苏维埃主席团主席勃列日涅夫在塔什干发表讲话，释放出缓和苏中关系的信号。对于苏联最高领导人勃列日涅夫的"塔什干谈话"，中国方面给予了高度重视。根据邓小平的指示，中国外交部迅速回应。3月26日，中国外交部新闻司司长钱其琛在北京举行中国外交部历史上第一次中外记者新闻发布会，就苏联领导人勃列日涅夫的"塔什干谈话"发表正式评论："我们注意到3月24日苏联勃列日涅夫主席在塔什干发表的关于中苏关系的讲话。我们坚决拒绝讲话中对中国的攻击。在中苏两国关系和国际事务中，我们重视的是苏联的实际行动。"②

　　中苏双方经过几次内部协商，最后商定由两国副外长级的政府特使就两国关系正常化问题举行政治磋商。1982年10月，中苏两国副外长级政治磋商在北京举行，中方以客观事实和国际法为依据，强调说明苏联应该采取实际步骤消除"三大障碍"，即：一、苏联减少和撤退在两国边界和在蒙古国的驻军；二、从阿富汗撤军；三、劝说越南从柬埔寨撤军。这是恢复两国正常关系的关键③。此后，中苏两国就消除影响中苏关系

① 　《苏入侵阿富汗威胁中国安全　中苏谈判当前不宜举行》，《人民日报》1980年1月21日。

② 　《就勃列日涅夫在塔什干的讲话　我国外交部发言人发表谈话》，《人民日报》1982年3月27日。

③ 　黄华：《亲历与见闻：黄华回忆录》，世界知识出版社2007年版，第359页。

正常化的"三大障碍"问题进行了12轮政治磋商。但由于苏联方面始终不认同和接受中国方面提出的首先要消除实现中苏关系正常化之"三大障碍"的"前提性"条件,加之20世纪80年代前半期苏联党和国家最高领导人更迭频繁,对外政策根本无法保持稳定和延续性,所以,迟迟没有取得任何实质性的进展和突破。

直到1985年戈尔巴乔夫上台之后,苏联方面在对华关系上,逐渐松动在"三大障碍"问题上的僵硬立场,开始以积极的姿态改善与中国的关系。为了打破僵局,1985年10月,邓小平接见罗马里亚领导人齐奥塞斯库时,请他捎口信给戈尔巴乔夫:"如果苏联同我们达成谅解,越南从柬埔寨撤军,而且能够办到,我或胡耀邦同志愿意跟戈尔巴乔夫会见。我出访的历史使命已经完成,同志们也不让我出国了,但是如果能同苏联达成一个谅解,我可以破例。为了这样一件好事,我愿意去。你向他转达后,我们等待答复。"[①]

1986年7月,苏联领导人戈尔巴乔夫在海参崴发表公开讲话,宣布在当年年底前,从阿富汗撤出苏联六个团,苏联全部撤军则取决于外部干涉是否继续下去,透露正在和蒙古领导人研究相当一大部分苏军撤出蒙古问题,还表示愿意同中国讨论削减中苏边境的苏军问题。对柬埔寨问题,他也表达了积极的态度[②]。戈尔巴乔夫的"海参崴谈话",成为中苏两党、两国关系改善并实现关系正常化之历史进程中的一个转折点。中方对戈尔巴乔夫的"海参崴谈话"迅速回应。1986年9月,邓小平在接受美国记者华莱士电视采访的时候,谈到了中苏关系,他说,如果戈尔巴乔夫在消除中苏间的"三大障碍",特别是在促使越南停止侵略柬埔寨和从柬埔寨撤军的问题上,走出扎扎实实的一步,

---

① 中共中央文献研究室编:《邓小平年谱(1975—1997)》(下),中央文献出版社2004年版,第1085—1086页。

② 钱其琛:《外交十记》,世界知识出版社2003年版,第23—24页。

我本人愿意跟他见面①。

此后，中苏双方经过多次磋商、交涉，最终消除了"三大障碍"，从而为中苏关系正常化铺平了道路。最终，1989年5月，戈尔巴乔夫访华。同月16日，邓小平与戈尔巴乔夫进行了历史性会晤，标志着中苏两国关系重新实现了正常化。

（三）与日本的关系

20世纪70年代初，随着中美关系的缓和，中日两国实现了邦交正常化，揭开了两国关系新的一页。而1978年8月中日两国签订《中日和平友好条约》以及同年10月邓小平应邀访问日本，又使中日睦邻友好合作关系发展到一个新的阶段。

此后，中日两国领导人及高层往来十分频繁，在经济领域形成互惠合作的局面。1979年12月，日本首相大平正芳访华，承诺向中国提供第一批政府贷款。1980年5月，中国国务院总理华国锋访日。这是中国总理首次访日。7月，华国锋又赴日出席大平首相葬礼。1982年9月，日本首相铃木善幸访华并与邓小平会见，铃木善幸表示日中关系已进入成熟时期，关于历史教科书问题，日本政府将按照《日中联合声明》的精神负责尽快加以解决。1983年11月，中共中央总书记胡耀邦访日，同日本首相中曾根康弘确认"中日关系四原则"：和平友好、平等互利、长期稳定、相互信赖，并决定设立中日友好21世纪委员会。1984年3月，日本首相中曾根康弘访华，决定向中国提供第二批政府贷款。1985年6月，中国全国人大常委会委员长彭真访问日本并发表演讲。1986年11月，日本首相中曾根康弘访华。1988年8月，日本首相竹下登访华，承诺向中国提供第三批政府贷款。1989年4月，中国国务院总理李鹏访日。中日两国领导人重申中日联合声明、中日和平友好条约以及中日关系四项原

---

① 中共中央文献研究室编：《邓小平年谱（1975—1997）》（下），中央文献出版社2004年版，第1132页。

则是中日友好的基础。

但不容忽视的是，这一阶段中日关系中也存在着一些不和谐的杂音。1982年和1986年分别发生的历史教科书问题、1985年日本首相参拜"靖国神社"事件和日本妄图制造"两个中国"的"光华寮"案件，以及钓鱼岛的主权归属争端问题等，都给中日关系的发展带来负面影响。针对这些问题，中国政府始终坚持原则，进行了有理、有利、有节的斗争。

整体观察，在这一历史时期，虽然中日关系出现一些麻烦甚至是比较严重的问题，但总体上还是得到了全面发展。

（四）与西欧发达国家的关系

随着中美关系的改善和中国恢复在联合国的合法席位，中国和西欧发达国家在20世纪70年代初出现了建交高潮。从20世纪70年代末到80年代末，中国与西欧发达国家的关系进入一个新的稳定发展时期。

中国同西欧国家的领导人互访频繁。1979年10月，中国国务院总理华国锋访问法国、英国、德国、意大利等国，这是新中国领导人有史以来第一次对欧洲访问。1984年5月底至6月中旬，中国国务院总理赵紫阳应西欧六国和欧洲共同体的邀请，对法国、比利时、欧洲共同体、瑞典、丹麦、挪威和意大利进行正式友好访问。1984年11月，中国国家主席李先念作为中国国家元首，第一次出访西欧，对西班牙、葡萄牙和马耳他三国进行国事访问。1985年6月，中国国务院总理赵紫阳应邀对英国、联邦德国和荷兰进行正式访问。1986年6月，中共中央总书记胡耀邦访问了英国、法国、意大利和联邦德国，这是中共最高领导人对西欧的首次访问。1987年11月，中国国家主席李先念出访法国、意大利、卢森堡和比利时等国。这一时期，西欧国家领导人——英国女王伊丽莎白和首相撒切尔夫人、法国总统德斯坦和密特朗、联邦德国总理科尔、意大利总统佩尔蒂尼和总理克拉克西、安德烈奥蒂等也纷纷访华。

随着领导人互访的频繁，中国与英国、法国、德国等西欧发达国家关系进一步发展。中英关系总体上朝着积极稳定的方向发展，特别是中英通过外交谈判解决了香港问题。1982年9月，邓小平会见来访的英国首相撒切尔夫人，阐明了中国政府对香港问题的基本立场，明确表示1997年中国将收回香港。在这个前提下，中英两国磋商解决香港如何过渡得好以及15年后香港怎么办的问题。这标志着中英关于香港前途问题的外交谈判拉开序幕。1984年12月，中英两国政府经过22轮谈判后，在北京正式签署《关于香港问题的联合声明》，确认中华人民共和国政府于1997年7月1日对香港恢复行使主权。中英"联合声明"的签署，标志着香港进入回归祖国前的过渡期。中英两国政府关于解决香港前途问题的外交谈判给中葡两国政府关于澳门前途问题的外交谈判提供了"率先垂范"的成功模式和成功经验。自1986年6月至1987年3月，中葡两国政府关于澳门前途问题的外交谈判在北京举行，共进行了四轮正式会谈。1987年4月，中葡两国政府关于澳门问题的"联合声明"由双方政府首脑在北京正式签署。中葡"联合声明"宣布：中华人民共和国政府于1999年12月20日对澳门恢复行使主权。

中法关系也发展顺利。1964年中法建交后，两国关系发展总体顺利。进入改革开放和社会主义现代化建设新时期以后，中法两国不仅高层领导互访频繁，两国政治关系不断升温，经贸、文化等方面的关系也得到快速发展。1983年5月法国总统密特朗访华时向中国领导人表示，希望建立工业方面的合作，中国可以从法国获得设备和投资，法国可以向中国转让技术。1984年5月，中法两国政府签订关于相互鼓励和保护投资协定及关于避免双重征税和防止偷漏税协定。1987年11月，中国国家主席李先念访问法国时中法两国政府签订了经济技术合作财政议定书。根据议定书，法国政府在1987年向中国提供总额为6.4亿法郎的混合贷款。法国一度成为中国在西欧的第二大贸易伙伴。中法贸易额从1981年的6.8亿美元上升到1989年的近20亿美元。

中国与联邦德国于1972年10月建交。进入改革开放和社会主义现代化建设新时期以后，随着两国交往的加深，两国外交部建立了外长互访和在联大会晤及外交部官员定期磋商等不同层次、各种形式的政治磋商制度。中德两国签署了一系列双边协议和协定，双边关系发展水平不断提升。1979年10月中德签订《文化合作协定》。1982年10月，中德两国政府签署了技术合作总协定，德国政府开始对华提供无偿援助。援助形式有技术合作项目、粮食援助、紧急援助、项目外奖学金生和资助研讨会。1985年6月，中德两国政府签订第一个财政合作协定。德国开始向中国提供财政合作援助资金。随着一系列政府间协定的签署，中德贸易合作稳步向前发展，1989年双边贸易额达到49.9亿美元。

（五）与澳大利亚的关系

1972年中国和澳大利亚建立外交关系以后，两国关系获得全面发展。虽然1983年3月澳大利亚工党上台执政后，中澳在柬埔寨问题上主张相悖，一度对中澳两国关系带来冲击和挑战。但两国很快意识到，双方发展以政治友好和经济互补为特征的典范或特殊关系较之柬埔寨问题更为重要，不能让柬埔寨问题影响两国关系的发展[1]。因此，从20世纪70年代末至80年代末，中澳两国关系总体上比较友好，共同维护亚太地区的安全和稳定。

第一，中澳两国的政治交往密切。两国领导人保持经常接触和互访。1979年3月，中国国务院副总理陈慕华访澳。1980年5月，中国国务院副总理李先念访澳。中澳双方商定，两国外交部建立副部长级政治磋商机制。1983年4月，中国国务院总理赵紫阳访澳。1985年4月，中共中央总书记胡耀邦访澳，两国发表《关于中澳经济合作的新闻公报》。1986年9月，中国国务院副总理万里访澳，双方宣布成立中澳部长级联合经济委员会。澳大利亚领导人也多次访华。1982年8月，澳大利亚总理弗雷泽访

---

① 侯敏跃：《霍克执政时期柬埔寨问题和中澳关系》，《历史教学问题》2005年第4期。

华。1984年澳大利亚总理霍克和副总理鲍恩访华。1986年5月，澳大利亚总理霍克再次访华。

第二，中澳两国经济关系快速发展。中澳两国政府都十分重视发展经济贸易关系。1978年澳大利亚成为第一个向中国提供发展中国家优惠国地位的西方工业国家。1981年澳大利亚向中国提供6000万澳元无偿援助，用于为双方商定的技术合作项目提供先进技术设备。为促进两国间的双边贸易和合作，1983年澳大利亚政府还特别制定了一个"中国行动计划"，旨在为澳大利亚企业进入中国市场提供更有计划、更加协调的渠道，并建立使双方互惠合作的基础①。1986年澳大利亚总理霍克访华时，中澳两国政府商定成立双边关系部长级混合委员会，全面协调两国的经济贸易关系。1988年，中澳两国政府又签署《关于向互惠开发项目提供优惠贷款的谅解备忘录》和《中华人民共和国政府和澳大利亚政府相互鼓励和保护投资协定》。随着中澳双方经贸关系的发展，两国的贸易额不断增加。1989年中澳双边贸易额达到15.5亿美元。

第三，中澳两国的科技文化交流日益增多。中澳两国在各个领域的交流与合作不断深入，取得了长足的进展，特别是两国文化、科技、教育等方面的合作不断深入，并取得了丰硕的成果。1979年6月，中澳两国政府签署《中澳科学技术合作协定》。1981年4月，中澳签署《中澳文化合作协定》。1981年10月，中澳签署《中澳技术合作促进发展计划协定》。

三、1978年至1989年的中国与邻国关系

20世纪70年代末至80年代末，进入改革开放和社会主义现代化建设新时期的中国与邻国关系取得重大突破和重大进展，为中国推进改革开放和社会主义现代化建设事业争取一个和平、稳定的周边环境提供了

---

① 澳大利亚贸易部：《澳大利亚："中国行动计划"》，《国际贸易》1986年第10期。

有力的保障。

（一）与东亚国家的关系

朝鲜半岛地处东亚核心地区。处理好中韩、中朝关系，赢得半岛事务的主导权，是中国外交立足亚太、搞好周边的关键一步①。

中国向来重视加强中朝友好关系。改革开放以来，中国继续巩固加强同朝鲜的传统友谊。1982年9月1日，党的十二大报告明确指出："我们和朝鲜、罗马尼亚、南斯拉夫等友好的社会主义国家亲密合作，不断地巩固和发展着团结和友谊。"②

这一时期，中朝两国领导人高层互访频繁，政治交往密切。1979年5月，中国全国人大常委会副委员长邓颖超访问朝鲜。1980年5月，中共中央主席、中央军委主席、中国国务院总理华国锋在贝尔格莱德会见了金日成。1981年1月朝鲜政务院总理李钟玉访问中国。同年12月，中国国务院总理赵紫阳访问朝鲜。1982年4月，邓小平访问朝鲜，这是邓小平最后一次出国访问。1982年9月，朝鲜最高领导人金日成访华。1983年7月，朝鲜最高人民议会议长杨亨燮访华。1983年9月，中国全国人大常委会委员长彭真对朝鲜进行了友好访问。1984年5月，中共中央总书记胡耀邦访问朝鲜。1984年8月，朝鲜总理姜成山访华。同年11月，金日成对华非正式访问。1985年5月，中共中央总书记胡耀邦也对朝鲜进行了非正式访问。1986年10月，中国国家主席李先念访问朝鲜。1987年5月，金日成再次访华。1989年4月，中共中央总书记赵紫阳访问了朝鲜③。

随着两国政治关系的日益巩固，中朝双方贸易合作持续平稳发展。中朝两国政府1982—1986年长期易货贸易协定、1987—1991年长期易货

---

① 何兰主编：《冷战后中国对外关系》，中国传媒大学出版社2005年版，第232页。

② 胡耀邦：《全面开创社会主义现代化建设的新局面》（1982年9月1日），《十二大以来重要文献选编》（上），人民出版社1986年版，第41页、第43页。

③ 刘金质、张敏秋、张小明：《当代中韩关系》，中国社会科学出版社1998年版，第46—48页。

贸易协定相继签订,有力地保证了两国贸易合作的发展。1987年中朝进出口贸易总额达到5.3亿美元。当然,在这一时期,中朝两国关系也存在着一些分歧和矛盾,如朝鲜对中国实行改革开放政策不理解,对中韩扩大经贸关系表示不满等。但总的来说,中朝关系的发展基本上是比较平稳的。

在加强与朝鲜关系的同时,进入改革开放和社会主义现代化建设新时期以后的中国外交政策更加务实,也有意改善与长期隔绝的韩国关系。而20世纪80年代韩国积极推行"北方外交",也积极寻求改善同中国关系的途径和时机。1983年5月中韩顺利解决劫机事件[1],开辟了中韩外交通道,成为两国官方接触的开端。

此后,中韩双方在体育、文化及经济等方面的交流开始增多。1983年11月,中韩体育界人士在香港举行的亚洲篮协会议上进行了友好接触,并达成了双方运动员赴对方参赛的谅解。1984年2月,韩国网球队抵达昆明参加戴维斯杯初赛。同年4月,中国篮球队到汉城参加第8届亚洲青年锦标赛。1986年中国体育代表团参加了在汉城举行的第10届亚运会。1988年9月,中国参加了在汉城举办的第74届奥运会。自1983开始,中国同韩国开始进行一些转口贸易。韩国政府态度积极,鼓励韩国大企业进入中国市场。1988年中韩转入民间直接贸易。中韩贸易总额从1979年的0.19亿美元,发展到1989年超过33亿美元[2]。

随着中韩民间关系不断发展,两国关系逐渐和解,为后来的两国正式建交打下了基础。1988年7月7日卢泰愚发布《争取实现民族自尊、统一与繁荣的特别宣言》,明确表示要同中国建立外交关系。

蒙古是与中国有着长达4670公里共同边界的友好邻邦。中蒙两国由

---

[1] 1983年5月5日,几名暴徒劫持中国民航296号客机,胁迫这架原本计划从沈阳东塔机场飞往上海的飞机迫降于韩国。

[2] 刘金质、张敏秋、张小明:《当代中韩关系》,中国社会科学出版社1998年版,第107页。

于历史的原因发生了一段严重的曲折，经过两国的共同努力，在20世纪80年代逐步实现了两国关系的正常化。

为改善中蒙关系，在1983年7月蒙古纪念人民革命62周年之际，中国致电祝贺蒙古人民幸福并在社会主义建设中取得成就。1984年，蒙古外交部第一副部长云登访华。1986年中蒙两国政府在北京签署了《中蒙领事条约》。1987年中，中国全国人大常委会副委员长彭冲访问蒙古。同年，中蒙恢复中断20多年的科学技术交流，双方签署了两国政府《1987—1988年度科技合作计划》。1988年蒙古大人民呼拉尔主席林钦访华。1989年3月，蒙古外长贡布苏伦访华。同年中蒙两国关系、两党关系实现正常化。这一时期，中国与蒙古国经贸合作快速发展。特别是1985年以后，中蒙两国贸易发展速度加快，1988年两国贸易额增长到2127万美元①。随着中蒙两国政府间经济贸易关系的不断发展，作为政府间协定贸易重要补充的边境贸易在两国毗邻地区逐渐活跃起来。1985年，中蒙两国边境贸易额达到63万瑞士法郎。接下来的几年，边境贸易迅猛增长。经济合作带来了显著的互利双赢结果。

（二）与南亚国家的关系

南亚东濒孟加拉湾，西临阿拉伯海，区域内的国家包括印度、巴基斯坦、孟加拉、尼泊尔、斯里兰卡、不丹、马尔代夫、阿富汗。这一时期，中国在和平共处五项原则的基础上发展与所有南亚国家的友好关系。

长期处于全面对抗的"冷战"局面，并不符合中印两国发展的根本利益和长远利益，所以，从20世纪70年代后半期开始，两国政府相继向对方发出了改善两国关系的积极信号，共同推动两国关系朝着正常化的目标逐步恢复。1979年2月，印度外交部长阿塔尔·比哈里·瓦杰帕伊访华。1981年6月，中国外交部长黄华访问印度。这是20世纪60年代初中印

---

① 国家外汇管理局阿勒泰地区中心支局课题组：《中蒙两国贸易往来和人民币区域化情况的调研》，《新疆金融》2006年增刊。

两国关系"冰冻"以来，中印两国外交部长之间的第一次互访，标志着中印两国外交关系的实质性改善。

根据中印两国外交部长第一次互访期间双方达成的有关协议，尤其是1981年6月黄华访问印度时与拉奥达成的约定，中印两国政府之间关于解决历史遗留下来的双边陆地边界问题的副部长级外交谈判于1981年底正式启动。至1987年，中印两国政府之间举行了八次会谈，虽没有实质性进展，但中印边贸关系得以借机恢复。而且八次会谈，中印双方就各自解决双边陆地边界的基本立场和具体政策充分交换意见，探讨减少分歧、扩大共识的有效途径和方法，逐步积累中印双方政治上相互信任的基础，为中印关系的全面改善并实现正常化创造了有利气氛和条件。

但是，令人遗憾的是，1986年12月，印度议会两院将其在非法占领的中国领土上建立的"阿鲁纳恰尔"中央直辖区升格为"邦"。印度的这一做法，再次严重侵犯了中国的领土主权。中国政府郑重声明，该法案完全是非法的，中国绝不承认在有最大争议的中印边界东段建立的所谓"阿鲁纳恰尔邦"，两国关系一度陷入僵局。为了走出两国关系发展的困境，1988年12月，印度总理拉吉夫·甘地力排众议访华打破政治僵局。这是继1954年印度政府总理尼赫鲁访问中国以后34年来印度政府总理的首次访华。12月21日，邓小平会见拉吉夫·甘地，指出："中印关系相当一段时间的情况是彼此不愉快的，忘掉它！一切着眼于未来。""我们应该改善关系，我们没有理由不友好，没有理由不改善我们之间的关系。这以后，两国之间就有了一些接触。但真正开始改善关系的，是你这次来访，所以要谢谢你。"[1]拉吉夫·甘地此次访华，成果丰硕。中印两国决定在和平共处五项原则基础上恢复、改善和发展中印睦邻友好关系，这"不仅符合两国人民利益，而且对亚洲和世界的和平与稳定也将产生积

---

[1] 《邓小平会见拉·甘地时指出　中印关系一切着眼于未来》，《人民日报》1988年12月22日。

极的影响。"① 双方签署了科技合作协定、民航运输协定和文化合作协定等文件,并发表了联合公报。拉吉夫·甘地的此次访华,标志着中印关系的全面改善并实现正常化,中印关系的发展进入到一个全新的阶段。

在与印度恢复关系的同时,中国一如既往地重视与巴基斯坦的关系。中巴友谊不断加深,不受外部力量与国内局势变动的影响。1979年苏联对巴基斯坦和中国共同邻国阿富汗的入侵,使中巴两国均面临着严峻的安全威胁。因此,20世纪80年代,中国与巴基斯坦一道,在一切国际场合,共同反对苏联对阿富汗的入侵。

20世纪70年代末至80年代末,中巴两国政治往来频繁,政治互信达到相当高度。1980年5月,巴基斯坦总统齐亚·哈克访华。1981年6月,中国国务院总理赵紫阳访巴。1982年10月,齐亚·哈克总统再次访华。1984年3月,中国国家主席李先念访巴。1985年11月,巴基斯坦总理居内久访华。1987年6月,中国国务院总理赵紫阳再次访巴。同年9月26日,巴基斯坦国民议会议长哈米德·纳西尔·恰塔访华。1988年5月,巴基斯坦总理居内久再度访华。1988年11月巴基斯坦举行选举。贝·布托当选总理后,于1989年2月访华。中国是她上任后第一个访问的国家。11月,中国国务院总理李鹏访巴。李鹏同巴基斯坦总理贝·布托就双边关系和国际问题举行了会谈,取得广泛的一致。1989年春夏之交政治风波发生后,以美国为首的西方国家宣布将中国采取全面制裁政策,而巴基斯坦则采取了与西方国家截然不同的态度,对中国表示充分的理解和支持,反对西方国家干涉中国内政。

20世纪70年代末至80年代末,中巴两国经贸合作关系发展良好。1982年8月,中巴两国签署开放中巴交界的红其拉甫山口的议定书。同年10月,两国成立了中巴经济、贸易和科技合作联合委员会。经过双方的共同努力,两国的经贸合作有了长足进展。1987—1988年度中巴双边贸易

---

① 《中印联合公报》,《人民日报》1988年12月24日。

额达到4.28亿卢比。中国还在力所能及的范围内对巴基斯坦进行了一定的经济物资援助。

20世纪70年代末至80年代末，中巴军事往来密切，军方高层经常互访。1979年10月，巴基斯坦空军参谋长穆罕默德•沙米姆空军中将率领的空军友好代表团访华，受到中国国务院副总理邓小平的接见。1981年11月，中国人民解放军总参谋长杨得志应邀访问巴基斯坦。1984年5月，巴基斯坦海军参谋长塔立克•卡迈勒•汗海军上将访华，在中国人民解放军海军司令员刘华清陪同下检阅了中国海军东海舰队仪仗队。

20世纪70年代末至80年代末，中国也积极改善和发展同孟加拉、尼泊尔、斯里兰卡、不丹、马尔代夫、阿富汗等南亚其他国家的传统友谊和密切合作关系。中国与孟加拉国从1975年10月建交后，两国友好合作关系一直健康、顺利地向前发展。两国高层领导互访频繁，各种交往不断增加，合作领域不断扩大。整个20世纪80年代，孟加拉国总统曾五次访华。1986年中国国家主席李先念访孟加拉国。中国和尼泊尔的友好合作关系也不断发展。高层往来不断，尼泊尔国王、首相均多次访华。中国国家主席、总理也先后访问尼泊尔。中尼双边经贸关系和经济技术合作不断发展。1983年中尼成立政府间经贸联合委员会，首次会议于1984年在北京举行。中国还多次对尼泊尔无偿提供经济援助。1988年两国开通拉萨至加德满都航线。中国与斯里兰卡一直保持着友好关系。斯里兰卡总理普雷马达萨、总统贾亚瓦德纳、总理维杰通加先后多次访华。1984年两国政府签订科技合作协定。1986年中国国家主席李先念访问斯里兰卡。1989年5月，中国向斯里兰卡提供了13万美元的旱灾救济物资。中国与不丹虽未正式建交，但双边关系有比较大的改善。1979年起，两国领导人均互致国庆贺电。1984年，中国和不丹开始进行直接的双边陆地边界问题外交谈判。中国同马尔代夫的友好关系发展顺利。1981年中国国务院副总理兼外长黄华访问马尔代夫。同年中马两国政府签订了第一个经济技术合作协定。1982年，两国恢复直接贸易。1984年马尔代夫总统加尧姆访华,两国政府签订了第二个经济技术合作协定。20世纪80年代,中国虽不承认苏联扶植的阿富汗傀儡政权,但一直声援阿富汗人民的反侵略斗争,并对流落在巴基斯坦的阿富汗难民提供大量物资援助。

(三)与东南亚国家的关系

中国与东南亚国家地缘相邻、文化相通、安全相依、经济相联。但新中国成立后,中国与东南亚国家关系一度比较曲折。20世纪70年代,中国与东南亚国家关系开始回暖。进入改革开放和社会主义现代化建设新时期以后,中国政府十分重视同东南亚国家的和睦相处、友好合作。邓小平明确指出:"东南亚国家是中国的近邻,同东南亚各国建立和发展长期稳定的睦邻友好关系,是中国外交政策的一项重要目标。"[1]而东南亚国家也重新认识中国,调整对华政策。中国与东南亚大多数国家友好合作关系取得很大发展。

第一,中国与马来西亚、泰国、菲律宾、缅甸等已建交国家关系不断发展。马来西亚是东盟中第一个与中国建交的国家。1974年5月中马建交以后,两国不断拓展和深化双边关系。1985年11月,马来西亚总理马哈蒂尔访华,双方签署《关于对所得避免双重征税和防止偷漏税的协定》,这是中马两国签订的第一个政府间协定。1988年,两国签署了贸易协定和投资保障协定,决定成立"中马经济和贸易联合委员会"。1989年中马两国之间的贸易总额达到11.76亿美元。1975年7月中国和泰国关系建交后,两国关系一直保持健康发展势头。1978年12月,越南入侵柬埔寨,并全面控制了老挝,泰国也处于越南的威胁之下。1979年邓小平向来访的泰国议长哈林明确表示:"如果越南进攻泰国,中国将站在泰国一边。"[2]从1978年起,邓小平、邓颖超、赵紫阳、李先念、李鹏等中国领导人等先后访泰。泰国历任总理、议长多数也正式访问中国。1985年中泰

① 韩念龙:《当代中国外交》,中国社会科学出版社1990年版,第359页。

② 谢益显:《中国外交史》(1949—1979),河南人民出版社1988年版,第481页。

两国成立部长级经贸联委会。1986年中泰签订《避免双重征税和防止偷漏税协定》。截至到1988年底,中国公司在泰国设立的非贸易性的合资、合作经营企业有20多家,中方投资1千多万美元。中国同菲律宾于1975年6月建交后,两国关系总体发展顺利。1988年4月菲律宾总统科拉松·阿基诺访华。11月,中国国务院总理李鹏在访问泰国。同年两国外交部开始建立磋商机制。进入改革开放和社会主义现代化建设新时期以后,中缅关系也朝着积极的方向发展。1980年10月,缅甸总统吴奈温访华,受到邓小平、李先念、邓颖超的接见。1986年,缅甸总理吴貌貌卡访华。1981年1月中国国务院总理赵紫阳、1985年3月中国国家主席李先念先后访问缅甸。中国对缅甸多有经济物质援助。1979年中方向缅方提供6300万美元的无息贷款。1986年双方签订了四个经济技术合作协定和贸易协定,中方向缅方提供3.17亿人民币的无息贷款[①]。

第二,中国与没有复交的印尼、没有建交的新加坡和文莱等国的双边关系不断恢复与改善,为20世纪90年代初的中印(尼)复交和中新、中文建交打下坚实基础。中国和印尼于1950年正式建立外交关系。1967年起两国关系一度中断。1985年中国外交部长吴学谦应邀出席万隆会议30周年庆典,受到印尼总统苏哈托的接见,这是中印(尼)断交以来的第一次高层接触。同年7月,中国同印尼签署"谅解备忘录",恢复长期中断的直接贸易。1989年2月,印尼总统苏哈托和中国外交部长钱其琛在东京会晤,就恢复两国关系正常化达成一致意见。从此两国关系快速走向正常化的发展轨道。中国与新加坡的关系自20世纪70年代中期开始不断改善,两国领导人多次互访,两国双边贸易迅猛发展。1976年5月,新加坡总理李光耀首次访华。1980年、1985年和1988年,李光耀又三度访华。1978年11月,中国国务院副总理邓小平访问新加坡。1981年8月,中国国务院总理赵紫阳访问新加坡。1981年9月两国互设商务代办处。1985年

---

① 卢光盛:《中国和大陆东南亚国家经济关系研究》,社会科学文献出版社2014年版,第128-129页。

9月，中国政府同意新加坡政府可同中国地方省一级政府直接磋商开展经济合作。1984年文莱独立后，中国和文莱两国接触与交往逐步恢复。1988年联合国大会期间，中国外交部长钱其琛会见文莱外交大臣穆罕默德·博尔基亚亲王，这是文莱自1984年1月1日独立后两国间首次正式高层直接接触。此后两国外长和高级官员多次在联大和其他国际会议上接触和交往，就如何发展两国关系交换意见，并开始互致国庆贺电。

第三，中越、中老关系从对抗僵持走向松动或恢复。1976年越南南北实现全国统一后，在苏联的支持下，对华政策开始发生了明显的变化，将中国视为其谋求地区霸权的障碍。为此，越南开始从各个方面向自己最大的陆地邻国中国发起挑战。1978年，中越边界发生武装冲突已达1100多起，甚至出现越南武装人员到中国一方境内埋设地雷、设置路障，以致开枪开炮的情况[①]。据不完全统计，自1979年4月至1985年底，越军在中越边境地区的武装挑衅和入侵活动达1万多起，不断向中国云南、广西境内开枪，打死打伤许多边民[②]。为了捍卫领土主权，中国先后进行了有限的自卫还击战（1979年），法卡山、扣林山之战（1981年），老山之战（1984年）。1988年，在南海赤瓜礁海域又发生武装冲突。因此，从20世纪70年代末到20世纪80年代大部分时间，由于1978年底越南出兵而造成的柬埔寨问题，以及陆地边界和海洋争端等问题上的分歧和对立，中越关系一直处于紧张对峙的状态。进入20世纪80年代后半期以后，国际局势发生了翻天覆地的巨大变化。和平与发展的时代主题日益凸现。尤其重要的是，中苏关系逐步改善并实现正常化。这一切均使越南不得不开始考虑"是否"和"如何"改善与中国之间的关系问题，以为自己国家在政治多极化、经济全球化的时代开始进行的社会主义改革事业争取和营造一个和平、稳定的周边环境。1986年，长期坚持反华立场

---

① 杨奎松：《冷战时期的中国对外关系》，北京大学出版社2006年版，第196页。

② 谢益显：《中国外交史（中华人民共和国时期1979—1994）》，河南人民出版社2004年版，第134页。

的越南共产党中央总书记黎笋去世，一直主张对华友好的阮文灵继任。阮文灵当选为越南共产党中央总书记以后，开始全面调整越南共产党和越南政府的对内对外政策，下决心从根本上改变长期以来奉行的以中国为敌的国际战略和外交政策，主动寻求改善越中关系并实现其正常化之道。越方的举措得到中方的积极回应。中越两国开始接触，两国关系开始出现松动，并在两国关系正常化方面取得一定共识。

与此同时，针对苏联支持越南出兵柬埔寨并扶植成立傀儡政权——以韩桑林为首的"柬埔寨人民共和国"、派军队长年驻扎柬埔寨的大小霸权主义侵略行径，中国政府予以强烈谴责和反对；对柬埔寨人民的抗越救国斗争从政治、外交、军事装备和其他物资方面给予"坚定的，无条件的，无限期的"①支持以使其能够继续下去；在国际上只承认以西哈努克亲王为首的民主柬埔寨联合政府，着力寻求政治解决这一问题的途径。中国还把柬埔寨问题的解决作为中苏关系正常化必须扫除的障碍之一，要求苏联停止支持越南，敦促越南从柬埔寨撤军。最终迫使越南在1989年宣布从柬埔寨全面撤军。

从1978年开始，随着中越关系的恶化，中国与老挝关系也出现裂痕。1979年3月老挝要求中国撤回中方工程技术人员和专家，关闭中国驻老外交和新闻机构。1980年夏，中老两国互相撤回大使。两国外交关系中断。为恢复和发展中国与老挝的传统友谊，从1986年开始，中老两国开始寻求改善之道。1988年12月，老挝贸易和对外经济联络部长率领政府贸易代表团访问中国，双方签署了两国建交以来第一个贸易协定。1989年中老关系实现正常化，双边关系得到恢复和发展。

整体观察，这一时期中国在处理同周边国家关系中采取的正确政策，大大改观了中国的周边环境，一改过去四面受敌的被动态势，很多一触即发的利益矛盾在中国的克制态度和搁置争议的原则面前都大大

---

① 《邓小平同以西哈努克为首的民主柬埔寨三方代表团会谈时的讲话》，《人民日报》1986年9月11日。

化解。环视四邻,纷争和战事变成合作和交流,和平安宁睦邻友好的周边环境已经基本形成,不但符合亚洲国家和人民的利益,更有利于世界的和平和安宁。

四、1978年至1989年的中国与发展中国家关系

20世纪70年代末至80年代末,中国与发展中国家的关系取得重大突破和重大进展,为中国推进改革开放和社会主义现代化建设事业提供了重要的战略依托平台,有助于推动建立国际政治经济新秩序。

(一)与非洲国家的关系

20世纪70年代末至80年代末,中非友好关系进入了新的调整和发展期。这一时期,中国对非洲的外交战略和外交政策发生了重大变化,从强调意识形态上的结盟转为在意识形态领域求同存异的基础上加强交流与对话,开始将中国与非洲国家的关系建立在更加稳健与务实的基础上,拓展了中非合作的新领域、新模式。

由于摆脱了意识形态的束缚,中非政治关系在广泛合作的基础上逐步加深。20世纪70年代末至80年代末,中非友好合作关系进展明显。1982年12月—1983年1月,中国国务院总理赵紫阳对埃及、阿尔及利亚、摩洛哥、几内亚、扎伊尔、刚果、赞比亚、津巴布韦、坦桑尼亚、肯尼亚和加蓬11个非洲国家进行了正式友好访问。"这是中国政府采取的一个重大外交行动"[1]。1986年3月,中国国家主席李先念访问埃及、索马里、马达加斯加等非洲国家,这是中国国家主席对非洲的第一次出访,进一步推动了中非友好合作关系。1986年7月,中国国务院总理赵紫阳访问了突尼斯。与此同时,非洲国家领导人对中国的访问也十分频繁,从20世

---

[1] 《为增进了解和友谊、加强团结和合作出访非洲十国,赵总理昨日离开北京抵达开罗》,《人民日报》1982年12月21日。

纪70年代的33次增加到20世纪80年代的51次①。此外，这一时期，中国同一些传统友好国家的非洲国家如坦桑尼亚、赞比亚、埃及、马里巩固了外交关系；刚刚获得独立的吉布提、津巴布韦、纳米比亚同中国新建立了外交关系；原先未建交的国家如安哥拉、科特迪瓦、莱索托同中国正式建交。埃塞俄比亚等同中国改善和发展了相互关系。

20世纪70年代末至80年代末，中非贸易保持着迅速增长的发展势头。为扩大对非贸易，中国除在一些国家举行商品展览外，每年组织贸易团出访，推销商品，还邀请对方代表团和私商来华洽谈业务②。到1988年末，中国先后与40多个非洲国家签订了政府间的贸易协定，同22个非洲国家签订了关于双边政府间经济、贸易和科技合作混合委员会的协定。1988年中非贸易额为10.21亿美元。在中非贸易中，中国一直处于出超地位③。

在新的发展形势下，中国调整了同非洲国家开展经济技术合作的政策。1983年初，中国政府提出了"平等互利、讲求实效、形式多样、共同发展"④四项对非经济合作新原则，即把中非经济关系由单一的中国提供官方援助转向互利合作、共同发展，从而大大拓宽了中非经济合作的领域和途径，有利于提高和扩大中非经济合作关系的质量和规模。在新的对非经济合作方针指导下，中国一方面继续向非洲提供力所能及的经济援助，增加对非洲国家的无息或低息贷款。截至1987年底，中国先后向46个非洲国家提供了经济援助。1983—1989年，中国援助非洲的成套设备与项目援助有130多个，有30多个非洲国家从中受益，1988年的援助

---

① Benjamin Barton, JingMen, China and the European Union in Africa: Partners or Competitors?, Ashgate Publishing, Ltd., 2013, p.26.

② 中国对外经济贸易年鉴编辑委员会编：《中国对外经济贸易年鉴（1988）》，中国展望出版社1988年版，第338页。

③ 中国对外经济贸易年鉴编辑委员会编：《中国对外经济贸易年鉴（1989）》，中国展望出版社1989年版，第290页。

④ 田增佩主编：《改革开放以来的中国外交》，世界知识出版社1993年版，第132页。

款项比1983年增加63%①。另一方面,中国大力开展与非洲国家的贸易交流和形式多样的互利合作。从1979年开始,中国公司在一些非洲国家承包工程项目和开展劳务合作。截至1988年底,共签订1424项承包劳务合同,金额为27.89亿美元,完成营业额11.42亿美元②。此外,为帮助非洲人民防病治病,中国还向非洲国家派遣了大量医疗队,增进了中国和非洲的传统友谊。从1963年中国向阿尔及利亚派遣第一支医疗队起,截至到1987年底,已先后向非洲40个国家派遣了8000多名医疗队员③。

整体观察,以邓小平为核心的第二代中央领导集体在改革开放和社会主义现代化建设新时期结构性地调整对非外交战略和外交政策,是对以毛泽东为核心的第一代中央领导集体对非外交战略和外交政策的继承、发展和创新,旨在新形势下更好地促进、维护双方利益和进一步巩固与加强中非传统友谊及友好合作关系。这得到了非洲国家的积极响应,收到了良好的效果。中国实行改革开放政策和调整外交战略、外交政策,并不意味着中国改变了重视发展与非洲国家关系的立场,而是一如既往地坚定地支持它们争取、维护民族独立和发展民族经济的正义事业,中国提出对非经济合作关系新方针扩大了中非经济和技术合作的领域,给非洲国家带来更大的利益与实惠,中国和非洲国家的关系进一步增强和扩大。

(二) 与拉美国家的关系

中国一贯重视发展和加强与拉美各国的友好合作关系。中国同拉美国家关系的发展,有利于推进"南南合作",有利于维护世界和平、促进共同发展。20世纪70年代,中国与拉美国家普遍建交。

---

① 孔明辉:《非洲经济高速改革的回顾》,《人民日报》1989年8月5日。

② 中国对外经济贸易年鉴编辑委员会编:《中国对外经济贸易年鉴 (1989)》,中国展望出版社1989年版,第290页。

③ 中国对外经济贸易年鉴编辑委员会编:《中国对外经济贸易年鉴 (1988)》,中国展望出版社1988年版,第340页。

进入改革开放和社会主义现代化建设新时期以后，中国的拉美政策开始调整，巩固扩大在拉美外交阵地的同时，开始重视同拉美发展经贸关系。1988年11月，邓小平在会见乌拉圭总统谈到中国同拉美国家的关系时指出："中国的政策是要同拉美国家建立和发展良好的关系，使中拉关系成为南南合作的范例。"①在邓小平外交思想指导下，20世纪80年代，中拉关系进入广泛深入发展阶段。

20世纪70年代末至80年代末，中拉政治关系稳步推进。

第一，中国和厄瓜多尔（1980）、哥伦比亚（1980）、安提瓜和巴布达（1983）、玻利维亚（1985）、格林纳达（1985）、乌拉圭（1988）等国先后建立外交关系。

第二，双方官方往来日益增多。1981年10月，中国国务院总理赵紫阳赴墨西哥参加在墨西哥坎昆举行的关于合作与发展的国际会议。这是中国政府首脑首次访问拉美。1985年11月，中国国务院总理赵紫阳首次访问哥伦比亚、巴西、阿根廷和委内瑞拉。在访问期间，他提出了中国同拉丁美洲国家发展关系的四项原则："和平友好、互相支持、平等互利、共同发展"②，与四个国家签署了有关政治、经济、贸易、科技、文化、金融合作的15项协定和协议，为中国与拉丁美洲国家开展各个领域的友好合作奠定了基础。阿根廷、巴西、墨西哥、厄瓜多尔、尼加拉瓜、圭亚那等国总统，秘鲁、巴巴多斯、安提瓜和巴布达、特立尼达和多巴哥以及伯利兹等国总理访问中国。高层互访加深了彼此了解，有力地推动了双边关系全面发展。

第三，中国支持拉美各国为捍卫主权和领土完整、反对外来干涉，捍卫和促进地区团结而进行的正义斗争。1982年中国坚定支持阿根廷对马尔维纳斯群岛的主权要求，反对英国的侵占。

---

① 中共中央文献研究室编：《邓小平年谱（1975—1997）》（下），中央文献出版社2004年版，第1257页。

② 谢益显：《中国当代外交史》，中国青年出版社1997年版，第442页。

　　中国高度重视发展同拉美国家的经贸关系。1979年中拉贸易额首次突破10亿美元，达到12.62亿美元。进入20世纪80年代，中拉贸易不断增长，1989年达到29.68亿美元。截至1987年底，中国先后与古巴、智利、墨西哥、厄瓜多尔、牙买加、阿根廷、巴西、哥伦比亚、秘鲁、委内瑞拉和尼加拉瓜等11个国家签订贸易协定，同特立尼达和多巴哥签订政府贸易、经济和科技合作协定，和乌拉圭草签了政府贸易协定。中国与拉美国家之间不仅有传统的直接贸易、间接贸易等贸易方式，还出现了易货贸易的新形式。1986年中国和秘鲁就达成了中国以10万吨大米换秘鲁5万吨鱼粉的协议。在发展贸易的同时，中国与拉美国家的经济技术合作不断加强。截至1987年底，中国同拉美国家共签订经援合作项目49个，其中已完成的17个，正在实施的10个，待执行的22个。此外，中拉科技合作也不断深入。中国与智利（1980）、阿根廷（1980）、委内瑞拉（1981）、哥伦比亚（1981）、巴西（1982）、秘鲁（1988）等国先后签署了两国政府间科技合作协定。而且中拉科技合作开始从以传统产业及中低技术为主向高新技术领域的合作逐渐过渡。1988年7月中国与巴西政府签署了《关于研制地球资源卫星的议定书》，两国制定了中巴地球资源卫星计划（CBERS）。

　　整体观察，20世纪70年代末至80年代末，中国同拉美国家的关系进入了一个新的发展时期。中国同拉美各国在政治、经贸、文化和科技合作等方面互相支持、互相促进，双方的交流与合作进一步密切。

（三）与中东国家的关系

　　新中国成立后，在冷战大格局下，中国与中东国家的关系一度发展缓慢。20世纪70年代末至80年代末，随着中国外交战略、外交政策的调整，中国与中东国家的关系进入全面发展阶段。

　　第一，中国与绝大多数中东国家建立起稳定的政治关系。20世纪80年代，中国先后与阿联酋（1984）、卡塔尔（1988）、巴勒斯坦（1988）、巴林（1989）建立正式外交关系。中国与沙特的关系也取得了巨大的发展。1988年10月，沙特驻美大使班达尔·本·苏尔坦亲王访华。同年11月，中国和沙特双方决定在对方首都互设代表处。这一切都为中沙建交创造了条件。1990年7月，沙特与中国建交。至此，中国与所有的海湾国家都建立了正式的外交关系。

与此同时，中国逐渐改善与以色列的关系。以色列是中东地区第一个承认中华人民共和国的国家。但由于国际形势和国内形势的影响，直到20世纪80年代，中国和以色列仍未正式建交。不过，中国主张和平解决阿以冲突为改善两国关系创造了有利条件。自20世纪80年代中期开始，中国和以色列之间的民间往来逐渐增多，在经济和技术方面开展合作。随着民间交往的日益增多，官方往来也逐步付诸实施。从1986年开始，中以两国官员在巴黎、纽约等地进行一系列接触。特别是1987年两国外交部长在联合国大会期间的秘密会晤，以及1989年两国外交部长商定由两国常驻联合国代表保持经常接触，从而使20世纪90年代初中以两国外交关系的建立水到渠成。最终1992年中国与以色列正式建交。至此，中国与所有中东国家建立了外交关系。

此外，中国与中东各国高层领导人互访频繁。20世纪80年代，包括国家主席和总理在内的中国主要领导人访问了绝大多数的中东国家，中东各国元首、政府首脑和部长们也纷纷访华。

第二，中国积极参与中东地区国际热点问题的解决。1980—1988年，伊拉克与伊朗由于边界纠纷、宗教冲突和民族矛盾爆发了长达八年的战争。1987年7月，中国同安理会其他理事国一道，通过结束两伊战争的联合国第598号决议。为使伊朗接受决议，中国政府多次做伊朗的工作。两伊战争结束后，中国政府又积极斡旋，敦使两国恢复和谈，为中东地区的和平付出了巨大的努力。

此外，中国一直支持巴勒斯坦人争取合法的民族权利，支持巴勒斯坦问题实现和平解决。中华人民共和国是第一个全面承认巴勒斯坦解放组织的非阿拉伯国家,承认它是巴勒斯坦人民的唯一合法代表,给予它在北京的办事处相当于外国使馆的外交礼遇。1981年、1984年、1988年、1989年巴勒斯坦领导人阿拉法特先后对中国进行多次访问。1982年6月,以色列发动闪电式攻击,意图消灭黎巴嫩境内的巴解组织武装力量,使巴解组织遭受巨大损失。中国政府多次发表声明,谴责以色列的侵略行动,表示对巴勒斯坦人民的支持。1988年11月,巴勒斯坦宣布建立独立的巴勒斯坦国。当月20日,中国政府就率先予以承认。对阿以冲突,中国在支持巴勒斯坦斗争的同时,一直赞成中东和平进程。1981年沙特阿拉伯提出"法赫德计划"后,中国予以积极评价。1982年9月,第12次阿拉伯国家首脑会议通过关于中东和平计划八项原则的"非斯方案",中国政府对此表示支持。

第三,中国与中东地区国家的经贸关系取得了令人瞩目的成果。首先,商品贸易额大幅增长。其中,海湾各国是中国在中东地区的主要贸易对象国。据报道,1986年中国同海湾各国的贸易总额就达到4.38亿美元。最为突出的中国和沙特阿拉伯的贸易往来。1985年,中国向沙特的出口额为1.28亿美元,1986年增长到1.335亿美元(同年中国从沙特的进口为5200万美元),1987年达到3.5457亿美元。1988年中国还向沙特提供了地对地导弹。据中国海关总署统计,1988年中国和中东国家贸易额达到28.3亿美元。其次,工程承包和劳务合作迅速发展。中国从1978年开始在该地区开展承包工程和劳务合作。截至1987年底,共签订1512项承包工程和劳务合作项目,总金额达到30.91亿美元[①]。最后,中国吸引外资初见成效。1981—1987年,中国同8个中东国家签订利用外资合同共约5.2亿美元。其中科威特最多,约4.6亿美元[②]。

---

① 中国对外经济贸易年鉴编辑委员会编:《中国对外经济贸易年鉴(1989)》,中国展望出版社1989年版,第289页。

② 李国福、李绍先:《中国同中东地区的经贸关系》,《现代国际关系》1990年第2期。

五、1978年至1989年的中国多边外交

多边外交，是新中国在改革开放和社会主义现代化建设新时期外交战略和外交政策的有机组成部分和重要内容。它是中国在独立自主的和平外交政策的统领下，从新的国际形势发展的大趋势和中国改革开放的需要出发，所采取的灵活务实的对外活动方式。

20世纪70年代末至80年代末，中国共产党和中国政府在论述外交战略和外交政策时，多次强调开展多边外交的重要性。1986年六届全国人大四次会议通过的《关于第七个五年计划的报告》中关于独立自主和平外交政策的论述，首次将多边外交明确列为中国外交政策的重要内容之一，报告指出："中国遵循联合国宪章的宗旨和原则，支持联合国组织根据宪章精神所进行的各项工作，积极参加联合国及其专门机构开展的有利于世界和平与发展的活动。中国广泛参加各种国际组织，开展积极的多边外交活动，努力增进各国在各个领域的合作。"[1]这是在新的国内国际形势下，中国共产党和中国政府所采取全面走向国际舞台的务实态度。自此以后，中国的多边外交活动出现了一个全面发展的新时期。

（一）中国在联合国及其附属机构中的地位、作用、影响力

在各类政府间国际组织、国际会议和国际机制中，联合国系统最为重要。开展以联合国为核心的多边外交是中国外交最重要的组成部分。在20世纪80年代以前，由于中国对联合国各项事务尚未深入了解，因而对联合国的重大问题着重于原则表态。在改革开放和社会主义现代化建设新时期，中国对联合国事务则采取了"积极主动，逐步深入"的方针，并在各项国际事务中日益活跃起来。中国一贯尊重《联合国宪

---

[1] 赵紫阳：《关于第七个五年计划的报告——一九八六年三月二十五日在第六届全国人民代表大会第四次会议上》，《人民日报》1986年4月14日。

章》的宗旨和原则,支持联合国组织根据《联合国宪章》精神所进行的各项工作,积极参加联合国系统各个机构的活动。至1986年3月时,中国已参加了联合国所有下属经济委员会、发展业务机构和经济性专门机构的活动[①]。

经济及社会理事会是联合国的六大主要机构之一。中国在联合国的合法席位恢复以后,在经社理事会的合法权利也随即恢复。中国一直被选为经社理事会的理事国,并参加了理事会的历届年会和其他工作,为推动世界各国经济与社会事业的发展,促进人类文明进步,作出了积极的贡献。1987年,中国发起提出了关于"改进发展中国家技术合作政府间协商会议"的草案,获得一致通过。亚洲及太平洋经济社会委员会是联合国经社理事会下设的五个区域经济委员会之一,是联合国在亚太地区惟一的政府间综合性经济社会组织。1978年起,中国向亚太经社会派出了常驻代表。同年,中国外长访问了设在曼谷的亚太经社会总部。1981年,中国在驻泰国使馆内设立"常驻亚太经社会代表处"。此后,中国与亚太经社会合作的范围不断扩大,合作的形式也日益多样化。亚太经社会还在中国举办了一些有影响的大型活动,如1985年的"亚太国际贸易博览会"、1986年的"走向2000年的亚太经济北京会议"等。

从20世纪70年代末开始,中国开始参加人权委员会的工作,并连续三年作为观察员列席参加了联合国人权委员会的年会。1981年,在经社理事会第一届年会上,中国当选为人权委员会成员国,并连选连任。中国积极参与联合国人权领域的活动。在人权委员会的历届会议上,积极参加有关人权议题的审议,并直接参与联合国人权文书的起草和制订工作。自1981年起,中国参加了联合国人权委员会起草《发展权宣言》的政府专家组的历届会议,并积极提出意见,直至《发展权宣言》于1986年在第四十一届联大获得通过。中国还积极支持人权委员会关

---

① 谢益显:《中国外交史(中华人民共和国时期1979—1994)》,河南人民出版社1995年版,第215页。

于实现发展权问题的全球磋商,支持将发展权问题作为一个单独的议题在人权委员会加以审议。中国一直是人权委员会关于发展权问题决议的共同提案国。

从20世纪70年代末开始,中国由过去在联合国多边援助合作中只给不取转变为有给有取,开始接受联合国机构的援助。联合国开发计划署是世界上最大的负责进行技术援助的多边机构。中国于1979年以后连续当选为该署执行局成员。改革开放和社会主义现代化建设新时期初期,开发计划署与中国政府签署了《中国政府—联合国开发计划署标准基本援助协议》。从20世纪70年代末到1986年底,联合国开发计划署与人口活动基金、儿童基金等机构,共向中国承诺8亿多美元的无偿技术援助,安排了约600个项目。此外,1978年,中国开始接受联合国粮食和农业组织的技术援助。该组织通过其"技术合作计划"和"信托基金计划"向中国提供了大量无偿技术援助,为中国农业的发展作出了重要贡献。同时,中国也向联合国经济机构认捐,共捐人民币2548万元,可兑换货币2551万美元。

1978年以前,中国在联合国教科文组织的工作主要是出席大会和执行局的会议,基本上未参与该组织的业务活动或合作。以1978年教科文组织总干事访华为标志,中国同该组织的合作进入了新的发展时期。1979年,邓小平亲自批准成立中国联合国教科文组织全国委员会（以下简称全委会）,作为国内协调机构。1984年教科文组织北京办事处成立。1985年中国向该组织捐款60万美元,帮助其克服财政困难。中国积极参与了教科文组织的各种业务活动和多种形式的合作。双方的合作项目覆盖了中国国内29个省市区,产生了很好的社会效益。从1978年下半年起到20世纪80年代末,双方每年合作的项目已经超过300个。

军备控制与裁军是世界各国人民关注的重大问题。联合国将维护国际和平与安全作为它的崇高目标,并将裁军作为实现这一目标的主要手段之一。中国一向赞成全面、彻底裁军。1982年、1987年,中国两次出

席了专门讨论裁军问题的联合国大会特别会议。从1983年起,中国开始派驻专职裁军事务大使常驻日内瓦。从1986年起,中国连续五年在联合国大会提出关于核裁军和常规裁军的提案,均获一致通过。中国积极参与国际多边裁军会议和谈判,对《禁止化学武器公约》和《全面禁止核试验条约》的达成作出了积极贡献。此外,中国积极参加亚太双边和多边安全对话与合作,主张新型安全观,积极支持世界各地区建立无核区的合理建议和主张。中国先后加入了《南极条约》(1983年)、《外层空间条约》(1983年)、《南太平洋无核区条约》(1987年)等裁军和军备控制的一系列条约。1985年中国更是采取大规模裁军行动,宣布裁减军队兵员100万。

中国通过多边外交在维护世界和平、调解地区冲突中做出了建设性的努力,为促进全球发展、加强"南南合作"作出了贡献。自1981年的第36届联合国大会起,中国明确肯定联合国维持和平行动的作用。1982年起,中国开始承担联合国维持和平行动费用的摊款,明确自己所承担的国际责任和义务,积极敦促全球和地区热点问题的解决,尽力维护国际和平。1986年5月,中国派出考察组,前往中东地区考察维和。1988年9月,中国申请加入联合国维持和平特别委员会,12月成为该委员会的成员国。1989年中国正式派人员参加维和行动。1月,中国政府正式决定要求向联合国停战监督组织派遣五名军事观察员。

中国与联合国的其他专门机构也建立良好关系。1980年,中国参加了世界知识产权组织。在中国建立知识产权专业队伍的过程中,世界知识产权组织一直给予大力的支持。中国也承担了世界知识产权组织在华举办的各种会议,并派员参加总部的工作。在1984年第39届联合国大会上,中国法学家倪征燠当选为国际法院法官,结束了这一重要机构没有来自中华人民共和国人士任职的历史[①]。1979年中国正式参加了世界粮

[①] 《当代中国》丛书编辑部编:《当代中国外交》,中国社会科学出版社1987年版,第384—385页。

食计划署,同年8月该署派驻驻华代表,1980年10月,与该组织签订了向中国提供援助的基本协定。到1986年该组织对华提供了价值4.61亿美元的粮食和食品,实施农业建设项目37个[1]。此外,1980年11月,中国在联合国贸易和发展会议共同基金协定上签了字。1981年交存批准书。1983年,中国恢复了在国际劳工组织中的活动并成为常任政府理事。1983年以后,中国每年均派代表团出席该组织的各种会议,并积极参与国际劳工立法和技术合作方面的活动。

整体观察,20世纪70年代末至80年代末,中国的多边外交日趋活跃,中国与联合国的关系更趋密切。在联合国之外,中国还参加了其他不少重要的国际组织。据统计,截至1988年,中国参加的各种国际公约与公约性的多边条约共有120多个,其中的3/4是1978年以后参加的[2]。1984年1月1日,中国决定加入国际原子能机构并成为指定理事国。此后每年,中国均参加该机构召开的三次理事会和一次大会。1984年5月,中华人民共和国公安部向国际刑警组织提交了入会申请,同年9月在该组织第53届大会上中国被接纳为正式成员。1985年9月的第54届大会上,中国当选为执委会成员。此外,20世纪70年代末至80年代末,中国还和欧洲委员会、亚非法律协商委员会、国际宇航联合会、国际铁路联盟、国际出版协会、国际笔会等国际组织建立了友好关系。

（二）中国在主要国际经济组织中的地位、作用、影响力

20世纪70年代末至80年代末,中国积极参加各种国际经济组织,在更广泛范围、更深远层面参与国际多边经济领域的活动。

中国与国际货币基金组织的关系得到恢复和发展。中国是国际货币基金组织的创始国,但席位长期为台湾中国国民党当局所占据。1980年

---

[1] 张历历:《当代中国外交简史》,上海人民出版社2009年版,第244页。

[2] 谢益显:《中国外交史(中华人民共和国时期1979—1994)》,河南人民出版社1995年版,第217页。

3月，国际货币基金组织派团来华与中方谈判。1980年4月17日，国际货币基金组织正式恢复中国的代表权，并在同年9月理事会上通过了中华人民共和国为单独选区增加一名执行董事的决定。这是中国在金融领域与国际接轨的开始。20世纪80年代初，中国曾从国际货币基金组织先后借入三笔贷款，约合16亿美元。在技术合作方面，国际货币基金组织曾派团来中国举办了各种形式的讲习班。中国也派人前去参加国际货币基金学院组织的各种学习班，利用各种渠道和机会加强往来和培训人才，开展合作工作。

中国恢复在世界银行中的席位，与世界银行的业务往来日益密切。1980年4月，中国国务院副总理邓小平与时任世界银行行长麦克纳马拉就恢复中国在世界银行的合法地位事宜进行了会谈。1980年5月，中国恢复在世界银行的合法席位。中国随即派出了代表团，首次出席了国际货币基金组织和世界银行联合举行的1980年度会议。20世纪80年代，中国与世界银行的合作重点，在于利用世界银行贷款资金支持中国基础设施等重点项目建设。到1986年底，中国与世界银行签订了41个项目，已签约并生效的贷款计41.5亿美元，其中软贷款16亿美元；贷款项目41个，主要用于教育、卫生、农业、交通、水电、能源等方面。

在国际贸易领域，中国为"复关"不懈努力。20世纪80年代中国积极谋求恢复关税和贸易总协定创始缔约方地位。1982年1月，中国代表团第一次以观察员身份出席了关税和贸易总协定第28届缔约方大会。1986年7月，中国驻日内瓦代表团大使钱嘉东代表中国政府正式提出申请，恢复中国在关税和贸易总协定中的缔约方地位。9月，中国代表列席了关税和贸易总协定部长级会议，支持进行第八轮多边贸易谈判，并取得全面参与这一轮多边贸易谈判资格。1987年3月，关税和贸易总协定代表理事会设立了"中国缔约方地位工作组"，负责处理中国"复关"谈判事宜。1987年10月，关税和贸易总协定中国工作组第一次会议在日内瓦举行，确定工作日程，开始中国的"复关"谈判。1989年5月，中美第五轮复关问题双边磋商在北京举行，磋商取得实质性进展。

世界经济论坛，是以研究和探讨世界经济领域存在的问题、促进国际经济合作与交流为宗旨的非官方国际性机构。由于在瑞士小镇达沃斯首次举办，所以其也被称为"达沃斯论坛"。自1979年以后，中国应邀连续派代表参加会议，一直与其保持着良好的合作关系。中国领导人先后多次出席年会并发表讲话。从1980年起，论坛每年在北京举办中国经济国际研讨会。从1981年开始，"达沃斯论坛"与中国企业联合会每年在华共同举办"企业高级管理人员国际研讨会"，为中国企业与外国投资者直接对话提供了一个平台。通过这一平台，有助于中国更深入地了解全球经济所面临的历史性的变革和自身所处的境况、面临的机遇和挑战，也有利于中国政府宣传中国、扩大中国在国际事务中的影响。

（三）中国在主要国际区域组织中的地位、作用、影响力

中国对发展中国家的一些国际区域组织给予了积极的支持。中国虽不是"七十七国集团"成员，但一贯重视发展同"七十七国集团"的合作，支持"七十七国集团"的正义主张和合理要求，并与其保持良好的合作关系。20世纪80年代，中国曾以特别客人或观察员的身份多次出席"七十七国集团"的部长级会议。为促进"南南合作"，建立一个公平合理的国际经济新秩序，中国还积极参加发展中国家之间的对话和合作（即"南南合作"）。1982年发展中国家在印度举行的南南会议。1983年4月，第三世界社会经济研究基金会和中国社会科学院联合在北京举办南南会议，会议讨论了第三世界国家社会经济的发展战略、"南北对话"和"南南合作"的前景和机会。1986年5月5日至8日中国又派代表参加了在马来西亚首都吉隆坡举行南南会议。

中国尽可能地参加某些地区性的发展中国家的国际组织和活动。中国政府积极参与亚太区域经济合作，扩大中国在亚太和国际事务中的影响。1986年中国加入太平洋经济合作理事会，促进中国与太平洋地区的

区域经济合作与发展。加入太平洋经济合作理事会以后，中国一直参与其各种活动。中国还积极加入非洲开发银行和亚洲开发银行。1985年5月，中国加入非洲开发银行，开辟了与非洲国家多边合作关系的新渠道，扩大了与非洲各国进行合作的渠道和方式。同年中国派出代表团出席了该行在刚果举行的第21届年会，受到该行70多个成员的热烈欢迎。1986年3月10日，中华人民共和国正式成为亚洲开发银行的成员。这是继中国参加非行集团之后，参加的又一个重要的区域性国际金融机构。加入非行、亚行，说明中国对外金融关系已经从参预世界银行、国际货币基金组织、国际清算银行等组织的世界范围的金融活动这一层次，发展到参预区域性金融活动这一层次，对外金融关系扩展了新层次、新渠道、新模式。

　　中国与一些区域性国际组织的关系也不断发展。随着中国对外开放的推进，中国和与东盟国家政治关系的改善和发展，双方经贸与科技合作迅速发展。整个20世纪80年代，中国同东盟主要国家（不包括文莱）的贸易一直保持着高速增长的态势。据统计，双方的贸易额1980年时仅为18.89亿美元，至1989年这一数字已增加到54.49亿美元。与此同时，东盟国家对中国的投资也从无到有并不断增多①。20世纪80年代，中国与非洲统一组织也一直保持良好的合作关系。中国也长期向其提供经济援助。1985年12月，南亚七国（阿富汗于2005年加入）的领导人在孟加拉国举行第一届首脑会议，宣布"南亚区域合作联盟"正式成立。中国一贯对南盟为加强南亚各国的合作所作的努力和取得的成绩表示赞赏和支持，希望该组织在促进南亚各国消除贫困共同发展、维护南亚地区的和平与稳定方面发挥积极作用。最值得一提的是，中国与欧共体的关系发展顺利。1983年11月1日，中国与欧洲共同体正式宣布全面建交。中国与欧共体建交后，随着中国改革开放的深化和经济的不断发展，中欧

---

① 王光厚：《冷战后中国东盟战略关系研究》，吉林大学出版社2008年版，第75页。

经贸关系发展迅速。1985年，中欧签订《中国与欧共体贸易与经济合作协定》，并不定期举行部长级经贸混委会。在双方共同努力下，中欧双边贸易逐年增加，合作领域不断扩大。1981年，中国与欧共体的双边贸易额达到53亿美元。1989年中国同欧共体的贸易总额增加到235亿美元。欧共体向中国提供政府优惠贷款和发展援助也在不断增加，欧共体于1984年开始向中国提供财政技术援助。1984—1987年间，欧共体一直以每年600万欧洲货币单位的规模对华提供援助，1988年开始增长到每年约860万欧洲货币单位。

整体观察，20世纪70年代末至80年代末，中国开始摆脱自我设限、自我封闭的外交困境，积极展开多边外交。中国日益重视和努力发挥国际多边关系的积极作用，投入多边关系的活动领域极为广泛，几乎涉及国际问题的各个方面，并在多边外交领域取得了令人瞩目的成就。中国还在各种多边关系场合坚持反对各种形式的霸权主义和强权政治、维护广大发展中国家的利益的坚定立场和政治主张。广阔的多边合作不仅提高了中国在国际舞台上的地位和声望，而且直接推动了中国经济和社会的发展和进步。

第二章

『走出去』和『负责任』
——中国外交的『大突破』

（1989~2002）

　　20世纪80年代末至21世纪初，国内国际形势复杂多变，中国独立自主的和平外交既面临着前所未有的新机遇，同时也遭遇到诸多严峻的新挑战。针对国内国际形势发展的新情况新问题，以江泽民为核心的第三代中央领导集体，始终保持清醒的头脑，始终把维护国家主权、国家安全和国家的核心利益放在第一位，坚持以经济建设为中心，坚持以谋求中国自己的发展而不断增强综合国力为根本，推动中国独立自主的和平外交趋利避害，有守有攻，有所不为有所为，在稳住中国社会主义大国阵脚的同时，坚定不移地"走出去"，以"负责任"的态度，继续推动公正、合理的国际政治经济新秩序的建立，积极推动国际关系民主化的发展进程，逐步打开了中国独立自主的和平外交在当代世界政治多极化和经济全球化新时代的新局面。

一、1989年至2002年的中国外交新理念新思想新战略

　　在20世纪70—80年代以邓小平为核心的第二代中央领导集体确立的中国独立自主的和平外交之基本指导原则和创新理论的基础上，以江泽民为核心的第三代中央领导集体在冷静观察、稳住阵脚、沉着应付的同时，积极作为，坚定不移地奉行对外开放的基本国策、坚定不移地奉行

"走出去"的基本方针,提出了一系列中国外交的新理念新思想新战略并成功付诸实践,把中国独立自主的和平外交顺利推进到21世纪。

（一）准确分析与判断国内国际形势,明确在新的历史发展阶段中国外交的指导思想和基本方针

20世纪80年代末至21世纪初,中国独立自主的和平外交面临的第一大冲击和挑战,就是1989年春夏之交发生的政治风波。这场政治风波不仅严重破坏了中国国内正常的社会秩序,扰乱了中国国内正常的经济建设进程,而且直接导致了中国外部环境的恶化。其次是从1988年开始的为期三年的经济领域的"治理整顿",一度对中国所面临的国内国际形势和内外部环境产生了重大影响。但是这一切,并没有能够打断和阻碍中国改革开放和社会主义现代化建设的历史进程。正如邓小平在会见朝鲜客人时的谈话中所指出的——"中国经济发展的速度不会太慢。一九八八年尽管有风浪。速度仍然可能超过百分之十。天天在风浪中前进,但翻两番的任务一定能完成。这就是我们的现状和前景。"①

进入20世纪90年代以后,中国独立自主的和平外交所面临的国际形势和外部环境发生了剧烈而深刻的变化。苏联和东欧社会主义国家向资本主义和平演变,以苏联为首的社会主义阵营不复存在,两极对立的世界冷战格局不复存在,各种国际力量进行重新分化和组合,当代世界进入了新旧格局转换的动荡时期、过渡时期。在此一大的国际背景下,江泽民在准确分析与判断国际形势和外部环境后明确指出:"在可预见的将来,单极和多极的矛盾将更加突出,多极化趋势将在美国一个超级大国同其他几大力量的并存和竞争中逐步向前发展。"②同时,不公正、不

---

① 《理顺物价,加速改革》（1988年5月19日）,《邓小平文选》第3卷,人民出版社1993年版,第263页。

② 《当前的国际形势和我们的外交工作》（2002年11月8日）,《江泽民文选》第2卷,人民出版社2006年版,第196页。

合理的国际政治经济旧秩序并没有根本改变，影响当代世界和平与发展的不确定因素并没有根本消除，南北差距进一步扩大，综合国力的竞争日益激烈，各种传统安全威胁和非传统安全威胁的因素相互交织，新的暴力恐怖主义的威胁和危害时隐时现，民族、宗教矛盾和边界、领土争端导致的局部冲突此起彼伏，当代世界还很不安宁。

在此基础上，以江泽民为核心的第三代中央领导集体明确了此一时期中国独立自主的和平外交总的指导思想和基本方针，即：继续坚持独立自主的和平外交政策，积极发展同一切国家的友好关系，反对任何形式的霸权主义和强权政治。江泽民在庆祝中国共产党成立70周年大会上的讲话中针对新的历史条件下的中国外交工作明确指出："我们要继续坚持独立自主的和平外交政策，积极发展同一切国家的友好关系，特别是保持和发展同周边国家的睦邻友好关系，加强同第三世界国家的团结和合作。在国际事务中，我们永远不谋求霸权，坚决反对任何形式的霸权主义和强权政治，反对使用武力和以武力相威胁，主张通过和平协商解决国际争端，维护世界和平。……我们要同世界各国和各国人民一道，为在和平共处五项原则基础上建立国际政治和经济新秩序，做出积极的贡献。"①在此一指导思想和基本方针的指引下，中国逐步打破和扭转了以美国为首的西方发达资本主义国家在1989年政治风波以后对中国实行"制裁""封堵"和"遏制"的严重态势，全面恢复、改善和发展了同"东西南北"各种性质、各种类型国家的外交关系。

（二）全面阐释中国的"新安全观"

根据世界大势以和平发展为主流但是局部地区动荡不安的现实情况，江泽民从当代世界"和平与发展"两大时代主题的大背景出发，做出了世界形势有利于中国国内进行经济建设的科学判断，但是与此同时

---

① 《当代中国共产党人的庄严使命》（1991年7月1日），《江泽民文选》第1卷，人民出版社2006年版，第164—165页。

他也特别强调：世界仍是不安宁的，因为"世界各国人民长期关注并为之奋斗的和平与发展这两大问题，一个也没有解决。"[1]为了应对这一历史机遇和现实挑战，中国共产党和中国政府必须要树立和倡导正确的、适应国际形势发展的"新安全观"。

"新安全观"的内容主要包括：

第一，继续高举邓小平代表中国共产党和中国政府打出的建立国际政治经济新秩序的大旗，根据国际形势中出现的新情况新问题，与时俱进地丰富和完善建立国际政治经济新秩序的思想内涵和具体内容，使其更具有针对性、操作性。江泽民明确主张："各国政治上应相互尊重，共同协商，而不应把自己意志强加于人；经济上应相互促进，共同发展，而不应造成贫富悬殊；文化上应相互借鉴，共同繁荣，而不应排斥其他民族的文化；安全上应相互信任，共同维护，树立互信、互利、平等和协作的新安全观，通过对话和合作解决争端，而不应诉诸武力或以武力相威胁。反对各种形式的霸权主义和强权政治。"[2]

第二，从政治、经济、外交、军事等各方面确保国家的安全及稳定。江泽民明确指出："在当今这个世事多变、很不安宁的世界上，尤其为烈，什么复杂的局面都有可能出现。我们的估计和准备宁可复杂一点，宁可多几手，以备万一发生的不测之需。为了国家的长远利益，我们在外交上还是要坚持多做工作，经济上还是要坚持互利合作，而在军事上则应该居安思危，防患于未然，逐步做好必要的应变准备。"[3]

第三，要特别注意中国共产党作为执政党在意识形态领域的安全。江泽民明确指出："目前，世界社会主义虽然处于低潮，但有十一亿多人

① 《国际形势和军事战略方针》（1993年1月13日），《江泽民文选》第1卷，人民出版社2006年版，第280页。
② 《全面建设小康社会，开创中国特色社会主义事业新局面》（2002年11月8日），《江泽民文选》第3卷，人民出版社2006年版，第567页。
③ 《国际形势和军事战略方针》（1993年1月13日），《江泽民文选》第1卷，人民出版社2006年版，第286页。

口、五千多年文明历史的中国坚持社会主义,对世界的和平与发展、对稳住社会主义阵脚的作用很大。我们把社会主义建设搞好了,对世界社会主义是一个贡献。我们要坚持社会主义,防止和平演变。对外要处理好国与国的关系,既要看到国家关系与意识形态有关联,又要看到其中的区别。"①

(三)强调中国外交在"稳住阵脚"的同时,要坚定不移地"走出去"

1991年苏东剧变,冷战时代随之结束,虽然总体来说国际局势趋于缓和,但霸权主义和强权政治依然存在,领土、民族、宗教、资源等因素引发的武装冲突和局部战争连绵不断;不公正、不合理的国际政治经济旧秩序没有得到改变,发展中国家仍有亿万人民处于贫困状态,人类的生存和发展面临着一系列严峻挑战。面对国内的实际情况和如此变幻莫测、错综复杂的国际形势,以江泽民为核心的第三代中央领导集体,据此作出"世界要和平,国家要稳定,经济要发展,社会要进步,成为当今世界的主旋律"②的新判断。江泽民指出:"我们要充分估计有利因素,抓住难得的时机,加强对外工作和对外交往,扩大我国在国际社会的回旋余地,增强处理国际事务的主动权,为国内发展创造更好的外部条件,以利于我们加快改革开放和现代化建设的步伐,集中力量把国民经济搞上去,不断提高我国的综合国力。"③也就是说,在外交领域,中国必须始终坚持独立自主的和平外交政策,在和平共处五项原则的基础上发展同一切国家的友好关系,坚决反对霸权

---

① 《关于军事战略方针和国防科技问题》(1991年6月8、15、25日),《江泽民文选》第1卷,人民出版社2006年版,第148页。
② 《为中非世代友好建立新的历史丰碑》(1996年5月13日),《江泽民文选》第1卷,人民出版社2006年版,第525页。
③ 《国际形势和军事战略方针》(1993年1月13日),《江泽民文选》第1卷,人民出版社2006年版,第281页。

主义和强权政治，坚决支持被压迫民族和被压迫人民的正义斗争，维护世界和平和促进人类进步。必须积极推动中国外交趋利避害，有守有攻，有所不为有所为，在稳住中国自己这个社会主义阵营已经不复存在的"后冷战"时代唯一的社会主义大国阵脚的同时，坚定不移地"走出去"，继续推动公正、合理的国际政治经济新秩序的建立，积极推动国际关系民主化的发展进程，以全面打开中国外交在当代世界政治多极化和经济全球化新时代的新局面。

20世纪90年代初至21世纪，国际形势的主要特征，是世界格局向多极化发展以及经济的全球化，在世界多极化和经济全球化的时代背景下，以江泽民为核心的第三代中央领导集体明确提出：要把握有利的国际环境，抓住机遇、加快发展；要实施"引进来"与"走出去"相结合的战略，在更大范围、更高层次上参与国际经济技术合作与竞争，不断提高对外开放水平的决策。江泽民明确指出："世界向多极化发展的过程中，国际上各种力量和矛盾的斗争相当尖锐复杂，我们在战略指导上很重要的一个问题，就是要善于利用矛盾，灵活应变，争取主动。"[1]以江泽民为核心的第三代中央领导集体通过对时代特征的准确分析，明确提出："我们要充分估计有利因素，抓住难得的时机，加强对外工作和对外交往，扩大我国在国际社会的回旋余地，增强处理国际事务的主动权，为国内发展创造更好的外部条件，以利于我们加快改革开放和现代化建设的步伐，集中力量把国民经济搞上去，不断提高我国的综合国力。"[2]同时，以江泽民为核心的第三代中央领导集体面对世界多极化、经济全球化的国际发展形势，从国内进一步改革开放和发展的需要出发，作出重大战略决策——加入世界贸易组织，标志着中国的对外开放、对外关

———————————

[1] 《国际形势和军事战略方针》（1993年1月13日），《江泽民文选》第1卷，人民出版社2006年版，第288—289页。

[2] 《国际形势和军事战略方针》（1993年1月13日），《江泽民文选》第1卷，人民出版社2006年版，第281页。

系进入了一个新的历史阶段。

(四) 主张尊重世界多样性，推动国际关系民主化

借用中国古人"和而不同"的概念，江泽民明确提出多样性是世界存在的本质特征，"没有多样化，就不成其为世界。"①主张各个国家、各种文化应该在"求同存异"中共同发展，主张要造成自主选择、求同存异的国际和谐局面，主张尊重世界的多样性，保证各国和睦相处、相互尊重。他指出：每个国家和民族都有自己的特点和长处，"大家只有彼此尊重、求同存异、和睦相处、互相促进，才能创造百花争妍、万紫千红的世界。"②因此，正视多样性，从多样性出发，求同存异，尊重他国的选择，这才是世界和平与稳定的重要保证。江泽民特别强调："世界多样性是客观存在，应该正视它、适应它。这就要求各国互相尊重，互不干涉内政，平等相待，求同存异，和平共处，发展合作。只有这样，才有可能维持持久的和平与稳定，为各国共同发展创造必要的国际环境。"③

同时，根据"后冷战"时代不公正、不合理的国际政治经济旧秩序还没有根本改变、新的霸权主义和强权政治又在以推行西方资本主义的单一模式来反对当代世界多极化、多样性的现实，江泽民提出要推进国际关系民主化，凝聚各国人民的力量解决面临的突出问题。他指出："无论是维护世界和平，还是促进共同发展，都要在国际事务中提倡和贯彻民主原则。"④主张"世界上所有的国家，无论大小、强弱、贫富，都是国际社会中平等的一员，都有参与和处理国际事务的权利。各国主权范围内

---

① 《让我们共同缔造一个更美好的世界》（1995年10月24日），《江泽民文选》第1卷，人民出版社2006年版，第480页。

② 《让我们共同缔造一个更美好的世界》（1995年10月24日），《江泽民文选》第1卷，人民出版社2006年版，第480页。

③ 《把一个和平繁荣的世界带到二十一世纪》（1993年11月19日），《江泽民文选》第1卷，人民出版社2006年版，第331页。

④ 《在联合国千年首脑会议上的讲话》（2000年9月6日），《江泽民文选》第3卷，人民出版社2006年版，第110页。

的事情只能由本国政府和人民去管，世界上的事情只能由各国政府和人民共同商量来办。这是处理国际事务的民主原则。"①江泽民讲："世界是丰富多彩的，如同宇宙间不能只有一种色彩一样，世界上也不能只有一种文明、一种社会制度、一种发展模式、一种价值观念。各个国家、各个民族都为人类文明的发展作出了贡献。应充分尊重不同民族、不同宗教、不同文明的多样性。世界发展的活力恰恰在于这种多样性的共存。应本着平等、民主的精神，推动各种文明相互交流、相互借鉴，以求共同进步。"②

这些新理念新思想新战略的提出并付诸实践，极大地推动了中国外部环境的缓和与改善，极大地推动了公正、合理的国际政治经济新秩序的建立和国际关系民主化的发展进程。

二、1989年至2002年的中国与大国关系、与发达国家关系

20世纪90年代至21世纪初，在两极对立的世界冷战格局结束以后，以江泽民为核心的中共第三代中央领导集体审时度势，顺应国际形势和外部环境的新变化，在发展大国关系、大国外交方面，主张坚持以各国的多样化发展为基础，通过局部发展促进全球发展，各个国家和地区要以共同发展为目标，建立起相互尊重、平等互惠的新型"伙伴关系"。江泽民明确指出："我们要善于处理好同各大国的关系，尽可能地趋利避害，寻求扩大同各方的利益汇合点，加强同这些国家的政治对话、经济合作和科技交流。同时，要善于在他们之间进行纵横捭阖的周旋，推动

① 《在联合国千年首脑会议上的讲话》（2000年9月6日），《江泽民文选》第3卷，人民出版社2006年版，第110页。
② 《在联合国千年首脑会议上的讲话》（2000年9月6日），《江泽民文选》第3卷，人民出版社2006年版，第110页。

多极化趋势和大国关系调整朝着有利于我国现代化建设和完成祖国统一大业,有利于维护世界和平、促进共同发展的方向发展。"①

从20世纪90年代开始,中国逐步与一些大国建立了不同程度、不同范围、不同性质、不同类型的"伙伴关系"。

(一) 与美国关系

美国是中国对外关系中的一个重要对象,关乎中国外交的全局。20世纪90年代至21世纪初,江泽民从战略高度点明了中美关系的重要性,他指出:"中美关系关乎我国外交全局,关乎我国政治、经济和国家安全的战略利益。"②

进入20世纪90年代,江泽民明确提出了处理中美关系的16字方针,即"增加信任,减少麻烦,发展合作,不搞对抗",为中美关系的改善和发展指出了正确方向。根据以上决策,中国的对美政策更加倾向于长远考虑,即使中国在处理美国在人权、少数民族、劳改产品、出售武器、计划生育等问题上对中国的干涉行为时,并没有把美国作为敌人来集中反对,只是对于发生的事一件一件作为个案处理,中国甚至还愿意同美国保持和平共处五项基本原则下的友好合作。不过在处理具体问题时,中国始终坚持独立自主的根本原则,据理力争。邓小平就曾明确指出:"要维护我们独立自主、不信邪、不怕鬼的形象。我们绝不能示弱。你越怕,越示弱,人家劲头就越大。并不因为你软了人家就对你好一些,反倒是你软了人家看不起你。"③

中美两国此一时期均对自己的外交政策做出了相应的调整,均考虑

---

① 《当前的国际形势和我们的外交工作》(1998年8月28日),《江泽民文选》第2卷,人民出版社2006年版,第197页。

② 《当前的国际形势和我们的外交工作》(1998年8月28日),《江泽民文选》第2卷,人民出版社2006年版,第203页。

③ 《改革开放政策稳定,中国大有希望》(1989年9月4日),《邓小平文选》第3卷,人民出版社1993年版,第320页。

到了两国的共同利益所在，考虑到了合作是符合两国人民的根本利益的。此一时期中美关系的改善和发展主要取得了以下一些成就：

中美两国增强政治互信，高层往来频繁。

中美两国在社会制度、意识形态、文化传统、历史背景、发展水平等方面存在着差别，同时也因为中美都是大国，处理问题都有自己的原则，双方存在一些分歧是正常的。正是因为有分歧，两国领导人才更应该定期交流和对话，保持密切往来。江泽民指出："中美之间存在分歧，这是客观现实。我们认为，中美双方各自关心的一些问题，经过开诚布公的对话，是可以得到解决的。有些一时解决不了，可以求同存异。"① "为了妥善处理彼此的分歧，首先要努力加强相互了解，从这个意义上讲，两国领导人面对面地直接进行对话和交流就显得格外重要，这是任何先进的通讯手段都不能替代的。"②

1993年，克林顿就任美国总统，表示要与中国建立建设性关系，并邀请江泽民出席西雅图亚太经合组织（APEC）领导人非正式会议。同年11月，江泽民与克林顿在西雅图会晤，这是中美两国最高领导人1989年以来的首次会晤，标志着中美关系的重大突破。此次会晤，两国领导人都充分认识到："中美关系非常重要，它不仅仅是双边关系的问题，而且应该把它放在世界范围内来看，应该着眼于未来，着眼于21世纪。"③在中美两国领导人的共同努力下，从1994年开始，中美关系取得了一系列实质性的进展，在1994年和1995年不到两年的时间里，克林顿和江泽民又在茂物和莫斯科两次会晤，这样频繁的最高级接触是中美两国交往史

① 《把一个和平繁荣的世界带到二十一世纪》（1993年11月19日），《江泽民文选》第1卷，人民出版社2006年版，第333页。
② 《江泽民会见伯杰强调共同努力把一个长期稳定健康合作的中美关系带入21世纪》，《人民日报》1997年8月13日。
③ 《江泽民主席克林顿总统正式会晤　双方都认为，中美关系非常重要，它不仅仅是双边关系的问题，而且应该放在世界范围内来看，应该着眼于未来，着眼于21世纪》，《人民日报》1993年11月21日。

上前所未有的,它对于中美关系的进一步改善和发展起着积极的作用。

　　1996年11月24日,江泽民同克林顿再度在马尼拉会晤,克林顿在会晤中强调:美国愿意看到一个强大、稳定、安全的中国,我们两国在许多问题上有着共同的战略利益;美国愿意同中国建立起一个良好的合作伙伴关系[①]。江泽民也对不久后来访的美国国务卿奥尔布赖特说:"当前国际形势发生了巨大变化,但中美作为世界上有重大影响的两个大国,彼此之间有着广泛的共同利益,特别是两国在发展互补互利的经济合作、共同维护全球及地区和平、促进世界经济繁荣方面,具有很大的合作潜力。这是两国关系的坚实基础,当然双方也存在一些分歧。双方应该站得高、看得远,从维护两国人民根本利益和促进世界与亚太地区和平、稳定、繁荣出发,增进了解,求同存异,扩大合作。"[②]

　　在这样的政治氛围下,1997年至1999年两国国家元首和政府首脑实现了互访。

　　1997年10月26日至11月3日,江泽民对美国进行了正式国事访问,这是时隔12年后中国国家元首对美国的第一次正式访问。两国元首在会谈后发表的《中美联合公报》中重申:在中美三个公报的基础上加强双边关系;双方决定通过增进合作,促进世界和平与发展;共同致力于建立中美"建设性战略伙伴关系"[③]。从而为中美关系的未来发展确立了目标和方向。1998年6月25日至7月3日,克林顿对中国进行了回访。在会谈中,两国领导人同意,继续努力,向建设性战略伙伴关系的目标迈进。两国领导人的互访成功,有力地推动了两国关系在各个方面的发展。

　　但是令人遗憾的是,在历史发展的脚步刚刚跨进21世纪的时候,新

---

① 《江泽民同克林顿会晤两国领导人一致认为此次会晤具有承前启后的重要意义》,《人民日报》1996年11月25日。
② 《江泽民李鹏分别会见美国国务卿》,《人民日报》1997年2月25日。
③ 《中美发表联合公报》,《人民日报》1997年10月31日。

入主白宫的美国总统小布什却做出了令中美关系逆转的新举动——宣称中美不是"战略伙伴"而是"战略竞争对手"，并在2001年4月中美撞机事件后采取一系列恶化中美关系的步骤：单方面中止中美一切军事交流，宣布向台湾出售大批先进武器并宣称要武力保卫台湾，加快其全球战略重点东移和针对中国的军事部署。此时的中美关系颇有"山雨欲来风满楼"之势。

中美两国经贸合作势头强劲。

20世纪90年代初至21世纪初，中美两国经贸合作在两国政治家的积极推动下取得了丰硕的成果。

中美两国有着广泛的共同利益，其经济发展方面有着很强的互补性。中国是世界上最大的发展中国家，美国是世界上最大的发达国家，中美两国在经贸领域加强合作，是历史的必然和务实之举，符合两国人民的根本利益。经贸合作可以把双方的优势很好地结合起来，不仅可以分享彼此巨大的市场，而且可以通过合作增强各自的竞争力。江泽民明确指出："事实表明，为了维护和发展稳定的良好的中美关系，需要从现实出发，一是立足全局，着眼长远，寻求双方利益的汇合点，加强合作；二是妥善处理分歧，求同存异，减少麻烦，使双方关系不受到干扰。"[1] "中美两国经济有很强的互补性，因此双边经贸合作一直保持着强劲的发展势头。"[2]

在中美双方的共同努力下，两国经贸合作发展势头良好。据中国海关统计："1994年中美双边贸易额为354.3亿美元，比1979年建交时增长了14倍。"[3] "2000年中美双边贸易达到744.7亿美元。美国是中国的第

---

① 《走向新世纪的中国与中美关系 江主席在美国——中国协会等六团体举行的午餐会上发表演讲》，《人民日报》1995年10月26日。

② 《走向新世纪的中国与中美关系 江主席在美国——中国协会等六团体举行的午餐会上发表演讲》，《人民日报》1995年10月26日。

③ 《走向新世纪的中国与中美关系 江主席在美国——中国协会等六团体举行的午餐会上发表演讲》，《人民日报》1995年10月26日。

二大贸易伙伴，同时也是中国最大的出口市场。而中国则是美国的第四大贸易伙伴。过去20年，两国贸易年均增长达到18%以上。美国是中国出口增长最快的市场之一，中国也是美国出口增长最快的市场之一。过去10年，美国对华出口年均增长16%以上。"[1]2001年，中美之间的双边贸易额达到805亿美元，是1979年两国建交时的32.8倍，从1979年到2001年，中美双边贸易额累计近6000亿美元[2]。

20世纪90年代至21世纪初，除了加强双边的政治往来、经贸合作以及不断推进在军事安全等领域的对话和磋商外，中美两国也全面加强了双边的文化交流与合作，为两国建立建设性战略伙伴关系起到了重要的推动作用。

（二）与苏联（俄罗斯）关系

1989年5月，苏联最高领导人戈尔巴乔夫对中国进行正式访问，标志着自20世纪60年代以来全面破裂的中苏关系实现正常化。但之后，由于历史上积累的各种矛盾，特别是民族矛盾，在戈尔巴乔夫倡导的"新思维"的引发下，苏联社会发生了强烈的"政治地震"。1991年12月26日，苏联解体，俄罗斯联邦作为苏联的继承国登上了国际舞台。苏联的解体给刚刚实现中苏关系正常化的中国带来了巨大的压力和挑战，如何处理与苏联的继承国俄罗斯联邦的关系成为中国面临的重大外交课题。

面对如此错综复杂的新局面、新挑战，中国的应对方针是坚定而明确的。这就是邓小平提出的"冷静观察、稳住阵脚、沉着应付、韬光养晦、内外有别、绝不当头"的方针[3]。邓小平明确指出："不管苏联怎么

①　《中美经贸合作继续健康发展》，《人民日报》2001年6月22日。

②　《中美建交二十三年贸易增长三十二倍　迅速发展的经贸关系已成中美关系的重要支柱》，《人民日报》2002年2月19日。

③　《中国的对外政策》（1982年8月21日），《邓小平文选》第2卷，人民出版社1994年版，第416页；《改革开放政策稳定，中国大有希望》（1989年9月4日），《邓小平文选》第3卷，人民出版社1993年版，第319—321页。

变化，我们都要同它在和平共处五项原则的基础上从容地发展关系，包括政治关系，不搞意识形态的争论。"①

1991年12月27日，中国政府承认俄罗斯联邦政府，并决定中国原驻苏联大使王荩卿改任驻俄罗斯大使，还表示中国政府愿在和平共处五项原则的基础上，保持和发展同俄罗斯的友好合作关系。29日，中国外交部副部长田曾佩与俄罗斯副外长库纳泽会谈后签署了会谈纪要，双方同意以1989年、1991年中苏两国两个联合公报所确定的基本原则为中俄两国关系发展的指导原则，在和平共处五项原则基础上进一步发展睦邻友好合作关系②。中国政府采取务实态度及时做出这一明智政策调整是非常重要的，为其后中俄关系的正常发展迈出了关键的第一步。但是，也必须同时指出，由于俄罗斯立国初期实行亲西方的外交政策，对华关系被置于相对次要的地位，因而在一段时间内，中俄关系的发展出现了短暂的停顿，前景不甚明朗。

1992年3月俄罗斯外长科济列夫的访华对中俄关系起到了积极的推动作用。其后，中俄双方高层往来不断增多。11月24—26日，钱其琛外长访问俄罗斯，中俄两国外长草签了《中俄联合声明》，进一步明确了两国关系的性质，为正式确立双边睦邻好友合作关系做了必要的铺垫和准备。

1992年12月17日、18日，叶利钦对中国进行正式访问。在此期间，中俄两国元首签署了《关于中俄相互关系基础的联合声明》，明确规定：两国"互视为友好国家"，为中俄两国关系的全面发展奠定了政治和法律基础，标志着中俄两国之间以和平共处五项原则为基础的睦邻友好、互利合作关系的确立③，结束了一段时期内中俄关系发展的模糊状态，真

---

① 《国际形势和经济问题》（1990年3月3日），《邓小平文选》第3卷，人民出版社1993年版，第353页。

② 钱其琛：《外交十记》，世界知识出版社2003年版，第224—226页。

③ 《中华人民共和国和俄罗斯联邦相互关系基础的联合声明》，《人民日报》1992年12月19日。

正实现了由中苏关系向中俄关系的平稳过渡。更为重要的是，这次访问构成了俄罗斯外交由"向西一边倒"转向"全方位外交"的重要内容和重要标志。俄罗斯已不仅限于从一般的双边关系范畴来看待中俄关系，而是开始从整个国际关系格局的角度来审视中国对俄罗斯的战略价值，把对华政策调整，作为其整个对外战略转变的重要环节①。

1992年底叶利钦访华后，中俄两国政治互信不断增强、关系定位不断提升，双边贸易不断制度化、规范化，民间交流不断深入，维护世界和平与国际安全合作步伐也不断加快，中俄睦邻友好的关系格局在20世纪90年代全面展开。

1994年1月，叶利钦致信江泽民，提出两国建立"面向21世纪的建设性伙伴关系"的建议。叶利钦的建议得到中方的积极回应。1994年9月，江泽民访问莫斯科，中俄两国领导人签署了关于两国未来关系方向和定位的《中俄联合声明》，双方共同认定："两国已具有新型的建设性伙伴关系，即建立在和平共处五项基础上的完全平等的睦邻友好、互利合作关系，即不结盟，也不针对第三国。"②

1996年4月，叶利钦再次访华，把中俄关系又推向一个新的水平。中俄领导人会晤后发表的《中俄联合声明》中宣布两国发展"战略协作伙伴关系"③。1998年11月，江泽民访俄期间，在新西伯利亚科学城演讲时对此作了进一步阐释："中国愿在平等互利的基础上与俄罗斯永做好邻居、好朋友、好伙伴，以促进共同繁荣。这是我们两国发展面向二十一世纪的战略协作伙伴关系的最基本、最重要的内涵。"④2001年7月，中俄双方签署了为期20年的《中俄睦邻友好合作条约》，这是中俄关系发展的里程碑式文件，该条约把两国永作好邻居、好伙伴、好朋友用法律形

---

① 杨闯、高飞、冯玉军：《百年中俄关系》，世界知识出版社2006年版，第302—309页。

② 《中俄联合声明》，《人民日报》1994年9月4日。

③ 钱其琛：《外交十记》，世界知识出版社2003年版，第240页。

④ 《在新西伯利亚科学城的演讲》（1998年11月24日），《江泽民文选》第2卷，人民出版社2006年版，第239页。

式确定下来，为两国长期睦邻友好、互利合作奠定了基础。

中俄两国领导人高度关切经贸领域的合作，几乎每次会晤必谈双边经贸关系，并达成了一系列协议。在中俄两国领导人的积极推动和共同努力下，两国之间的经贸往来有了很大进展。1992年以来，两国贸易额连续超过中苏两国关系时期的最高水平（1991年的39.04亿美元），1992年和1993年分别达到58.62亿美元和76.8亿美元。1993年中国成为俄罗斯第二大贸易伙伴，俄罗斯也上升为中国第五大贸易伙伴。1994年虽因各种原因双边贸易额下降为50.8亿美元，但仍比1991年中苏贸易额多11亿美元。经过双方共同努力，1995年上半年中俄贸易完全停止了滑坡现象，双边贸易额出现正增长。到1995年底，中俄两国之间的贸易额达到54.6亿美元，1996年更增至68.5亿美元。2001年双方贸易额达到106.7亿美元[①]。

（三）与日本关系

日本是与中国一衣带水的邻国，江泽民一向重视对日外交工作，强调要登高望远，推动中日友好合作稳步发展。20世纪90年代至21世纪初，中日关系进入竞争与合作并存的历史阶段。以江泽民为核心的第三代中央领导集体的对日外交实践，既继承和发展了已有成果和经验，又体现出冷战结束后新时代所赋予的鲜明特点。

1998年江泽民作为中国国家元首第一次对日本进行国事访问，中日两国发表了关于建立致力于和平与发展的友好合作伙伴关系的联合宣言，即《中日联合宣言》，为中日关系的发展确定了方向，提出中日两国要"以史为鉴、面向未来"，希望日本继续走和平发展道路。江泽民表示，近些年来，日本国内一再出现的否认侵略甚至美化战争和殖民统治的言论，不能不引起中国人民和亚洲人民的严厉谴责和高度警惕，也势必引

---

① 谷永芬、温耀庆：《一带一路战略下中国与俄罗斯和印度经贸合作研究》，经济管理出版社2016年版，第58页。

起日本国内人民的不满。"日本只有认真汲取历史教训,深刻忏悔侵略罪行,坚持走和平发展的道路,才能赢得亚洲各国和国际社会的理解和信任,也才能防止历史悲剧重演。"①

此一时期,中日关系面临的挑战既有历史遗留下来的业已存在的老问题,又有新的矛盾和摩擦,在处理这些中日关系发展中出现的新情况新问题时,以江泽民为核心的第三代中央领导集体表现出高度的政治原则性。针对冷战后日本政府违背中日关系实现正常化时在台湾问题上所做出的政治承诺之错误言行,江泽民严正指出:"台湾问题事关中国的领土主权和统一大业,牵动十二亿中国人民的感情,我们希望日方切实尊重中国政府关于台湾问题的立场,恪守自己在《中日联合声明》中就台湾问题做出的郑重承诺,妥善处理好台湾问题。"②针对冷战后日美安全合作将台湾纳入其范围阻挠中国和平统一进程的问题,江泽民一针见血地指出:"日美安全合作无论直接或间接地把台湾列入其中,都是对中国领土主权的侵犯和对中国内政的干涉,中国政府和人民对此坚决反对。"③针对日本右翼势力在钓鱼岛问题上"改变现状"的小动作,江泽民强调指出:"钓鱼岛是中国领土不可分割的一部分。……希望日方能采取进一步的措施,尤其要杜绝日本右翼势力再次制造新的事端。"④

正是以上述对日外交的基本立场和基本政策为底线,以江泽民为核心的第三代中央领导集体一再敦促日本方面要正确对待历史,同时向前看,发展日中友好关系,有力地维护了中日睦邻友好关系的发展方向和发展势头。

---

① 江泽民:《在首都各界纪念抗日战争暨世界反法西斯战争胜利50周年大会上的讲话》,《人民日报》1995年9月4日。

② 《发展中日关系必须正确处理历史问题和台湾问题》(1998年11月26日),《江泽民文选》第2卷,人民出版社2006年版,第246页。

③ 《发展中日关系必须正确处理历史问题和台湾问题》(1998年11月26日),《江泽民文选》第2卷,人民出版社2006年版,第246页。

④ 《江泽民主席抵达马尼拉参加亚太经合组织领导人非正式会议并访问亚洲四国》,《人民日报》1996年11月24日。

（四）与欧洲国家关系

冷战结束后欧盟不断调整对华政策。1995年欧盟委员会发表《欧中长期关系政策》，1996年发表《欧盟对华新战略》，全面加快欧盟与中国关系发展的步伐。其后，基于"近年来中国经济改革进程加快，在对外政策上表现出更加负责的精神""中国在亚洲和世界上的作用日益增大""欧盟也处于启动欧元、开始东扩时期""欧中双方都处在'转变的关键阶段'"[①]的形势判断，欧盟委员会于1998年3月又通过了《与中国建立全面伙伴关系》文件，强调中欧关系发展的全面性，提出应把对华关系提升到与对美、对俄关系同等重要的位置。欧盟委员会这一表态得到了中国方面的积极回应。1998年4月，在伦敦召开第二届亚欧会议前夕，中国总理朱镕基与欧盟轮值国主席英国首相布莱尔和欧盟委员会主席桑特举行了首次中国—欧盟领导人会晤，并发表了联合声明，双方表示"希望在中国与欧盟之间建立面向21世纪的长期稳定的建设性伙伴关系"[②]。在双方的共同努力下，中国与欧盟之间高层互访频繁。2000年是中国与欧盟建交25周年，朱镕基于7月11日首次访问设在比利时首都布鲁塞尔的欧盟总部，标志着中欧关系进入新的发展阶段。此外，中欧之间经贸合作发展迅速，据中国海关统计：1996年，中欧双方贸易额为397亿美元，比1995年有较大增长；1997年，双方贸易额达430亿美元，比前一年增长8.4%；1998年1—8月，双方贸易额为299亿美元，比去年同期增长18%。另据统计，截至1997年底，欧盟国家在华直接投资项目为8352个，协议金额为314.7亿美元，实际投入为131亿美元；1998年1—4月，来自欧盟国家的投资比1997年同期增长75.4%[③]。2001年，欧盟就加强中欧关系发展又推出新文件——《欧盟对中国的战略：1998年文件执行情况

---

① 《欧盟提升对华关系 通过<与中国建立全面伙伴关系>报告》，《人民日报》1998年3月26日。

② 《中国—欧盟领导人会晤联合声明》，《人民日报》1998年4月3日。

③ 《面向新世纪的中欧关系》，《人民日报》1998年10月31日。

和促使未来欧盟政策更有效的步骤》，文件重申，发展对华关系是欧盟的长期政策目标。文件还就今后在中短期内扩大欧盟与中国的对话和合作提出了一些"具体和可行的行动要点"，将中欧关系推进到新世纪和新起点。

此一时期，中国与欧盟成员国的关系也发展顺利。20世纪90年代至21世纪初，德国、法国、英国等欧盟国家领导人相继访问了中国，中国国家主席江泽民、全国人大常委会委员长李鹏、国务院总理朱镕基、全国政协主席李瑞环等党和国家领导人分别出访了法国、德国、英国等欧盟国家。

德国多年来一直是中国在欧洲的最大经贸伙伴，中国政府十分重视发展同德国之间的关系，认为两国发展合作前景广阔，并积极推进两国经贸合作。1993年，德国联邦政府经济部长莱克斯洛特访华时，中方就表示，"中国对同德国开展经济技术合作持积极态度。"①1994年李鹏在接受媒体采访时也指出，中德平等互利合作、前景广阔。其后，在两国领导人的共同推动下，中德关系发展迅速。双边贸易额在1999年达到161.14亿美元，比1998增加12%；截至1999年底，中国累计批准德国在华直接投资项目达到2125个，协议资金额达94.45亿美元，实际投入50.37亿美元。2000年7月朱镕基访问德国，将中德关系推进到新的阶段，尤其是在经贸合作方面，中德双方签订了包括价值60亿美元的石化基地合作项目、煤矿灭火项目在内的6项协议，为两国在经贸等方面的合作注入了新的活力，对两国长远合作产生重大而深远的影响。

英国是西方社会中率先承认新中国的国家。1972年，两国建立大使级外交关系；1984年，《中英关于香港问题的联合声明》的签署使两国关系进入良好发展的新时期。从20世纪80年代下半期到90年代初，双方进行了一系列重要的高层互访。中国领导人曾多次访英，英国女王和两任

---

① 《李鹏总理会见德国经济部长时表示中国对同德国合作持积极态度》，《人民日报》1993年3月30日。

首相亦分别访华。1997年5月英国工党政府执政后,主张积极发展同中国的广泛的建设性关系。特别是1997年中英两国顺利实现香港交接以后,中英关系的历史翻开了新的一页。其后,两国除高层互访频繁外,双方在经贸、教育、文化、体育、科技、军事、司法等各个领域的交流与合作均不断扩大和深化,中英关系走上了正常和迅速发展的轨道。正如中国总理朱镕基总理在1998年4月与英国首相布莱尔的会谈中所指出——"在香港问题解决后,已经没有任何障碍能阻止中英两国发展跨世纪的、稳定的全面合作关系了。"①除了高层互访频繁外,中英两国的经贸合作也取得了重大进展,英国成为中国在西欧的第二大贸易伙伴。1996年中英双边贸易为50亿美元,1998年的双边贸易额达65.84亿美元。1999年两国贸易额的增长势头仍在继续,1至8月份双边贸易额为47.63亿美元,比1998年同期增长16.9%。与此同时,英国在华直接投资也增长迅速。截至1999年7月,英国在华直接投资项目共2443个,协议金额158亿美元,实际投入近72亿美元,在欧盟国家中居首位②。2000年,中英双边贸易额达99亿美元,创历史最高纪录。2001年,双方贸易额首次突破100亿美元,达到103.1亿美元③。

中法两国在1964年建交以后,友好合作关系一直保持相对平稳状态。而中法两国之间的"伙伴关系",是在1997年法国总统希拉克访华期间确立的。1997年5月,希拉克访华时,中法两国领导人签署了联合声明,明确表示:"在21世纪即将来临之际,中法两国应承前启后,建立长期的全面伙伴关系。"④1998年,法国政府通过了《与中国建立全面伙伴关系》文件,提出应把对华关系提升到与对美、对俄关系同等重要的位置。欧盟这一表态得到了中国方面的积极回应。

① 《中英关系稳定发展》,《人民日报》1999年10月18日。
② 《中英关系稳定发展》,《人民日报》1999年10月18日。
③ 白晶光、翟云峰编著:《英美经济与文化》,黑龙江人民出版社2006年版,第170页。
④ 《江泽民主席和希拉克总统签署中法联合声明》,《人民日报》1997年5月17日。

（五）与澳大利亚关系

中国与澳大利亚自1972年建交以来，两国关系发展稳定，虽因20世纪80年代双方在柬埔寨问题上的主张相悖而导致两国关系发展一度出现波折，但很快两国均调整了自己的外交政策扭转了这一局面。1991年2月，澳大利亚政府取消了1989年对中国采取的限制措施，此举被视为恢复和改善中澳关系所采取的一个积极步骤。很快，中方对此发表声明予以回应："中国政府重视同澳大利亚发展友好合作关系。中澳同处亚太地区，在维护本地区的稳定和促进发展方面有着共同的利益，同时两国的经济又有很大互补性，因此，恢复和发展中澳关系符合两国人民的共同愿望，也有利于世界的和平与繁荣。"①在双方积极推动下，20世纪90年代至21世纪初，两国关系取得了卓有成效的发展，顺利将中澳关系推入到一个新阶段。

此一时期，中澳两国政治交往密切。朱镕基、钱其琛、李瑞环等中国党和国家领导人先后访问澳大利亚，澳大利亚外长、副总理、总理、总督等也都先后访问中国。政治高层密切往来，为中澳关系的发展奠定了坚实基础。1997年是中澳建交25周年，江泽民对25年的中澳关系发展做了总结，他指出：中澳"建交25年以来，双边关系发展顺利，保持了良好的发展势头。在国际和地区问题上，双方进行了良好的合作。中国重视发展同澳大利亚的关系，希望两国建立起面向21世纪的持续、稳定、健康的双边关系。"②中澳两国也以此为契机，进一步加强两国领导人政治层面的密切往来，推动两国关系持续、健康、稳定发展。

中澳两国经贸合作势头良好。在中澳两国政府的共同努力下，中澳的双边贸易额逐年增加，在经贸合作方面取得突出成果。中澳两国经济

---

① 《我驻澳大利亚使馆发表声明 欢迎澳政府改善对华关系》，《人民日报》1991年3月1日。

② 《江主席会见澳大利亚总理 希望两国建立起面向二十一世纪持续稳定健康双边关系》，《人民日报》1997年11月25日。

互补性强,经贸合作领域广泛。1990年江泽民在谈及中澳关系时针对两国的经贸合作问题指出:"中澳两国在经济合作方面有很大的互补性,我们愿意同澳大利亚朋友就扩大合作可能性交换意见。"①1991年2月,澳大利亚政府取消自1989年政治风波以来对中国的制裁,认为发展澳中关系对双方有利。

在两国的共同努力下,1992年,中澳双边贸易额达40多亿澳元;1993年,中澳双边贸易额创下了历史最高纪录,澳大利亚成为中国在海外投资最多的国家之一。1998年中澳双边贸易额达到96亿澳元,比建交初期增长100多倍。在投资方面,中国是澳大利亚在海外投资最多的国家之一,同样,澳大利亚也是中国在海外投资最多的国家之一,中国对澳投资主要领域,有铁矿、房地产、远洋运输、有色金属等。

中澳两国除了经贸合作发展迅速,双方已互为重要的贸易和投资伙伴之外,两国在军事、科技、文化、教育等领域的交流与合作也都取得了积极的成果。

三、1989年至2002年的中国与邻国关系

20世纪90年代至21世纪初,面对苏联解体和国际格局"颠覆性"巨变所带来的新挑战,中国共产党和中国政府的外交理念、外交战略和外交政策开始进行新的调整和新的变革,中国外交打开了新局面,尤其是中国与邻国的关系取得了重大进展和突破,为实现全面建设小康社会和构建和谐社会的目标争取一个和平、稳定的周边环境奠定了坚实的基础。

(一) 与东亚国家关系

中国历来十分重视并积极参与东亚合作。与周边国家保持睦邻友

---

① 《江泽民会见澳大利亚客人》,《人民日报》1990年9月22日。

好,扩大互利合作,是中国对外政策的重要组成部分。20世纪90年代至21世纪初,中国与东亚各国的关系也取得长足的发展和进步。

中国作为朝鲜半岛的近邻,一贯致力于维护半岛的和平与稳定,一贯支持半岛无核化,反对大规模杀伤性武器的扩散。中国希望通过对话协商解决有关问题。1994年10月,美国和朝鲜经过多轮谈判,在日内瓦签署了关于朝鲜核问题的框架协议之后,围绕朝鲜半岛核问题的争议暂告一段落,朝鲜半岛局势趋于稳定,20世纪90年代至21世纪初,中朝、中韩友好关系均取得了比较大的发展。

中国历来重视同朝鲜的传统友好关系。江泽民明确指出:"用鲜血凝成的中朝友谊源远流长。我们十分珍视中朝友谊,我们两国都在为建设社会主义而奋斗。两国领导人经常见面,交换意见,对促进相互了解很有好处。"[1]1990年3月江泽民访问朝鲜,将中朝关系推进到一个新的发展阶段。1991年5月,李鹏访问朝鲜,并表示,今后不论国际风云如何变幻,中方都将为巩固和发展中朝友谊作出贡献。21世纪初,为开启中朝关系的新篇章,2001年5月金正日访华,2001年9月江泽民访问朝鲜,对进一步推进中朝友好关系,具有重要的标志性意义。在江泽民访朝期间,两国领导人就两国加强在各个领域的交流与合作、为将两国关系发展到更高阶段而共同努力达成了重要共识,对不断巩固和发展中朝传统友谊树立了里程碑。此后,金正日又于2002年1月访华,进一步推动和巩固中朝两国人民友谊。2002年4月,为进一步加强中朝两国业已存在的友好合作关系,中国政府在朝鲜金日成主席诞辰90周年之际,向朝鲜无偿提供一批物资援助。

中韩两国是一衣带水的近邻,两国关系自1992年建交以来发展迅速,双方在政治、经济、文化等各个领域的关系发展都取得了重大成果。江泽民多次与韩国总统金大中会面,就中韩关系、朝鲜半岛核问题

---

① 《江泽民会见朝鲜客人》,《人民日报》1990年7月3日。

等交换意见和看法，大力推动了两国合作伙伴关系的深入发展。在经贸合作方面，中韩两国在全球经济增长放缓的背景下，进一步拓展和深化在各个领域的合作。两国经济具有很强的互补性，在贸易、投资、金融等领域的合作潜力巨大。正如2001年韩国总统金大中在接受《人民日报》专访时指出的——"中国是一个巨大的市场，中国对韩国来说是宝贵的经济伙伴。韩国作为中国的近邻，是很大的福气。21世纪是一个竞争与合作的世纪，中国市场的潜力是巨大的，这对韩国经济的发展将有很大的帮助，我们一直把中国视为好伙伴。中国是韩国的第三大贸易伙伴，中国是韩国的第二大投资对象国，中国加入世贸组织后，经济将会进一步发展，与韩国的合作将更加活跃。"①截至2002年，中韩两国间的经济合作不仅在贸易、投资领域，而且已扩大到信息通信、建设、海洋水产等多领域。此外，中韩两国文化和教育方面也开展交流与合作。2002年3月，中韩两国以建交十年为契机，举办"中韩国民交流年"，组织丰富多彩的文化教育交流活动，以促进两国友好关系的进一步发展。

蒙古是与中国陆地接壤的国家中双边边界线最长的国家。中蒙两国关系自20世纪80年代正常化以来发展迅速。20世纪90年代至21世纪初，中蒙两国之间政治往来频繁，确立了中蒙睦邻互信伙伴关系。尤其是1998年蒙古总统巴嘎班迪访华和1999年江泽民主席访蒙，双方立足于世纪之交的战略高度，确定了中蒙建立面向21世纪长期稳定、健康互信的睦邻友好合作关系，为两国关系的未来发展指明了方向，把中蒙关系提升到了一个新的发展阶段。两国经贸关系也在1994年《蒙中友好合作条约》及1998年签署的《蒙中联合声明》的基础上得到不断发展。截至2002年，中国已成为蒙古最大的贸易伙伴，也是蒙古最大的投资国。中国有1601家企业在蒙古投资，累计投资总额5.2338亿美元，占外国在蒙古投资总额的40.7%。1991年至2002年期间，中国援助蒙古的资金达5.81亿

① 《金大中总统接受本报专访》，《人民日报》2001年4月3日。

元人民币,其中1.3亿为无息贷款,2亿为优惠贷款,其余为无偿援助[①]。2002年11月,中国外交部向蒙古外交部提供价值50万元人民币办公用具的无偿援助。

(二)与中亚国家关系

1991年苏联解体后,在欧亚大陆的心脏地带,出现了哈萨克斯坦、塔吉克斯坦、吉尔吉斯斯坦、乌兹别克斯坦和土库曼斯坦五个新独立的国家(简称"中亚五国")。中国是率先承认中亚五国独立的国家之一,1992年分别与各国建立了外交关系。对于处理与中亚各国关系的方针,中国政府是一贯而明确的,即:第一,坚持睦邻友好,和平共处;第二,开展互利合作,促进共同繁荣;第三,尊重各国人民的选择,不干涉别国的内政;第四,尊重独立主权,促进地区稳定[②]。截至2002年,中国与中亚五国之间保持和发展了长期稳定的睦邻友好合作关系,强调永作"好邻居、好伙伴、好朋友"。同时,中国与中亚五国建立了日益发展的友好合作关系。

哈萨克斯坦地处中亚,与中国西北部毗邻。中国人民同哈及中亚各国人民之间的友好往来,有着悠久的历史。1991年12月27日,中国承认哈独立,1992年1月3日,中哈正式建交,标志着两国人民之间的传统友好关系进入一个新的历史时期。其后,两国政治互信不断加强,高层来往频繁。1996年7月江泽民在哈首都阿拉木图发表演说时,明确提出了处理中哈关系的"三个面向",即:"面向未来、面向人民、面向地区和世界"。1999年11月,纳扎尔巴耶夫访华,在与中国领导人的会谈中,他一再强调,作为哈萨克斯坦外交政策的优先方向,巩固和发展与中国全方位的睦邻友好与互利合作关系的基本方针不会改变。期间,双方共同签署了《中哈关于在二十一世纪继续加强全面合作的联合声明》《中华人

---

① 刘清才:《东北亚地缘政治与中国地缘战略》,天津人民出版社2007年版,第303页。
② 《李鹏总理在塔什干发表重要演讲》,《人民日报》1994年4月20日。

民共和国与哈萨克斯坦共和国关于两国边界问题获得全面解决的联合公报》。至此中哈边界问题顺利解决。中哈边界全长1700多公里，两国顺利解决了历史遗留的边界问题，给世界解决类似问题树立了光辉榜样，为巩固和发展两国全方位的睦邻友好与合作关系奠定了坚实的基础。

中哈两国之间在经贸合作领域具有很深厚的潜力，自1992年建交以来，两国经贸合作保持不断增长势头，1992年中哈贸易额为3.691亿美元，其中中方出口2.2793亿美元，进口1.4117亿美元。1993年贸易总额4.35亿美元，其中中方出口1.72亿美元、进口2.63亿美元[1]。到了1998年，两国贸易额已经高达6亿美元，1999年又有一定增长。截至2000年，哈萨克斯坦已成为中国在独联体国家范围内的第二大贸易伙伴。2001年上海合作组织成立后，中哈经贸合作规模进一步扩大。2002年中哈贸易总额已达到19.52亿美元。此外，两国在军事、文化、教育等方面的合作也不断展开与加深，成为中哈战略合作伙伴关系的重要组成部分。

土库曼斯坦位于中亚西南部，1991年10月27日，土库曼最高苏维埃颁布了关于土库曼独立、国家制度原则的宪法，同年12月21日加入独立国家联合体。独立后的土库曼斯坦宣布中立的外交政策，中国政府对此表示尊重。中国与土库曼斯坦于1992年1月6日建交，并发表建交联合公报，公报指出："两国政府同意，在相互尊重主权和领土完整、互不侵犯、互不干涉内政、平等互利、和平共处的原则基础上，发展两国之间的友好合作关系。"[2]开启了中土关系的新时期。1992年11月应中华人民共和国主席杨尚昆的邀请，土库曼斯坦总统萨·尼亚佐夫访华，标志着中土人民传统的友好合作关系掀开了新的一页。1998年8月，土库曼斯坦总统尼亚佐夫访华。其后，中国国家主席江泽民于2000年7月对土库曼斯坦进行国事访问，两国领导人就双边关系及共同关心的地区和国际问题

---

① 陈其纲：《中国新疆与哈萨克斯坦区域经济合作战略研究》，中国大地出版社2009年版，第70—71页。

② 《中国土库曼斯坦建交公报》，《人民日报》1992年1月8日。

深入交换了意见，并达成了广泛的共识。江泽民此次访土，将两国睦邻友好关系顺利推进到21世纪，在双方发表的联合公报中进一步加强和明确了这一点——"双方将继续保持高层交往和各个层次的接触与交流，不断拓展两国各个领域的友好合作关系，丰富其内涵，使之在21世纪得到持续稳定的发展。"①

中土两国之间的经贸合作自建交以来平稳发展，1992年两国贸易额为450万美元，2000年已经上升为1616万美元。土库曼斯坦拥有丰富的天然气资源，中土两国在能源经贸方面的合作前景广阔。2000年，中国石油天然气集团与土库曼斯坦石油部签署了在石油天然气领域合作的谅解备忘录，中国公司开始进入土库曼斯坦的能源领域。

1992年1月4日中国与塔吉克斯坦建立大使级外交关系。1992年3月，中共代表团访问塔吉克斯坦，双方相互通报了各自的国内形势、党的方针政策和任务，一致同意在独立自主、完全平等、互相尊重和互不干涉内政的基础上建立和发展两党关系、并就双方合作问题交换了意见。之后，双方高层政治往来频繁。1993年3月塔吉克斯坦共和国最高苏维埃主席拉赫莫诺夫访华，进一步发展中塔友好关系。1996年9月，作为塔吉克斯坦总统的拉赫莫诺夫再次访华，双方于9月16日在北京共同签署了塔中联合声明，决心不断加强两国之间的睦邻友好与互利合作关系，并使之长期稳定地发展。1999年8月，拉赫莫诺夫再次访华，双方就共同关心的双边、地区和国际问题广泛交换意见。8月13日，两国签署了关于进一步发展两国睦邻友好和互利合作关系的联合声明。联合声明对两国友好关系的长远发展来说，意义重大，为塔中两国友好、睦邻、互利合作的双边关系注入了新的活力。其后，应拉赫莫诺夫的邀请，江泽民于2000年7月对塔吉克斯坦进行国事访问，这也是中国国家元首首次访问塔吉克斯坦共和国，对新世纪中塔两国关系的发展意义重大。双方领导

---

① 《中华人民共和国和土库曼斯坦联合声明》，《人民日报》2000年7月7日。

人共同签署了《中华人民共和国和塔吉克斯坦共和国关于发展两国面向21世纪的睦邻友好合作关系的联合声明》，联合声明明确指出："为迎接21世纪的挑战，双方愿共同努力，使双边关系在稳定发展的基础上更加充满活力。"①

在两国经贸合作方面，中塔双方努力发挥各自的优势，寻求经济互补。20世纪90年代至21世纪初，两国经贸虽有所发展，但交通困难仍是阻碍两国经贸合作与发展的一个重要原因。因此，与中亚其他四国相比，中塔两国的经贸合作基础比较弱。1992年两国贸易总额仅有275万美元，而且其中中国出口额为195万美元，进口额仅有28万美元②。自1997年2月塔吉克斯坦决定在加大双边边境贸易的基础上加快制定经库利姆山口通往中国的公路建设方案以来，中塔经贸合作开始进入快车道。1997年底，中塔贸易达到2023万美元。为进一步促进两国经贸关系发展，2000年7月的《中塔联合声明》中再一次明确指出："双方一致认为，经贸合作是中塔关系的重要组成部分，两国经贸合作尚有潜力。双方表示，将充分利用地缘邻近和经济互补的有利条件，在平等互利的基础上进一步扩大双边经贸合作。双方将采取有效措施，认真落实业已签订的经贸合作方面的协定，并继续在法律上完善和加强这一领域的双边关系。"③

另外，中塔两国在军事领域和共同反对"三股势力"方面也开展了充分合作。

（三）与南亚国家关系

中国和南亚在地理上山水相连，双方之间有着悠久的友好交往历

---

① 《中华人民共和国和塔吉克斯坦共和国关于发展两国面向21世纪的睦邻友好合作关系的联合声明》，《人民日报》2000年7月5日。
② 赵胜华：《中国的中亚外交》，时事出版社2008年版，第192页。
③ 《中华人民共和国和塔吉克斯坦共和国关于发展两国面向21世纪的睦邻友好合作关系的联合声明》，《人民日报》2000年7月5日。

史，南亚地缘战略位置对中国来说十分重要，江泽民曾经明确地讲："南亚和中亚是我国周边安全的两个重要侧翼，必须处理好。"①加强与包括南亚在内的周边国家的睦邻友好关系，是中国的真诚愿望和坚定不移的外交政策。20世纪90年代至21世纪初，在双方的共同努力下，中国与南亚国家全方位、多层次、宽领域的合作与交往不断加强，为南亚地区和亚洲乃至世界的和平、发展与安全营造了良好环境。

印度是中国西南部最大的邻国。中印都是具有悠久历史和灿烂文化的文明古国，两千多年的友好交往使两国人民结下了深厚的传统友谊。中印关系的友好合作对双方来说都具有十分重要的意义。20世纪80年代末中印关系逐步改善和正常化以来，尤其是1990年3月印度总理维·普·辛格在电视讲话中，表示要改善与邻国的友好关系以后，中印两国关系不断改善并深化发展，经贸合作进一步扩大。

自中印关系改善和正常化以来，为进一步促进两国合作关系的发展，中印双方加强了高层之间的往来和政治互信。1990年3月，中国外长钱其琛在印度总理辛格表示要改善与邻国关系的讲话后访问印度并与辛格会谈，指出中印两国很有必要进一步加深互相理解。1991年12月，李鹏访问印度，这是中国总理31年来对印度的首次访问，对中印两国关系的发展意义重大，是中印关系发展史上的重要里程碑。访问期间，双方签署了五项协议。双方都认为，现在两国贸易额还比较小。中印两国都是发展中大国，因此双边贸易的发展具有很大的潜力和广阔的前景。双方需要共同为之努力。1992年5月，印度总统拉马斯瓦米·文卡塔拉曼访华，这是印度共和国总统对中国的首次访问，江泽民在会见时指出："中印是两个发展中大国，在国家建设和经济发展方面都有各自的

---

① 《营造有利战略态势，在增强国家战略能力》（2001年10月31日），《江泽民文选》第3卷，人民出版社2006年版，第354—355页。

经验，加强相互交流和学习是十分有益的。"[①]1996年11月，中国国家主席江泽民访印，这是中国最高领导人对印度的第一次访问，在访问期间，江泽民指出："中印是近邻，两国人民之间有着深厚的传统友谊。我们两国都是世界上人口最多的发展中国家，目前又都肩负着发展经济和提高人民生活水平的重任。中印在共同倡导的和平共处五项原则基础上建立和发展长期稳定的睦邻友好和互利合作关系，不仅符合两国人民的根本利益和共同愿望，也有利于亚洲和世界的和平、稳定与发展。"[②]两国还共同签署了有关在军事领域建立信任措施、海运、反犯罪和毒品走私等协议。中印两国领导人的频繁互访和会晤，使得中印关系进入到一个新的发展阶段。

此一时期，中印经贸合作关系进一步发展。中印两国作为世界上最大的发展中国家，经济合作前景广阔。为了扩大双边贸易和加强双边经济技术的交流与合作，1992年中印双方一致同意通过增派互访团组和在对方设立联络办事机构，以便互相了解市场需求，进一步扩大贸易数量和范围。截至1993年9月，双方互派经贸访问团组100多个。通过考察和谈判，印方认为，印度今后除向中国增加出口铁矿砂、农产品、烟草和化工制品外，还可出口矿石、药物、新鲜水果、建筑钢材、汽车部件、电子元件和软件等商品，同时也可从中国进口炼焦煤、生丝和丝线、石油产品、采油采矿设备、轻型拖拉机、药品、化学制品和新闻纸等商品。在双方的共同努力下，1992年中印贸易额达3.39亿美元，比1991年增长28%。1993年中印贸易额达到6.76亿美元，比1992年增长98%；1994年，两国的贸易额上升到8.95亿美元，增长32%；1995年，两国贸易额达到11.6亿美元，增长30%。1999年，双边贸易额为48亿美元，2001年增至67亿美元。

① 《江泽民会见印度总统双方表示要进一步发展两国关系加强相互交流学习》，《人民日报》1992年5月20日。

② 《圆满结束对菲律宾的国事访问江主席访问印度抵新德里》，《人民日报》1996年11月29日。

中国与巴基斯坦两国间的友好关系源远流长，两国之间友谊是经过时间的历史考验的，中巴关系是不同社会制度国家合作的典范，巴基斯坦对于中国素有"巴铁"之称。20世纪90年代至21世纪初，中巴友谊进一步巩固，政治、经济、文化等各方面合作全面深化，"全天候"关系逐步形成并全面发展。1991年5月，江泽民在会见以秘书长伊克巴尔·阿哈默德·汗为团长的巴基斯坦穆斯林联盟代表团时，特别谈到中巴友好关系，他明确指出："四十多年来，我们之间的友好关系得到了不断的巩固和发展。中巴两国始终保持友好合作四十年如一日，在我看来有两条：一是中巴友谊深深扎根在两国人民之中，都能相互信任、相互支持；二是两国政府都遵守和平共处五项原则，都不干涉别国内部事务。"[1]其后，中巴两国领导人之间的互访日益频繁。2000年1月19日，巴基斯坦首席执行官佩尔韦兹·穆沙拉夫访华，江泽民在与其会谈时指出："几十年来，无论发生什么变化，双方都能从维护两国和两国人民的共同利益出发，相互理解和支持，致力于巩固和发展中巴友好合作关系，这是双方严格恪守和平共处五项原则的成果。"[2]

中巴经贸合作进一步发展。2002年，两国经贸总额已达13.97亿美元。同时，中国对巴基斯坦的援助方式和内容不断增多。1991年3月，在中巴建交40周年前夕，中国教委赠送给巴基斯坦伊斯兰堡现代语言学院的一套语言电教设备。1993年2月，中国向巴基斯坦出口日产2000吨水泥厂成套设备。1993年8月，中国帮助巴基斯坦修建恰希玛核电厂，是中巴共同利用核能为和平和发展本国经济服务。2001年中国政府分别通过巴基斯坦政府和联合国难民署驻巴基斯坦代表处向巴基斯坦政府无偿提供1000万元人民币的紧急物资。

同时，中国积极发展与阿富汗、尼泊尔等南亚国家的关系，并将中国

———

① 《江泽民会见巴基斯坦客人》，《人民日报》1991年5月29日。

② 《江泽民会见穆沙拉夫　指出同巴基斯坦发展全面合作伙伴关系是中国政府的既定政策》，《人民日报》2000年1月19日。

与这些国家的睦邻友好关系推进到21世纪。

中国政府十分重视中阿睦邻友好关系，不断致力于中阿友好关系的发展。20世纪90年代至21世纪初，中阿友好关系平稳发展，双方在地区安全、打击恐怖主义等方面都进行了有效的合作。21世纪初，在阿富汗问题上，中国作为阿富汗友好邻邦，一直关注阿富汗局势发展，支持阿富汗临时政府。并提出解决阿富汗问题应遵循的五条原则：要确保阿富汗的主权、独立和领土完整；要由阿富汗人民自主决定解决办法；阿富汗未来政府要基础广泛，体现各民族利益，与各国尤其是邻国和睦相处；要有利于维护该地区的和平与稳定；联合国要发挥更积极的建设性作用[1]。中国积极致力于支持阿富汗和平与重建进程，并在力所能及的范围内向阿富汗提供援助，包括向阿富汗军队和警察建设提供帮助。中国还派人参加了联合国阿富汗援助团的工作。

中国与尼泊尔的睦邻友好关系自1955年8月1日建交以来发展平稳，20世纪90年代至21世纪初，双方从政治高层互访、经贸合作、文化交流等方面推了两国的睦邻友好关系。1992年3月，尼泊尔首相吉·普·柯伊拉腊访华，中国总理李鹏在同柯伊拉腊的会谈中指出："建立在和平共处五项原则基础上的中尼关系，经受住了时间的考验。中国政府十分重视同尼泊尔的关系，中国同包括尼泊尔在内的南亚国家发展关系的政策不会改变。"[2]柯伊拉腊也明确表示要高度重视中尼关系，决不允许任何人在尼泊尔的领土上进行反对中国的活动。1993年11月，全国政协主席李瑞环出访尼泊尔，对推动两国友好合作关系发展起到了积极作用。1996年8月，尼泊尔国王比兰德拉·比尔·比克拉姆·沙阿·德瓦访华。在两国经贸合作方面，双方共同探讨和寻求合作的新形式和新途径，不断加强两国的经贸合作关系。同时，中国政府在力所能及的范围

①　《提出解决阿富汗问题五原则》，《人民日报》2001年11月14日。
②　《尼泊尔首相柯伊拉腊抵京受欢迎　李鹏同柯伊拉腊举行正式会谈》，《人民日报》1992年3月17日。

内为尼泊尔提供援助。1995年4月,尼泊尔首相曼·莫汉·阿迪卡里访华,中方重申愿为尼泊尔经济建设进一步提供帮助,促进两国在尼合资企业的发展。双方共同签署了《中华人民共和国政府和尼泊尔王国政府经济技术合作协议》。1996年4月,双方决定成立中尼非政府合作论坛,论坛的宗旨是探讨两国民间企业进行贸易和投资合作的途径。6月份在北京召开了第一次会议,两国企业家就合资建设水泥厂和水电站等三个项目达成了意向性协议。

(四)与东南亚国家关系

与东南亚国家关系是中国外交的一个重要战略方向。冷战结束后,中国与东南亚各国关系的发展比较平稳,尤其是在共同应对了亚洲金融危机之后,中国与东南亚的东盟各国达成一致,共同致力于建设面向21世纪的睦邻互信伙伴关系,为中国与东南亚各国的双边关系的友好发展奠定了基础。

20世纪90年代,中国同东南亚所有国家都已建立或恢复了正常关系。随着交往的日益频繁和密切,相互了解和信任进一步加深,友谊日益增进,双方的经济交流与合作加速发展。中国和东南亚国家在维护地区安全与稳定方面也有广泛的共识,在和平解决一些地区热点问题上进行了卓有成效的合作。

中国与马来西亚、泰国、菲律宾、缅甸等国家关系进入全面发展的新阶段。

中国与马来西亚自1974年建交以来,两国关系发展迅速。1991年9月,马来西亚最高元首苏丹·阿兹兰·沙阿陛下访华,这是中马两国之间为双边更紧密的友好关系所作出的积极努力。中国国家主席杨尚昆在会见沙阿陛下时指出:"中马两国是亲密邻邦,双方合作领域不断拓宽,两国的友好合作关系正处于全面发展的新时期,相信沙阿陛下这次访问,将在中马两国友好史上写下新的篇章。"①1992年1月,杨尚昆访问马来西亚,明确指出:同马来西亚在内的东盟各国睦邻友好是中国的基本国策。1997年8月,中国总理李鹏在访问马来西亚时提出了中国同东盟国家发展睦邻友好关系的五点建议:要相互尊重、平等相待;要加强对话、密切磋商;要互利互惠、共同发展;要相互支持、扩大合作;要着眼大局、求同存异②。1998年11月,中国国家主席江泽民同马来西亚总理马哈蒂尔举行会谈,一致商定:双方共同努力,把一个更为密切、稳定的中马关系带入21世纪。

马来西亚作为新兴的经济体,其国内经济在进入20世纪90年代以后一度突飞猛进,但是1997年突如其来的亚洲金融危机对其拖累甚深,经济增长速度下跌到了二战结束以来的最低水平。这也严重冲击了渐入佳境的中马两国之间的经贸合作。经过中马两国的共同努力,在经受住了亚洲金融危机的严峻考验之后,两国的经济交流与合作不断恢复和发展。1998年,两国贸易额达到42.6亿美元;1999年1至10月,两国贸易额已达41亿美元,比1998年同期增长近25%,2001年更是高达94.25亿美元。两国贸易已初步摆脱了亚洲金融危机的阴影,恢复了稳步、快速发展的势头。两国相互投资也在原来几乎空白的基础上取得了可喜的成绩。

中泰两国是近邻,自1975年建交以来的中泰关系堪称不同社会制度国家间合作的典范。20世纪90年代至21世纪初,在两国的共同努力下,双方领导人频繁互访,双边贸易额大幅度增长,经济合作卓有成效,在国际事务中也有着良好的合作,开辟了中泰友好合作的新局面。1991年6月,中国国家主席杨尚昆访泰;9月,泰国总理阿南·班耶拉春访华。两

---

① 《马来西亚最高元首沙阿陛下抵京 杨主席举行隆重仪式热烈欢迎 沙阿陛下会见时转交马政府和各界合600万元人民币的捐款》,《人民日报》1991年9月7日。
② 《发展面向21世纪的睦邻友好关系 李鹏总理在马来西亚发表演讲》,《人民日报》1997年8月23日。

国高层领导人的互访以及在多场合保持会晤与磋商，促使中泰两国在政治、经济各个领域的互相合作不断加强。1993年双方签署旅游合作相关协议，1994年双方签署《民商事司法和仲裁合作协定》，1996年双方签署《文化合作谅解备忘录》，1997年双方签署《贸易经济和技术合作谅解备忘录》等。1992年2月，中泰两国政府又共同签署《中华人民共和国和泰王国关于二十一世纪合作计划的联合声明》，成功地将健康、友好的两国关系推向21世纪。

中国与菲律宾自1975年建交以来，两国关系在政治、经济、文化教育等方面不断发展。20世纪90年代至21世纪初，中菲两国领导人多次互访，中国领导人江泽民、李鹏、朱镕基等先后访菲，菲律宾的阿基诺总统、拉莫斯总统、埃斯特拉达总统先后访华。尤其是1996年江泽民访问菲律宾期间，双方同意建立面向21世纪的中菲友好关系，并就南海问题达成重要共识，即"搁置争议、共同开发"。2000年5月，中菲两国共同签署《中华人民共和国政府和菲律宾共和国政府关于21世纪双边合作框架的联合声明》，开启了面向21世纪的中菲关系之路。在经贸合作方面，从1995年8月1日起，菲律宾政府解除了有关对中国与菲律宾贸易的限制，自此两国经贸关系迅速发展。1994年，中菲双方的贸易额仅有7.48亿美元，1996年达到13.87亿美元，1999年双方贸易总额已达22.87亿美元[①]。此外，中菲在文化、科技、旅游等方面均有合作，签订了一系列合作协议。

中国与缅甸两国人民的友谊源远流长，自古便有"胞波"（缅语意为"兄弟"）之称。新中国成立后，两国关系的发展既有过密切时期也有疏远时期。20世纪90年代冷战结束以后，中缅关系在传统友谊的基础上再度密切。1994年12月，李鹏访问缅甸。其后，吴邦国、李瑞环等中国国家领导人相继访缅。2001年12月，江泽民访问缅甸，将中缅关系推进到

---

① 陆耀新、卢品慕主编：《中国—东盟商务简史》，中国商务出版社2013年版，第193页。

新阶段，双方共同签署了《中缅两国政府经济技术合作协定》《中缅两国政府投资保护协定》《中缅两国政府渔业合作协定》等7个文件。此一时期，缅甸国家领导人也多次访华。在不断增进政治互信的基础上，两国之间的经贸合作也稳步向前推进。1995年，中缅贸易总额为7.674亿美元，达到了自两国建交以来的历史最高值。之后几年间，由于受到亚洲金融危机的不利影响，两国贸易额有所下降。2000年两国双边贸易额恢复到6.2亿美元，2001年为6.32亿美元。

中国与印尼、新加坡和文莱等国的双边关系逐步恢复、改善与发展。

印尼是中国在东南亚重要的海上邻国，中国政府十分重视发展与印尼的睦邻友好关系。两国于1990年8月8日签署外交备忘录，重新恢复在1967年冻结的外交关系，至此，居世界人口第一和第五的亚洲两个大国时隔23年实现了历史性和解。自复交以来，两国高层领导人互访频繁。1994年11月，中国国家主席江泽民在参加亚太经合组织第二次领导人非正式会议后对印尼进行了国事访问。1999年12月，印尼总统瓦希德应邀对中国进行国事访问，双方发表了联合新闻公报。2001年11月中国总理朱镕基访问印尼和2002年3月印尼总统梅加瓦蒂访华，在促进21世纪的中国印尼好友合作关系方面起到了重要作用。与此同时，两国之间的经贸合作关系也在1990年复交之后走上了快速发展的道路，1991—2000年双边贸易额的年均增长率达14.7%[1]。复交当年双方的贸易总额仅为11.8亿美元，2000年则高达74.64亿美元[2]。

新加坡是东南亚国家中与中国建交最晚的一个。1990年8月李鹏访问新加坡，加快了中国和新加坡两国建交进程。同年10月3日，双方正式建立外交关系。建交后的中新关系发展迅速，高层政治往来频繁。1990年10月，新加坡总理李光耀对中国进行友好访问，1993年4月，新加坡总

---

[1] 林梅：《中国与印尼经济关系：回顾与展望》，《南洋问题研究》2003年第4期。

[2] 《资料：中国与印度尼西亚的关系》，《人民日报》2001年11月3日。

统吴作栋访华；1994年11月，中国国家主席江泽民访问新加坡，1995年12月，全国政协主席李瑞环访问新加坡。同年，两国外交部建立起磋商机制。1997年4月，新加坡总统吴作栋再次访华；1997年8月，中国总理李鹏访问新加坡。2000年4月，两国政府在北京发表了面向21世纪的《中华人民共和国政府和新加坡共和国政府关于双边合作的联合声明》。此外，中新两国在经贸、航空、文化教育等方面合作不断加强。自建交以来，两国经贸关系发展迅速，1997年中国同新加坡的贸易总额为87.8亿美元，比1996年增长19.5%[①]。1997年李鹏访问新加坡时，中新两国共同签署航空合作谅解备忘录，加强两国在航空领域方面的合作。2000年，两国贸易额突破100亿美元。

中国与文莱于1991年9月30日宣布正式建立外交关系，从此，两国友好合作关系不断加强与发展。政治上，两国高层互访频繁，政治互信加强。1992年，中国国务委员兼外交部部长钱其琛访问文莱；1993年，文莱外交大臣穆罕默德·博尔基亚亲王、国家元首苏丹哈吉·哈桑纳尔·博尔基亚先后访华。同年，文莱政府取消公民访华的限制，两国正式通航，并签署《民用航空运输协定》，两国外交部建立定期磋商制度。1999年8月，苏丹哈吉·哈桑纳尔·博尔基亚再次访华，访问期间，双方共同签署了《中华人民共和国和文莱达鲁萨兰国联合公报》《文化合作谅解备忘录》等文件。2000年11月，江泽民访问文莱，这是中国国家最高领导人首次访问文莱，访问期间，江泽民主席同文莱苏丹就如何发扬两国人民之间的传统友谊，推动两国关系全面发展深入交换了意见。在经贸合作方面，1991年双方建交时，两国的贸易额仅有1300万美元，但在两国政府的积极努力之下，一系列经贸合作协议相继签订，到2000年，中国与文莱的贸易额已达到7400万美元[②]。

中越、中老、中柬关系实现正常化并进入全面发展的新阶段。

① 张历历：《当代中国外交简史》，上海人民出版社2015年版，第299页。
② 马金案编：《文莱经济社会地理》，世界图书广东出版公司2014年版，第126页。

中越关系从1990年开始朝着正常化的方向发展。1990年9月，越南政府副总理武元甲出席北京亚运会开幕式，李鹏总理会见武元甲。1991年11月，越共中央总书记杜梅访华并与中国领导人会晤，标志着中越关系实现正常化。1992年11月，中国总理李鹏访问越南，这是自1971年周恩来总理访越以来中国总理首次访问越南。此次访问取得了诸多成果，主要体现在双方签署了促进经济、贸易、科技和文化方面合作的协定。1993年10月，双方在河内正式签署关于解决边界领土问题的基本原则协议。同年11月，越南国家主席黎德英访华，这是1955年以来，越南国家元首首次访华。1994年11月，中国国家主席江泽民访越，双方签署并发表《中越联合公报》。1998年，越共中央书记黎可漂对中国进行友好访问，此后，中越友好合作关系稳健地迈入21世纪。

1989年10月，老挝部长会议主席凯山访华，实现了两国关系的正常化。1990年12月，中国总理李鹏访问老挝，这是中国国家领导人首次访问老挝。1991年9月，老挝总理坎代·西潘敦访华，代表老挝政府与中国政府共同签署"中老边界条约"，标志着历史遗留下来的中老边界问题得以圆满解决，使中老边界成为一条明晰、和平、友好的边界。其后，两国领导人互访更加频繁，经贸联系不断加强。2000年，中国国家主席江泽民与老挝国家主席坎代·西潘敦实现历史性互访，中老双方就建立长期稳定、彼此信赖的睦邻友好合作关系达成了共识，签署了双边合作的《联合声明》，为中老两国友好合作关系的进一步发展打下了坚实的基础。

进入20世纪90年代以后，中柬友好合作关系进入一个新阶段。中国领导人江泽民、李鹏、朱镕基、李瑞环相继访问柬埔寨，柬埔寨西哈莫尼国王、西哈努克太皇、参议院主席谢辛、国会前任主席拉纳烈、政府首相洪森等分别访华。双方不断努力，扩展经贸合作。1996年，两国政府共同签署了《贸易协定》和《投资保护协定》。1999年，两国政府共同签署了《中柬经济技术合作协定》《中国政府向柬政府提供优惠贷款框架协

议》。2000年11月,中国国家主席江泽民访柬,两国领导人就双边关系和共同关心的问题达成了广泛共识,双方签署了《中柬关于双边合作的联合声明》《中柬关于成立经济贸易合作委员会协定》《中柬经济贸易协定》等文件。《联合声明》中指出:"双方认为,深深植根于两国和两国人民之间、不断发展的中柬传统友谊应该世代传承下去。在新世纪的开端,双方决心发展更密切的双边关系,并为各自的社会经济发展提供更大的机会。"①

四、1989年至2002年的中国与发展中国家关系

加强同亚非拉广大发展中国家的团结合作,一直是中国独立自主的和平外交之基本立足点。20世纪90年代至21世纪初,作为世界上最大的发展中国家,中国全面加强同亚非拉广大发展中国家的友好关系,深化传统友谊,扩大互利合作,通过援助和投资等方式,真诚帮助发展中国家实现自主发展,维护发展中国家正当权益和共同利益。

(一) 与非洲国家关系

中非友谊源远流长,基础坚实。从新中国建立初期开始,中国政府和中国人民就把支持非洲国家争取和维护民族独立斗争和增进同非洲人民友好、团结、合作关系,作为一项长期的基本国策。几十年来,中非友好合作关系经历了冷战时代和20世纪90年代国际局势风云突变的严峻考验,历久弥坚。江泽民指出:"中国一贯珍视同非洲国家之间存在的深厚传统友谊,发展同非洲国家的友好合作关系是我们对外政策的重

---

① 《中华人民共和国和柬埔寨王国关于双边合作框架的联合声明》,《人民日报》2000年11月14日。

要组成部分。在国际事务中，中国十分重视同非洲国家的合作。"①

20世纪90年代至21世纪初，中非政治关系稳定发展，高层交往密切。1990年10月，非洲统一组织秘书长萨利姆·艾哈迈德·萨利姆对中国进行国事访问，在与中国领导人的会谈中，他指出：中国与非洲国家之间的友好合作关系是国际社会的一个成功榜样。1991年7月，中共中央政治局常委、书记处书记李瑞环率团出访非洲四国，在与非洲各国领导人的会谈中明确指出："中国人民和非洲各国人民是最可靠、最可信赖的朋友和兄弟，无论国际形势发生什么变化，中国人民将永远支持非洲人民为和平与发展所做的一切努力。"②1992年1月，中国国务委员兼外交部长钱其琛出访非洲六国，在纳米比亚，钱其琛全面阐述了中国的对非政策，他强调指出："加强同非洲国家和其它第三世界国家的团结合作是中国外交政策的基本立足点。"③1992年6月，中国国家主席杨尚昆访问摩洛哥、突尼斯和科特迪瓦非洲三国，这是中国国家主席第一次访问上述三国。在与上述三国领导人的会谈中，杨尚昆指出：中国支持非洲的发展，不管国际形势如何变化，中国同非洲国家团结合作的立场不会改变。其后，在中国领导人的一系列出访活动中，都多次重申：加强同非洲国家和其他发展中国家的团结与合作，是中国外交政策的基本立足点。1996年5月，中国国家主席江泽民访问肯尼亚共和国、埃塞俄比亚联邦民主共和国、阿拉伯埃及共和国、马里共和国、纳米比亚共和国和津巴布韦共和国六国，这是中国国家最高领导人首次出访非洲，对中非双方意义重大。江泽民此次访问非洲期间，在非洲统一组织发表了重要演讲，郑重宣布：中国愿在和平共处五项原

---

① 《江主席会见梅莱斯总理　强调中国一贯珍视同非洲国家间的深厚传统友谊》，《人民日报》1995年11月1日。

② 《中共代表团与塞社会党代表团会谈　迪昂说塞内加尔十分重视发展同中国关系　李瑞环说非洲定能实现和平稳定繁荣昌盛》，《人民日报》1991年7月12日。

③ 《就国际形势以及中国对非洲政策问题　钱外长在纳米比亚发表演讲》，《人民日报》1992年1月24日。

则的基础上，巩固和发展同非洲各国面向21世纪的长期稳定、全面合作的国家关系，并提出了五点原则主张。同时，江泽民此次访问非洲期间，中国政府还与非洲六国政府分别签署了有关经济技术合作等方面的协定、协议、意向书和备忘录共23个，将中非之间悠久的传统友谊和密切的政治关系推向了新的高峰。同一时期，非洲纳米比亚总理根哥布（1991年8月）、摩洛哥王储西迪·穆罕默德（1991年）、坦桑尼亚副总理兼内政部长姆雷玛（1993年3月）、赞比亚总统弗雷德里克·奇卢巴（1993年10月）、马里共和国总理凯塔（1994年8月）、埃塞俄比亚总理梅莱斯（1995年11月）等非洲国家领导人先后访华。中非领导人之间的频繁互访，进一步加深了中非双方的政治互信。

20世纪90年代，非洲各国政治、经济的发展已经进入一个新的时期，中非合作，特别是经济合作的方式也适应时势，顺应潮流，进行了必要的改革和调整。1995年7月，朱镕基访非后提出了四点具体推进中非合作的建议。在此一背景下，20世纪90年代中后期，中非贸易合作发展迅速，中国与非洲国家在经济领域的合作不断取得新成果。中国向许多非洲国家提供了无息贷款和各种捐赠，完成了数百个建设项目。同时，中国与非洲国家之间还在平等互利的基础上开展了合资合营和劳务技术承包等新的合作形式。在中非双方的共同努力和积极推动下，中非贸易发展迅速。1990年中非贸易总额为9.35亿美元，1996年达到40.31亿美元，为1990年的4.3倍[①]。1999年中非贸易总额为49.5亿美元，2000年增至106亿美元。截至1997年7月，中国与非洲签订的劳务承包合同共有6479项，合同金额达89亿美元，在非洲工作的中国劳务承包人员共有2.2万。为了进一步促进中非经贸合作，2000年10月，中非合作论坛第一届部长级会议在北京召开，通过了《中非合作论坛北京宣言》和《中非经济和社会发展合作纲领》，成为中非在21世纪开展平等

---

① 《非洲经济复苏及机遇》，《人民日报》1997年7月16日。

互利合作的行动指南。

（二）与拉美国家关系

中国历来重视发展和加强与拉美各国之间的友好合作关系。20世纪90年代至21世纪初，中国同拉美各国在政治、经贸、文化和科技合作等方面互相支持、互相促进。江泽民代表中国政府多次明确指出：中拉友好合作关系发展的方向是——增进理解，平等相待，成为彼此信赖的朋友；加强磋商，相互支持，在国际上维护中拉正当权益；互利互惠，共同发展，努力扩大经贸合作；面向未来，着眼长远，建立广泛全面的合作关系。

1990年5月，中国国家主席杨尚昆对墨西哥、巴西、乌拉圭、阿根廷和智利进行了国事访问。这是中国国家元首对拉美国家的首次访问。此后，中拉友好往来增多，高层互访频繁。1993年11月，中国国家主席江泽民访问巴西和古巴，此次访问是江泽民担任中国国家主席以后的首次出访，充分体现了中国对发展同拉美国家友好合作关系的高度重视。在此次访问期间，中国与拉美国家领导人都共同表示，要着眼于21世纪，以战略的眼光来看待中国与拉美国家之间的友好合作，建立长期、稳定、互利的互利合作关系。

从1996年至2000年，先后有八个拉美发展中国家的总统、三个国家的总督、三个国家的总理对中国进行友好访问。2001年4月，江泽民访问拉美六国，并代表中国政府和中国人民郑重表示：中国愿同拉美各国共同努力，推动中拉在新世纪建立和发展长期稳定、平等互利的全面合作关系。他表示坚信："二十一世纪将成为中国和拉美各国携手合作的世纪，成为中国人民和拉美人民共创美好未来的世纪。"[①]其后，中国与拉美各国之间的政治磋商进一步制度化，双边沟通机制不断完善。

---

① 《江泽民主席发表演讲》，《人民日报》2001年4月7日。

20世纪90年代，中国与拉美国家之间的经贸合作发展迅速。1990年双边贸易仅为23亿美元，1992年双边贸易额已近30亿美元。其中中国进口近19亿美元，比上一年增长21.5%，出口将近11亿美元，比上一年增长35.3%。从中国进口超过1亿美元的拉美国家1991年只有古巴，1992年除古巴外，还有墨西哥、巴拿马、智利和阿根廷[①]。1993年双边贸易额达37亿美元。截至1993年7月，中国已在拉美17个国家和地区共建立生产性或非生产性合资、独资企业80余家。1995年，中拉贸易额已达61.14亿美元，比1994年增长了30%[②]。2000年中国与拉美国家的双边贸易额增长至125.95亿美元[③]。

（三）与中东国家关系

中东属于全球热点地区和多种矛盾交织的地区，中国政府向来重视与中东和海湾国家的友好合作关系。进入20世纪90年代以后，中国与中东地区的所有国家都建立了外交关系，双方在各领域的交流与合作全面推进。

加强与中东国家之间的政治互信、深化政治磋商和协商机制。1991年7月，中国总理李鹏访问埃及、约旦、伊朗、沙特阿拉伯、叙利亚和科威特六个中东和海湾国家，这是中国政府为加强同发展中国家的团结与合作而采取的一个重大外交行动。1991年8月，埃及对外关系副总理加利博士访华，中埃双方进一步就中东形势交换意见和看法。1991年12月，巴勒斯坦国总统亚西尔·阿拉法特访华，中国国家主席杨尚昆主席在与其会谈时再次明确表态：中国政府将一如既往，继续为推动中东和平进程，寻求巴勒斯坦和中东问题公正合理解决作出自己的努力。1993年

---

① 《中国对拉美出口创纪录》，《人民日报》1993年2月21日。

② 《中拉合作意义深远大有可为——朱镕基谈拉美三国之行的成果》，《人民日报》1996年2月7日。

③ 秦建中、贺可栋主编：《当代世界经济与政治》，郑州大学出版社2011年版，第171页。

5月，阿拉伯国家联盟秘书长艾哈迈德·伊斯马特·阿卜杜勒—马吉德访华，双方就中东问题的和平解决交换了看法。同时，为进一步加强阿盟与中国之间的合作、促进双方进一步的了解和相互信任，阿盟决定在中国设立代表处。1996年5月，中国国家主席江泽民访问埃及，中埃双方领导人一致认为，中埃作为世界上有影响的大国，应该考虑如何进一步加强两国友好合作关系。加强中埃友好，不仅将进一步造福于两国人民，而且将推动"南南合作"，为发展中国家建立富有成效的平等合作关系起到典范作用，从而将有力地促进人类的共同发展和进步。1997年12月，中国国务院副总理钱其琛出访中东，就推动中东和平进程进一步阐明中国的主张。

重视以色列在中东问题和平解决上的地位和作用。以色列是中东地区一个重要的国家，1992年1月24日，中国与以色列发表《中华人民共和国与以色列国建立大使级外交关系联合公报》，标志着两国正式外交关系的建立。自建交以来至21世纪初，中以两国在各个领域都开展了卓有成效的合作。首先是两国建交以来，双方高层互访明显增多。双方建交当日，代表以色列政府前来签署联合公报的以色列副总理兼外交部长戴维·利维就对中国进行了友好访问，双方就双边关系、经贸合作、国际问题以及人们关注的中东问题交换了意见。1992年9月，中国国务委员兼外交部长钱其琛访问以色列，这是中以建交以来中国政府高级官员首次访以。访问期间，中方对以色列新政府采取的一些灵活政策和态度表示欢迎，同时希望它为实现中东和平做出更大的努力。其后，两国领导人互访频繁，对中以两国关系的友好发展起到了重要推动作用。此一时期，两国经贸合作关系加速推进。1992年10月，双方签署两国政府间贸易协议。1993年，中以签订农业部谅解备忘录。1994年6月，两国签署旅游合作协议。1997年，双方正式成立"中以农业联合委员会"，两国在农业领域的合作不断展开。同时，双方还签署了避免双重征税、投资保护等协议，进一步促进了两国间的经贸合作。2000年4月，中以两国共同签署

《中华人民共和国政府和以色列政府在工业技术研究及开发领域合作框架协议》，开启中以经贸合作的新局面。

注重发展与海湾国家的政治、经贸关系。20世纪90年代至21世纪初，中国与海湾国家政治关系紧密，双边贸易突飞猛进。20世纪80年代海湾合作委员会成立以来，海湾国家联合自强，共同担负起维护海湾安全与稳定的责任，中国政府对此表示支持。1991年4月，阿联酋联邦最高委员会成员、富查伊拉酋长国酋长哈马德在接见中国驻阿联酋大使黄振时指出："维护海湾地区的安全和稳定，只有依靠海湾国家自己的力量才是可靠和有保障的。"[1]同时，希望同中国进一步进行友好合作。同年5月，阿联酋领导人苏尔坦访华，进一步加强同中国的友好关系。1993年6月，中国国务院副总理李岚清访问海湾国家。为了促进双方经贸合作，1992年10月，中国与阿拉伯海湾国家举行工业经济合作研讨会，共同交流各自的经济发展和贸易情况，介绍投资环境与需求，并进行业务洽谈。据统计，1992年中国对海湾合作委员会的出口达8.4亿美元，进口为5.4亿美元[2]。1993年这一数据增长到22亿美元。在双方的共同努力下，2000年，双边贸易额已经超过100亿美元。

中国与中东地区的经贸合作取得新突破，开创了新局面。中东是世界上石油储量最大、生产和输出石油最多的地区，中国与中东国家经济结构不同，双边贸易互补性较强，合作前景广阔。但是由于该地区常年战争不断，影响了中国与中东各国的经贸合作。20世纪90年代初，双方贸易额仅为20多亿美元。1992年5月，在布鲁塞尔召开的中东问题多边会谈关于"地区经济发展"问题的分组会议上，中国提出了与中东国家谋求共同繁荣而加强合作的7点建议。其后，在双方的共同努力下，中国与中

① 《阿联酋领导人接见我大使　希望同中国进一步友好合作　强调海湾国家应依靠自己力量维护安全》，《人民日报》1991年4月29日。
② 《阿联酋〈海湾报〉发表文章　呼吁海湾国家加强同中国合作》，《人民日报》1993年6月24日。

124

东国家之间的经贸合作逐步发展。1999年中国与中东国家的双边贸易额为105.8519亿美元，其中中国出口为67.1285亿美元，占63.42%，进口为38.7234亿美元，占36.58%。双边贸易总额排名前三的国家分别是沙特阿拉伯、阿拉伯联合酋长国、埃及[①]。2001年，中国与中东地区的双边贸易额达到203.2445亿美元。

五、1989年至2002年的中国多边外交

20世纪90年代至21世纪初，中国的多边外交进入一个全面发展的新阶段，中国在国际事务中独特的建设性作用日益凸现，中国通过多边外交在维护世界和平、调解地区冲突中做出了建设性的努力，为促进全球发展、加强"南北对话"和"南南合作"作出了突出贡献。同时，中国进一步融入国际社会、国际关系体系中。此一时期，中国的多边外交呈现出新中国成立以来最活跃的局面，呈现出全方位、多层次、宽领域的发展态势，不仅极大地改善和提升了中国在国际社会、国际关系体系中的地位、形象和影响力，而且直接推动了中国改革开放和社会主义现代化建设事业的全面发展。

（一）中国在联合国及其附属机构中的地位、作用、影响力

20世纪90年代至21世纪初，中国作为联合国安理会常任理事国，积极参与联合国事务，开展多边外交，进一步扩大了中国的国际影响。中国在联合国改革、地区冲突、维和、裁军、军控、环保等问题上均发挥了建设性作用。

在联合国改革方面。1997年被称为联合国"改革之年"，中国代表团

---

① 何兰主编：《冷战后中国对外关系》，中国传媒大学出版社2005年版，第275页。

与广大发展中国家的代表一道，积极参与有关改革问题的磋商和审议，推动了改革进程。在关键的安理会改革问题上，中国主张安理会应当扩大，应当遵循地域公平的原则，确保发展中国家与发达国家之间的适当平衡，以使安理会更有效地履行维护国际和平与安全的责任。中国的这一合理主张被广大会员接受，而主张先吸收某些发达国家成为安理会会员的所谓"快速解决方案"则被拒绝。

在解决地区冲突、裁军和军控方面。中国为推动地区冲突和国际争端的政治解决作出了积极的努力，积极参与国际人权领域和国际裁军领域的活动。中国反对动辄采取制裁和使用武力的立场，得到绝大多数国家的理解和赞同。仅1998年一年，中国积极、充分地参与安理会30多项议题的审议，主张通过和平谈判解决争端。中国积极参与由联合国出面主持的和平调解国际争端和地区冲突的活动。为维护世界和平与安全，中国与其他安理会常任理事国就不扩散大规模杀伤性武器及常规武器转让问题达成了一些原则协议。1992年3月，中国正式加入《不扩散核武器条约》，并为缔结《关于禁止发展、生产、储存和使用化学武器及销毁此种武器的公约》作出了积极贡献。1996年以积极的态度参加《全面禁止核试验条约》谈判，并成为首批签字国之一。在裁军和军控问题上，中国提出"公正、合理、全面、均衡"的原则，反映了绝大多数国家尤其是广大发展中国家的愿望。在人权问题领域，中国倡导在平等和相互尊重基础上开展对话和合作，反对利用人权干涉别国内政，这一立场代表了广大发展中国家的意愿并在国际上赢得了广泛的支持。20世纪90年代，中国已连续多次挫败少数西方国家在日内瓦人权会议上提出的反华议案。

在联合国维和方面。中国积极参与联合国维和行动。1990年以后，中国先后向柬埔寨、黎巴嫩、利比里亚、科特迪瓦、民主刚果、伊拉克与科威特边界、苏丹等维护行动任务区派出军事观察员、医疗分队、工兵分队和运输分队。1992年联合国召开了安理会关于"维和"问题的第一次首脑会议，会议强调"联合国在维护国际和平与安全中负有重要责任"。在会议上，时任联合国秘书长的加利提出了关于加强联合国维和行动的《和平纲领》报告，提出了新的维和理念。中国积极践行联合国维和理念，并明确提出："在联合国维和行动的数量和任务范围不断扩大的形势下，强调尊重国家主权和不干涉成员国内政这一联合国宪章基本原则具有十分重大的现实意义。"[1]为联合国维和行动作出了重要贡献，是维护世界和平的重要力量。

在联合国环境保护方面。进入20世纪90年代，联合国不断呼吁各国保护生态环境。1990年1月，时任联合国秘书长的德奎利亚尔在环境与发展全球论坛会议上呼吁："今天考虑的不是一个国家和一个地区的问题，而是人类和整个地球未来的问题。"[2]中国政府积极响应，并在其中发挥了重要作用。1992年6月，中国总理李鹏参加了在里约热内卢召开的联合国环发大会并阐述了中国政府的立场与主张。

同时，中国更加全面、深入地参与并大力推进以联合国为重点的国际组织的多边活动，积极参与联合国及其附属机构改革的活动，中国积极参与联合国及其专门机构发起的一系列旨在促进"南北对话"、加强"南南合作"的活动。

（二）中国在主要国际经济组织中的地位、作用、影响力

进入20世纪90年代以后，中国外交主动顺应世界潮流的发展变化，在多边外交舞台上积极参与、日趋活跃。经过多年的外交谈判，2001年11月，中国正式加入世界贸易组织。

世界贸易组织（WTO）成立于1995年1月1日，是当今世界上最重要的

---

[1] 《钱其琛在联大发表重要讲话　阐述中国政府对国际形势、联合国机构改革、裁军和军控等问题的立场和主张》，《人民日报》1993年9月30日。

[2] 《联合国秘书长在环境与发展会议致词　呼吁各国保护生态环境》，《人民日报》1990年1月17日。

国际经济组织之一，其前身是1948年成立的关贸总协定（GATT）。中国曾是关贸总协定的创始缔约国。不过新中国成立以后，由于内部和外部的原因，没有继续参加关贸总协定。进入改革开放和社会主义现代化建设新时期以后，随着全面对外开放进程的不断推进，尤其是在全球经济一体化趋势日益加强的大背景下，促使中国共产党和中国政府重新决定申请恢复关贸总协定缔约国的地位，并于1986年7月提出了"复关"申请。1987年3月，关贸总协定成立了工作小组，专门负责处理中国"复关"申请案。但最初的谈判在经济体制等方面遇到了很大阻碍，直到1992年中国确立了社会主义市场经济体制的目标后，"复关"谈判才进入了实质性阶段，即开放市场阶段。1993年11月，中国国家主席江泽民在第一次参加在美国西雅图举行的亚太经合组织领导人非正式会议时，提出了中国"复关"的三项原则：第一，关贸总协定是一个国际性组织，如果没有中国这样最大的发展中国家参加是不完整的；第二，中国将作为一个发展中国家参加；第三，中国的参加以权力和义务的平衡为原则①。在坚持这三项原则的基础上，中国政府为"复关"做出了积极努力，在外贸、外汇、税制等方面推出了一系列重大的改革措施，扩大对外开放程度，提高对外开放水平。1995年6月3日，中国成为世界贸易组织观察员。同年7月，中国的"复关"谈判转为"入世"谈判。1997年、1998年中美两国首脑实现互访后，双边谈判出现转机。1999年4月，中国总理朱镕基访美，但中美双方未能达成全面协议。11月15日，中美两国终于签署了关于加入世界贸易组织的双边协议，中国的"入世"进程取得了突破性和决定性的进展。2001年12月11日起中国成为世界贸易组织的正式成员。

中国成功加入了世界贸易组织后，中国的对外开放进入了新的发展阶段，由有限范围和领域内的开放，转变为全方位的对外开放；由以试点为特征的政策主导下的开放，转变为法律框架下可预见的开放；由单方

---

① 《顺应世界经济的新趋势》，《解放军报》2001年11月14日。

面为主的自我开放,转变为与世界贸易组织成员之间的相互开放。随着对外开放的扩大,中国经济发展的空间进一步拓展,世界各国在中国扩大开放中获得新的发展机遇。

此外,中国作为国际货币基金组织、世界银行等国际经济组织中的重要一员,在其中积极工作,为世界和平与发展履行自己的义务,作出了自己的贡献。1992年随着中国改革开放的进一步发展,中国经济进一步与世界经济相结合,在同年4月的国际货币基金组织第38届临时委员会会议上,中国政府代表广大发展中国家提出合理需求,指出,现有发展中国家成员和新成员国对基金组织资金需求的增加将使基金组织面临新挑战,希望基金组织能够充分考虑广大发展中国家的需要。1992年9月,中国派代表参加国际货币基金组织和世界银行第47届年会,1994年10月,中国国务院副总理兼中国人民银行行长朱镕基出席了国际货币基金组织和世界银行第49届年会,朱镕基在发言中阐述了中国对国际经济的看法,介绍了中国改革开放和经济发展的情况。1996年,中国接受国际货币基金组织协定第八条款义务,从12月1日起,实行人民币经常项目可兑换。1997年9月,国际货币基金组织和世界银行第52届年会在香港举行,这是香港回归后举办的第一个国际性会议,意义重大。朱镕基发表讲话并分别会见了世界银行行长沃尔芬森和国际货币基金组织总裁康德苏。在会议发言中,朱镕基代表中国政府承诺,从1997年10月1日起,大幅度降低进出口商品关税税率,是中国根据深化改革、扩大开放的进程,以及经济发展的需要做出的,是逐步开放市场的重要步骤。中国还承诺到本世纪末,将关税率降低到发展中国家的平均水平。中国还将对符合条件的外商投资项目的设备进口重新实行一定的优惠政策。

(三) 中国在主要国际区域组织中的地位、作用、影响力

二十国集团(G20),是一个国际经济合作论坛,于1999年9月25日由八国集团(G8)的财长在华盛顿宣布成立,属于布雷顿森林体系框架内

非正式对话的一种机制，由原八国集团以及其余12个重要经济体组成。二十国集团的成员包括：八国集团成员国美国、日本、德国、法国、英国、意大利、加拿大、俄罗斯，作为一个实体的欧盟以及中国、阿根廷、澳大利亚、巴西、印度、印度尼西亚、墨西哥、沙特阿拉伯、南非、韩国和土耳其。这些国家的国民生产总值约占全世界的85%，人口则将近世界总人口的2/3。1999年12月在德国召开了二十国集团创始会议，中国财政部长项怀诚率中国代表团参加了会议。项怀诚部长在16日的会议上发言，就防止国际经济危机等问题阐述了中国政府的主张。之后，中国支持和积极参与二十国集团的活动，并支持国际货币基金组织进行改革，为建立新的国际货币与金融体制作出自己的贡献。2000年二十国集团第二次会议在加拿大蒙特利尔市举行、2001年二十国集团第三次会议在加拿大渥太华举行，中国均派代表参加。二十国集团第三次会议结束之际，与会者共同发表了《二十国集团第三次部长级会议联合声明》和《二十国集团关于打击恐怖主义融资活动的行动计划》。这是二十国集团自1999年底成立以来，第一次发表联合声明，展示各成员对根除恐怖主义的决心和行动，说明各成员对这次二十国集团会议的重视，同时也表明了二十国集团在合作解决发达国家和发展中国家共同关注的问题方面，正在发挥越来越重要的作用。

　　亚太经济合作组织（APEC），前身是1989年11月5日至7日举行的亚太经济合作会议首届部长级会议。1993年6月改名为亚太经济合作组织。1991年11月，中国以主权国家身份，中华台北和香港（1997年7月1日起改为"中国香港"）以地区经济体名义正式加入亚太经济合作组织。1993年11月，江泽民在第一次参加在美国西雅图举行的亚太经合组织领导人非正式会议，并提出"把一个什么样的世界带到二十一世纪，是我们这一代领导人必须认真思考和解决的重大问题"。1996年11月24日，江泽民出席亚太经合组织第四次领导人非正式会议。2001年10月，亚太经合组织第九次领导人非正式会议在中国上海举办，这是APEC会议首次在中国举行。江泽民发表的重要讲话中明确指出："只有使国际社会的广大成员都受益，经济全球化才能顺利地推进，世界经济才能持续稳定地发展。只有各成员和社会各界广泛参与，新经济才能充分发挥潜能。"①此次会议形成的《北京倡议》，确立了政府、教育学术界、工商界之间的三方伙伴关系。这不仅是对人力资源能力建设的有益探索，而且对在更广泛的领域开展经济技术合作也有借鉴意义。2002年10月，江泽民出席第十次亚太经合组织领导人非正式会议，在发表的重要讲话中就亚太经合组织如何顺应时代潮流、发挥自身优势、开展广泛合作，提出了三点主张：第一，实现全球和地区经济的稳定和增长是摆在我们面前的重要任务；第二，要坚定地支持建设开放的全球多边贸易体制，积极推进世界贸易组织新一轮谈判。第三，要加强反恐合作，为本地区的发展和繁荣创造和平与安全的环境②。并用实际行动支持本次领导人非正式会议再发表一份《反恐声明》，进一步表明中国政府反对恐怖主义的决心和承诺。

（四）中国在中国主导的国际区域组织中的地位、作用、影响力

上海合作组织于2001年6月15日在上海成立，是第一个以中国城市命名的政府间国际组织。上海合作组织的前身是"上海五国"会晤机制。20世纪90年代末，随着国际大环境和本地区内局势的发展演变，"上海五国"领导人一致认为，已有的会晤机制已不能适应地区与多边合作的需要，建立一个正式的地区性国际合作组织的问题开始提上议事日程。

2001年7月，"上海五国"成立后的第六次国家元首会议再次于上海

---

① 江泽民：《加强合作，共同迎接新世纪的新挑战——在亚太经合组织第九次领导人非正式会议上的讲话》，《人民日报》2001年10月22日。

② 《在亚太经合组织第十次领导人非正式会议上 江泽民主席发表重要讲话》，《人民日报》2002年10月28日。

举行,"上海五国"正式升级为上海合作组织,乌兹别克斯坦作为六个平等的成员国的一员加入了这一合作机制。在这次会议上,中、俄、哈、吉、塔、乌六国共同签署了《上海合作组织成立宣言》,将"上海五国"时期开始倡导的平等的国家关系、合作的安全形式、互利的协作目的等地区合作构想,提炼、浓缩为著名的"上海精神"——"互信互利、平等协商,尊重多样文明,谋求共同发展"。六国领导人还共同签署了《打击恐怖主义、分裂主义和极端主义上海公约》,突出安全先行、合作反恐的政治安全合作主题,对"恐怖主义""分裂主义"和"极端主义"等概念均做了明确的法律界定,并使地区合作机制中安全合作在目的、任务、程序等内容上首先规范起来,《上海公约》并规定了有关合作的具体方式和程序,标志着上海合作组织机制化和法制化时期的开始。2002年6月,上海合作组织在俄罗斯圣彼得堡举行的第二次元首会议上,又签署了《上海合作组织宪章》,向正式的国际性地区合作组织的机制化目标迈出了关键的一步。同时,此次会议还决定将建立上海合作组织秘书处和地区反恐机构,从组织基本法规和组织常设机构两个方面将上海合作组织机制建设引入实质性阶段。在2003年的上海合作组织俄罗斯莫斯科举行的第三次元首会议上,与会领导人共同签署了会议宣言及其他一些保障和推动组织机制化的文件,正式启动了上海合作组织秘书处和反恐机构的组建进程,并于2004年初正式开展工作。自此,上海合作组织成为一个真正意义上的国际合作组织。2004年1月15日,上海合作组织秘书处成立仪式在北京隆重举行,东道国有关领导人、六国外长、协调员、一些国际组织代表及部分驻华使节应邀出席,共同见证了这一历史性时刻。秘书处的成立,标志着上海合作组织的初创阶段正式宣告结束。上海合作组织从此进入一个全新的发展时期。上海合作组织作为一个成熟、自信的地区力量,正在大踏步地登上国际舞台。

上海合作组织的多边外交机制"首倡了以相互信任、裁军与合作安全为内涵的新型安全观,丰富了由中俄两国创始的以结伴而不结盟为核心的新型国家关系,提供了以大小国共同倡导、安全先行、互利协作为特征的新型区域合作模式",培育和传播了"互信互利、平等协商,尊重多样文明,谋求共同发展的'上海精神'"①,对于维护地区稳定与国际安全意义非凡。尤其需要特别指出的是,自"上海五国"至"上海合作组织"所创造出来的"新型的国家关系准则"——"上海模式""上海精神"——"互信互利、平等协商,尊重多样文明,谋求共同发展",得到了国际社会的广泛赞誉,被认为是新中国继"和平共处五项原则""三个世界"划分理论以后,对于国际关系理论与实践发展的又一大"创新性"贡献,对于建立公正、合理的国际政治经济新秩序和推动国际关系民主化进程,具有积极的示范和借鉴意义。

面对国际形势的深刻变化,面对经济全球化趋势所引发的世界性经济结构调整步伐加快,知识经济兴起和国际竞争日益激烈的新形势,亚洲人民逐步形成了要和平、求发展、促合作的共识。博鳌亚洲论坛就是在这样的背景之下成立的。博鳌亚洲论坛,又称为亚洲论坛、亚洲博鳌论坛,由25个亚洲国家和澳大利亚发起,于2001年2月27日在海南省琼海市博鳌镇召开大会,正式宣布成立。论坛为非官方、非营利性、定期的国际组织,为政府、企业及专家学者等提供一个共商经济、社会、环境及其他相关问题的高层对话平台,博鳌为论坛总部的永久所在地。2002年4月12日至13日,博鳌亚洲论坛在博鳌举行首届年会,主题是"新世纪、新挑战、新亚洲——亚洲经济合作与发展"。中国总理朱镕基与泰国总理他信、日本首相小泉纯一郎、韩国总理李汉东,以及来自中国、日本、韩国、泰国等48个国家和地区的政府官员、专家学者和企业界人士来到了博鳌,在美丽的万泉河畔共同发出加强区域合作、携手创造新世纪亚洲美好未来的呼声。亚洲需要发展,但发展,对亚洲而言任重而道远,这是此次与会人士的共识。

---

① 《深化团结协作　共创美好未来》(2001年6月15日),《江泽民文选》第3卷,人民出版社2006年版,第257—258页。

　　此外，中国更加全面、深入地参与并大力推进区域组织、次区域组织所开展的多边活动，积极参与创建并大力推进东亚首脑会议、中国与东盟"10+1"和中日韩与东盟"10+3"定期会晤机制、亚欧首脑会议、中欧首脑定期会晤机制、亚非首脑会议、中非首脑定期会晤机制等的多边外交进程，积极参与并大力推进中国与各区域组织和次区域组织的合作进程；中国还越来越重视有效利用由中国主办的以各种国际会议为载体的多种形式的多边合作机制，如1995年在北京举办的第四次世界妇女大会、2000年在北京举办的中非合作论坛第一届部长级会议、1996年在上海举办的上海五国第一次首脑会议等。

第三章

『统筹国内国际两个大局』
——中国外交的『大发展』

（2002~2012）

进入新世纪新阶段（2002年至2012年）以后，中国独立自主的和平外交所面临的形势和任务发生了深刻变化。国际格局处于进一步的大变革和大调整之中，世界多极化和经济全球化的趋势在曲折中向前发展，求和平、谋发展、促合作已经成为不可阻挡的时代潮流。与此同时，世界和平与发展面临诸多难题和挑战。针对国际形势和外部环境发展演变的新情况新问题，以胡锦涛为总书记的中央领导集体，全面"统筹国内国际两个大局"，以"和平发展"和"和谐世界"等外交新理念新思想新战略为指引，高举和平、发展、合作的旗帜，坚持独立自主的和平外交政策，按照"大国是关键、周边是首要、发展中国家是基础、多边是重要舞台"的外交总体布局，全方位开展对外工作，在外交工作中取得一系列重要进展，促进了中国外交工作的"大发展"。

一、2002年至2012年中国外交的新理念新思想新战略

2002年至2012年，以胡锦涛为总书记的中央领导集体直面内外部环境"机遇前所未有，挑战也前所未有，机遇大于挑战"的新形势，从"共同分享发展机遇，共同应对各种挑战"的指导思想出发，全面、系统地提出了中国外交在新世纪新阶段以走"和平发展道路"和构建"和谐世

界"为基本内容和主要特征的新理念新思想新战略，为中国独立自主和平外交的"大发展"指明了前进方向。

（一）促进世界的和平与发展，坚持走"和平发展道路"

进入新时期以后，伴随着中国经济的不断发展和国家综合实力的逐渐增强，西方社会关于"中国崛起"问题的讨论逐渐增多。进入20世纪90年代以后，西方社会有关"中国崛起"的著述开始频频问世。其中，以美国学者奥弗霍尔特的《中国的崛起》为代表，最早提出并正面论证了这个重大命题。奥弗霍尔特预测："中国崛起"将"改变亚洲的经济态势"，"改变中国的政治，并有希望令亚洲乃至全世界的政治改观"。"中国崛起""在历史上似乎是独一无二的"①。在此期间，亦有一些对中国不怀好意的人，戴着意识形态的有色眼镜，散布"中国威胁论"或"中国崩溃论"。进入21世纪以后，对于中国这个拥有13亿多人口的文明古国，将会选择一条什么样的发展道路，中国的发展对世界又意味着什么，世界各国一直在不断关注。为正面回应这一重大问题，2002年以来，以胡锦涛为总书记的中央领导集体正式提出了中国"和平崛起"的概念，其后又根据形势的发展将其适时调整为中国坚持走"和平发展道路"之外交新理念新思想新战略。

2003年12月10日，中国总理温家宝在美国哈佛大学发表了题为《把目光投向中国》的演讲，首次全面阐述了以传统文化为基底的中国"和平崛起"的思想②。这是中国共产党和中国政府领导人第一次在公开场合阐述中国"和平崛起"的问题。2003年12月26日，中共中央总书记、中国国家主席胡锦涛在纪念毛泽东诞辰110周年座谈会的讲话中进一步明确指出："要坚持走和平崛起的发展道路，坚持在和平共处五项原则的基

---

① ［美］威廉·奥弗霍尔特著，达洲译：《中国的崛起：经济改革正在如何造就一个新的超级强国》，中央编译出版社1996年版，第2—3页。

② 《温家宝在哈佛大学演讲》，《人民日报（海外版）》2003年12月12日。

础上同各国友好相处，在平等互利的基础上积极开展同各国的交流和合作，为人类和平与发展的崇高事业作出贡献。"①2004年3月14日，温家宝在十届全国人大二次会议举行的中外记者会上回答国外记者提问时，全面、系统地阐释了中国"和平崛起"的基本内涵。

在以胡锦涛为总书记的中央领导集体提出中国"和平崛起"的新理念新思想新战略以后，"和平崛起"一词迅速成为国内外普遍关注的一个热点话题。中国方面希望通过强调"中国崛起"的和平方式而非战争方式，以消减国际社会对"中国崛起"和"中国威胁"的担忧。但是，国际社会却更多地将中国"和平崛起"概念的核心置于"崛起"上，无端强化了外界对"中国崛起"的恐惧和排斥。基于对国际上各种反应的考虑和真诚表明中国政府立场的需要，以胡锦涛为总书记的中央领导集体对原有的"和平崛起"概念进行适时调整，将其修改为"和平发展"，形成了中国坚持走"和平发展道路"的外交新理念新思想新战略。

2004年4月24日，中共中央总书记、中国国家主席胡锦涛在"博鳌亚洲论坛"2004年年会上讲演时明确指出："中国将坚持和平发展的道路，高举和平、发展、合作的旗帜，同亚洲各国共创亚洲振兴的新局面，努力为人类和平与发展的崇高事业作出更大的贡献。"②这是中国共产党第一次明确提出"和平发展"的概念。此后，中国共产党在各种国内外场合多次阐述了中国坚持走"和平发展道路"的立场。2005年3月，温家宝在《政府工作报告》中完整阐述了"和平发展道路"的思想。2005年12月，中国国务院新闻办公室发布全文1.2万多字的《中国的和平发展道路》白皮书，向全世界首次全面系统地阐述中国走"和平发展道路"的必然性和坚定决心，以及为实现这一目标而采取的战略方针和政策措

---

① 《当代中国》丛书编辑部编：《当代中国外交》，中国社会科学出版社1987年版，第384—385页。

② 胡锦涛：《中国的发展 亚洲的机遇——在博鳌亚洲论坛2004年年会开幕式上的演讲》（2004年4月24日），《人民日报》2004年4月25日。

施①。2006年10月，党的十六届六中全会第一次在中共中央的决议文件中对中国的"和平发展道路"做出明确的论述。2007年10月，党的十七大再次向世人宣告：中国将始终不渝走"和平发展道路"。这是中国政府和人民根据时代发展潮流和自身根本利益作出的战略抉择。

2011年9月，中国国务院新闻办公室发表《中国的和平发展》白皮书，再次回应世界关注，详细阐述中国所选择的发展道路。这是时隔六年之后，中国政府再次发表关于"和平发展"问题的白皮书。白皮书明确指出："中国和平发展的不懈追求是，对内求发展、求和谐，对外求合作、求和平。具体而言，就是通过中国人民的艰苦奋斗和改革创新，通过同世界各国长期友好相处、平等互利合作，让中国人民过上更好的日子，并为全人类发展进步作出应有贡献。这已经上升为中国的国家意志，转化为国家发展规划和大政方针，落实在中国发展进程的广泛实践中。""和平发展道路是中国这个世界上最大的发展中国家探索出的一条新型发展道路，随着时间的推移，这条道路已经并将进一步显示出其世界意义"——"中国和平发展打破了'国强必霸'的大国崛起传统模式。""中国发展离不开世界，世界繁荣稳定也离不开中国。"②

（二）因应国际局势深刻变化，努力构建"和谐世界"

进入新世纪新阶段以后，"在维护世界和平、促进共同发展的道路上，我们既面临着难得机遇，也面临着严峻挑战"。"人类实现普遍和平、共同发展的理想还任重道远。"③而要实现这一理想，单靠用一种价值或一种模式去同化别的国家和民族是行不通的，靠强权的力量去强

---

① 中华人民共和国国务院新闻办公室：《中国的和平发展道路》白皮书（2005年12月），《人民日报》2005年12月22日。
② 中华人民共和国国务院新闻办公室：《中国的和平发展》白皮书（2011年9月），《人民日报》2011年9月7日。
③ 胡锦涛：《努力建设持久和平、共同繁荣的和谐世界——在联合国成立60周年首脑会议上的讲话》（2005年9月15日），《人民日报》2005年9月16日。

行制造"和平"更会导致大的动乱和战争。为此,以胡锦涛为总书记的中央领导集体明确提出了构建"和谐世界"的新理念新思想新战略。

2005年4月22日,中国国家主席胡锦涛在雅加达的亚非峰会上发表演讲时指出:"要提倡开放包容精神,尊重文明、宗教、价值观的多样性,尊重各国选择社会制度和发展模式的自主权,推动不同文明友好相处、平等对话、发展繁荣,共同建构一个和谐世界。"①在此,胡锦涛从文明多样性的角度阐述了构建"和谐世界"的主张。这是以胡锦涛为总书记的中央领导集体首次明确提出构建"和谐世界"的问题。

2005年9月,胡锦涛在联合国成立60周年首脑会议上发表了题为《努力建设持久和平、共同繁荣的和谐世界》的讲话,全面阐述了构建"和谐世界"的问题,对当前构建"和谐世界"所面临的机遇和挑战以及如何构建"和谐世界"的问题进行了精辟的论述②。此后不久,中国国务院新闻办公室发表《中国的和平发展道路》白皮书,在首次全面、系统地阐述中国走和平发展道路的必然性和坚定决心,以及为实现这一目标而采取的战略方针和政策措施的同时,也首次全面、系统、深入地阐述了中国"建设持久和平与共同繁荣的和谐世界"的重要思想和政策主张③。

2007年,党的十七大报告描绘了未来"和谐世界"的美好前景,指出各国人民要携手努力,推动建设持久和平、共同繁荣的和谐世界。为此,世界各国应该遵循《联合国宪章》宗旨和原则,恪守国际法和公认的国际关系准则,在国际关系中弘扬民主、和睦、协作、共赢精神。

2009年9月,胡锦涛在第64届联合国大会发表的题为《同舟共济,

---

① 胡锦涛:《与时俱进,继往开来,构筑亚非新型战略伙伴关系——在亚非峰会上的讲话》(2005年4月22日),《人民日报》2005年4月23日。

② 胡锦涛:《努力建设持久和平、共同繁荣的和谐世界——在联合国成立60周年首脑会议上的讲话》(2005年9月15日),《人民日报》2005年9月16日。

③ 中华人民共和国国务院新闻办公室:《中国的和平发展道路》白皮书(2005年12月),《人民日报》2005年12月22日。

共创未来》的重要讲话中强调,面对前所未有的机遇和挑战,国际社会应该继续携手并进,秉持和平、发展、合作、共赢、包容理念,推动建设持久和平、共同繁荣的"和谐世界",为人类和平与发展的崇高事业不懈努力。

中国构建"和谐世界"的外交新理念新思想新战略的提出,是对"中国威胁论"和"中国霸权论"的有力回击。中国通过在全世界弘扬构建"和谐世界"的外交新理念新思想新战略并把它付诸外交实践,一方面可以让国际社会从思想深处认同和接受中国的"和平崛起",认为中国的"和平崛起"有利于世界的和平与稳定,有利于世界多极化和多样化的发展,并将为国际关系的历史发展带来新的成功范例和新动力,证明人类可以以理智、和平的方式处理好国家冲突这一千古难题。另一方面向当代世界表明中国坚定不移地走中国和平发展道路的决心和意志,让相关国家从思想深处相信中国的发展不会走国际关系史上新兴国挑战守成国的老路。应该说,这是中国独立自主的和平外交向世界释疑、解惑、取信的一大努力,它向世界表明中国愿与世界各国在互利共赢、合作发展的基础上,共享全人类的和平、和谐与和睦,携手应对全球性的困难与挑战,共同建设一个美丽家园的美好愿望。

(三) 维护地区和平稳定,力促"睦邻、安邻、富邻"

进入新世纪新阶段以后,以胡锦涛为总书记的中央领导集体面对中国周边国家对中国日益强大的担忧,以"和平发展新道路"和构建"和谐世界"的外交新理念新思想新战略为指导,在睦邻外交的基础上提出了"睦邻、安邻、富邻"的外交新主张,为中国的周边外交提出了新的政策指导。

2002年11月,江泽民在党的十六大报告中明确指出:"我们将继续加强睦邻友好,坚持与邻为善、以邻为伴,加强区域合作,把同周边国

家的交流和合作推向新水平。"①2003年10月，中国总理温家宝参加东亚国家领导人系列会议，对后冷战时代的中国周边外交提出了"睦邻、安邻、富邻"的新主张，这也是以胡锦涛为总书记的中央领导集体对党的十六大"与邻为善、以邻为伴"方针的第一次系统总结和阐述并有所丰富、发展、创新。所谓"睦邻"，就是继承和发扬中华民族亲仁善邻、以和为贵的哲学思想，在与周边国家和睦相处的原则下，共筑本地区稳定、和谐的国家关系结构。所谓"安邻"，就是积极维护本地区的和平与稳定，坚持通过对话合作增进互信，通过和平谈判解决分歧，为亚洲的发展营造和平安定的地区环境。所谓"富邻"，就是加强与邻国的互利合作，深化区域和次区域合作，积极推进地区经济一体化，与亚洲各国实现共同发展②。

"睦邻、安邻、富邻"外交新主张是以胡锦涛为总书记的中央领导集体对中国"与邻为善、以邻为伴"睦邻外交思想的进一步具体化和丰富、发展，是对进入新世纪新阶段以后中国周边外交实践新的总结，丰富了中国睦邻外交思想的内涵，增加了中国与亚洲各国各地区之间的相互理解和信任，得到了亚洲各国的欢迎和积极响应。

二、2002年至2012年的中国与大国关系、与发达国家关系

发展与世界大国、地区大国的友好合作关系，一直是新中国独立自主的和平外交之战略重点。2002年至2012年的十年间，中国共产党和中

---

① 《全面建设小康社会，开创中国特色社会主义事业新局面》（2002年11月8日），《江泽民文选》第3卷，人民出版社2006年版，第567页。

② 温家宝：《中国的发展与亚洲的振兴》（2003年10月7日），《光明日报》2003年10月8日。

国政府按照"大国是关键"①的外交布局，致力于积极推动中国与西方发达资本主义国家间的战略对话，增进战略互信，深化战略合作，妥善处理分歧，探索建立和发展新型大国关系，推动相互关系长期稳定健康发展。中国与美国、俄罗斯、日本、欧盟、澳大利亚等大国与发达国家的关系不断发展，取得了重大突破、重大进展。

（一）与美国关系

中美关系，一直是当代中国大国外交的重中之重。2002年以来，以胡锦涛为总书记的中央领导集体抓住中美关系回暖，以及中美两国之间在经贸、反恐等一系列问题上共同利益不断增多的现实，积极发展中美关系，促进"建设性合作关系"和"21世纪积极合作全面的中美关系"的确立，使中美关系出现重大发展。

2003年12月，中国总理温家宝访问美国，就确保中美经贸关系持续健康发展提出了五条原则：互利共赢、把发展放在首位、发挥双边经贸协调机制作用、平等协商、不把经贸问题政治化。对于中国方面所表达的意愿和建议，美国方面表示认同。②2005年11月，小布什访华。在两国领导人的会谈中，双方一致同意：增进了解，扩大共识，加深互信，全面推进21世纪中美建设性合作关系。2006年4月，胡锦涛访问美国，提出了全面推进中美建设性合作关系的六点建设性意见。中美双方一致认为，中美拥有广泛而重要的共同战略利益，不仅是利益攸关方，而且应该是建设性合作者，良好的中美关系对维护和促进亚太地区和世界的和平、稳定、繁荣具有战略意义③。2008年9月23日，温家宝在赴美国出席联合国千年发展目标高级别会议和第63届联合国大会一般性辩论期

---

① 胡锦涛：《在中共十六届五中全会上的工作报告》（2005年10月8日），《十六大以来重要文献选编》（中），中央文献出版社2006年版，第1034页。

② 《布什表示：美国将继续保持好而强有力的美中关系》，《人民日报（海外版）》2003年12月10日。

③ 《胡锦涛主席同布什总统举行会谈》，《人民日报》2006年4月21日。

间，在出席美国友好团体举行的盛大欢迎午宴时发表了题为《继往开来，共创中美关系更加美好的明天》的演讲。温家宝指出：不管谁出任美国下届总统，中国都希望与美国保持和发展建设性合作关系。同时，我们坚信，无论谁入主白宫，中美关系都要向前发展，历史的潮流不会逆转①。

2009年4月，胡锦涛在赴英国出席二十国集团领导人第二次金融峰会期间，与美国新任总统奥巴马举行首次会谈。双方一致同意共同努力建设21世纪积极合作全面的中美关系，并决定建立中美战略与经济对话机制，在共同应对国际金融危机、扩大双边领域和重大国际地区问题协调合作方面达成重要共识②。2009年11月，奥巴马访华。胡锦涛就进一步推进中美关系发展提出五点重要主张③，进一步推动了中美关系的发展。2011年1月，胡锦涛访问美国，并与奥巴马举行会谈。访问结束时，两国发表联合声明指出：中美致力于共同努力建设相互尊重、互利共赢的合作伙伴关系，以推进两国共同利益、应对二十一世纪的机遇和挑战④。2012年2月，时任中国国家副主席的习近平对美国进行正式访问，并与奥巴马会见。随后，中美双方发布了中美战略与经济对话框架下经济对话议定的《关于加强中美经济关系的联合情况说明》。中美双方一致同意本着相互尊重、互利共赢的原则促进中美合作伙伴关系健康稳定发展。2012年6月，胡锦涛在赴墨西哥出席二十国集团领导人第七次峰会期间，与奥巴马举行会晤。胡锦涛就中美发展新型大国关系提出"坚持对话、增强互信，深化合作、互利共赢，妥处分歧、排除干扰，共担责任、共迎挑战"等四点建议。奥巴马高度赞同胡锦涛代表中国政府对下阶段两国关系的展望，重申：一个繁荣稳定的中国符合美国和世界利

① 《温家宝总理在美国友好团体欢迎午宴上演讲（全文）》，《人民日报（海外版）》2008年9月24日。
② 《胡锦涛会见美国总统奥巴马》，《人民日报》2009年4月2日。
③ 《胡锦涛同美国总统奥巴马举行会谈》，《人民日报》2009年11月18日。
④ 《中美联合声明》（2011年1月19日），《人民日报》2011年1月20日。

益,一个繁荣增长的美国也符合中国和世界的利益[①]。

总的来说,在2002年至2012年的十年间,中美关系总体保持稳定发展,中美两国达成了建设"建设性合作关系"和"21世纪积极合作全面的中美关系"的共识,中美新型大国关系出现新的重要进展。但不容忽视的是,中美关系也时有波折。美国在贸易逆差、人民币汇率、食品安全等问题上经常大做文章,在台湾和西藏、人权、南海等问题上采取的一些错误行动使中美关系不断受到干扰和损害。奥巴马政府在2010年更是提出了"重返亚洲"战略,旨在维持亚太地区的力量平衡,以"威慑"中国的崛起对亚洲既有秩序可能产生的"威胁"。

(二)与俄罗斯关系

进入新世纪新阶段以后,中俄两国之间的战略协作伙伴关系不断强化,两国关系取得了前所未有的重大进展和重大突破。

2005年7月1日,中国国家主席胡锦涛和俄罗斯总统普京在莫斯科签署了《中俄关于二十一世纪国际秩序的联合声明》,进一步深化了中俄两国在国际领域的战略协作。2009年6月,胡锦涛赴俄罗斯参加中俄建交60年庆祝活动。17日,胡锦涛与俄罗斯总统梅德韦杰夫举行会谈。胡锦涛提出了"讲互信、讲大局、讲长远"等三项指导原则,提出了深化政治合作、扩大经贸合作、重点发展两国地方和边境地区合作、在国际舞台上加强沟通和配合、在重大国际和地区问题上加强合作等五项建议[②]。2010年9月,梅德韦杰夫访华。两国元首签署了《中俄关于全面深化战略协作伙伴关系联合声明》,进一步推动中俄关系持续健康稳定向前发展。2011年6月16日,胡锦涛在莫斯科同梅德韦杰夫举行会谈。两国元首全面总结中俄关系十年发展成果,并就下一个十年两国关系发展规划深入交换意见。双方签署《中俄关于当前国际形势和重大国际问题的

---

① 《胡锦涛会见美国总统奥巴马》,《人民日报》2012年6月21日。

② 《胡锦涛同梅德韦杰夫总统会谈》,《人民日报》2009年6月18日。

联合声明》，发表了《中俄元首关于〈中俄睦邻友好合作条约〉签署10周年的联合声明》。2012年6月，俄罗斯总统普京对中国进行国事访问，并达成重要共识①。在此期间，随着中俄两国的政治交往日渐增多，两国建立了元首每年互访、总理定期会晤、外长经常磋商等机制，高层领导人互访不断。从2000年7月至2011年6月，中俄首脑会晤达到35次。从2000年11月至2011年11月，两国总理先后举行16次定期会晤。两国在涉及各自核心利益问题上相互坚定支持，在二十国集团峰会、上海合作组织、"金砖四国"等组织以及地区热点问题上进行了卓有成效的协作。双方在科技、文化、经济等领域的合作也不断扩大。中俄贸易连年保持快速增长，2011年达到835亿美元。

总的来看，在2002年至2012年的十年间，中俄关系进入一个健康发展和稳步提升的新阶段，成为整个中俄两国300年交往史上的最好时期之一。客观地分析，我们可以得出如下结论：中俄两国战略利益的趋同性和互补性是两国关系保持稳定发展的决定性因素。在经济全球化的时代，在和平、发展、合作为主题的时代，中国要努力营造一个和平稳定的周边环境，俄罗斯则致力于建立自己的睦邻地带。就此而言，中俄两国的安全战略目标是相同的；中俄两国都实行对外开放政策，都把对方当作重要的经济合作伙伴，发展经济联系和经济合作对彼此都是有利的；在国际事务中，中俄两国都需要借助对方在多极化的世界中发挥积极作用，为地区和世界的和平与稳定作出贡献。由此可见，中俄两国彼此追求的国家利益有很大的趋同性。而且，中俄两国所追求的战略利益不仅符合两国当前的需要，而且符合他们长远的需要。因为中俄两国所追求的战略利益都是扎根于他们所面临的主要任务即国内改革和发展的需要，而改革和发展是中俄两国为自己确定的历史性任务，不是短时间内所能完成的。更何况，在多极化的时代背景下，中国依然不会同任何大国或大

---

① 《中华人民共和国和俄罗斯联邦关于进一步深化平等信任的中俄全面战略协作伙伴关系的联合声明》（2012年6月6日），《人民日报》2012年6月7日。

国集团结盟，将一如既往地推行独立自主的和平外交政策。俄罗斯也会继续实行既重视西方又重视东方的平衡外交政策，单纯做西方的"小伙伴"或者同西方结成反对别的国家的联盟是不可取的①。因此，可以断言，中俄两国战略利益的趋同性和互补性是长期的、稳定的，这就决定了中俄两国关系发展的良好未来走向！

（三）与日本关系

日本是中国的重要邻邦。进入新世纪新阶段以后，中国始终从战略高度和长远角度看待和发展中日关系。但在历史问题、台湾问题、钓鱼岛问题等方面，日本国内右翼势力屡次违背《中日联合宣言》（1998）以及《中日联合声明》（1972年）、《中日和平友好条约》（1978年）所阐述的各项原则，做出了种种伤害中国人民感情的挑衅行为，致使中日关系遇到了两国复交以来最为困难的时期。双方高层互访中断，各方面交流受到严重影响。

中国一贯重视与日本建立致力于和平发展的友好合作伙伴关系。为克服中日关系暂时出现的这种困难局面，中方作出了相当大的努力。2005年3月14日，温家宝提出加强和改善中日关系的"三原则"。2005年4月，胡锦涛出席在印度尼西亚举行的亚非峰会期间与日本首相小泉纯一郎举行会晤时提出改善和发展中日关系的"五点主张"。小泉表示，日方愿根据胡锦涛主席提出的"五点主张"的精神，积极推进日中友好合作关系②。2006年3月14日，温家宝总理提出"进行政府之间的战略对话"等进一步推进中日关系的三点意见。

2006年10月，日本首相安倍晋三对中国进行正式访问。两国发表联合新闻公报，双方同意努力构筑基于共同战略利益的互惠关系。中日关

---

① 张文武、李静杰：《中国同俄罗斯及中亚诸国的关系：现状、动力和前景》，《东欧中亚研究》1994年第4期。
② 《胡锦涛会见日本首相小泉纯一郎》，《人民日报》2005年4月24日。

系开始打开政治僵局。2007年4月，中国总理温家宝访问日本，双方发表了《中日联合新闻公报》，就构筑"基于共同战略利益的互惠关系"达成了共识。同年12月，日本首相福田康夫访华，使中日关系踏上"迎春之旅"，使中日之间不仅及时避免由"政冷经热"变为"政冷经冷"的危险，还促进了双方经贸合作的进一步发展。2007年，中国首次超越美国，成为日本的第一大贸易伙伴。2008年5月，中国国家主席胡锦涛对日本成功进行"暖春"之旅，双方发表了《中日关于全面推进战略互惠关系的联合声明》，确定了两国关系长远发展的指导原则，规划了中日关系未来发展蓝图，指明了21世纪两国关系发展方向。2009年9月，胡锦涛会见日本首相鸠山由纪夫，再次就中日关系发展提出加强高层交往，增进政治互信等五点意见①。

此后，中日两国高层互动频繁，经贸往来持续，人员交流升温。中日关系不断改善发展。在国际和地区事务中，双方保持着良好的沟通与协调。但2010年9月"钓鱼岛撞船事件"发生后，中日关系再次出现波折。中方多次表达了严正立场，申明钓鱼岛是中国固有领土，但中方也表示，维护和推进中日战略互惠关系符合两国和两国人民的根本利益。此后，中日两国领导人利用多边的场合举行了多次会晤和接触，达成了重要共识，推动中日关系迈出了改善发展的步伐。2011年3月11日，日本发生大地震后，中国搁置对日本的不满情绪，公开表达了对日本经受特大地震的关切，并承诺中国愿意根据日本的需要，继续提供必要的帮助。2011年12月，温家宝会见日本首相野田佳彦，指出：中日双方要抓住机遇，加强在双边、地区和国际事务中的对话沟通，采取切实有效的措施积累互信，为扩大合作打下扎实基础。中日要做好邻居、好伙伴，不要做对手②。2012年5月，温家宝会见来中国出席第五次中日韩领导人会议的日本首相野田佳彦，重申了中方在涉疆、钓鱼岛等问题上的原则立场，敦促

① 《胡锦涛会见日本首相鸠山由纪夫》，《人民日报》2009年9月23日。
② 《温家宝与日本首相野田佳彦会谈》，《人民日报》2011年12月26日。

日方按照中日四个政治文件的原则精神，切实尊重中方核心利益和重大关切，谨慎、妥善处理有关问题，坚持两国关系发展的正确方向①。

但是，令人遗憾的是，从2006年以来逐步回暖并有所改善的中日关系，却又因为2012年9月日本政府单方面改变中日两国之间历史遗留下来的领土争端问题——钓鱼岛问题的现状而宣布所谓"国有化"政策，再次陷入僵局和倒退，甚至导致原定的纪念中日邦交正常化40周年的系列活动不得不无限期地推迟。

总的来说，这一时期的中日关系面临历史性发展机遇，两国在应对气候变化、环保节能、非洲开发援助以及解决朝核问题和东亚区域合作等领域都存在广泛的合作空间，但存在着诸多不确定的因素。日本国内右翼保守势力仍在伺机破坏尚在改善途中的中日关系。

（四）与欧洲国家关系

中国与欧洲国家的关系是中国对外关系的重要组成部分。进入新世纪新阶段以后，经过双方的不懈努力，中国与欧洲各国在经济、政治、文化、教育、科技等各个方面的联系日益密切，中欧关系取得巨大进展，已形成了全方位、宽领域、多层次的合作局面。

2001年，中欧双方决定建立全面伙伴关系。2003年10月，第六次中欧领导人会晤后，双方决定发展全面战略伙伴关系。同月，中国政府发表《中国对欧盟政策文件》，对双方的经济合作进行了全面规划。2005年，胡锦涛和温家宝分别于10月和12月访欧，温家宝就进一步推进中欧关系发展提出"加强中欧领导人对战略问题的讨论""扩大中欧经济技术合作"等五点建议。2006年9月，第九次中欧领导人会晤后，中欧双方一致认为应当制定中欧新伙伴合作协定并立即启动相关谈判。同年10月24日，欧盟委员会发表了题为《欧盟与中国：更紧密的伙伴、承担更多责

---

① 《温家宝分别会见韩国总统和日本首相》，《人民日报》2012年5月14日。

任》的对华政策文件。2007年1月，中欧伙伴合作协定的实质性谈判正式启动。2007年11月，第十次中欧领导人会晤在北京举行，双方同意成立副总理级的中欧经贸高层对话机制。2010年，中欧关系持续升温。2010年9月成功启动中欧首轮高级别战略对话机制。10—11月，中国国家领导人先后出访希腊、德国、法国、葡萄牙等国，多次口头承诺和以实际行动表示中国愿意采取切实措施支持欧洲应对债务危机。2011年5月，第二轮中欧高级别战略对话在匈牙利举行，中欧双方围绕国际形势的新发展、中国发展道路和中欧关系等议题交换了看法，进一步增进了解与互信。

中欧良好的政治关系也有力地促进了双方经贸合作的迅速发展。从2003年至2011年，中欧贸易额由1000亿美元增至5672亿美元，年均增长20.8%；欧盟连续8年保持着中国最大贸易伙伴的地位，中国则是欧盟第二大贸易伙伴；欧盟企业对中国的投资快速发展，累计达800多亿美元，中国企业对欧投资也从2003年的1亿多美元增加到2011年的43亿美元；欧盟还是中国最大技术引进来源地，双方累计签订技术引进合同1500亿美元。双方人员往来日益频繁，仅2011年赴欧旅游和学习的中国公民就接近200万人次，是2003年的5倍。

中英关系方面。2003年7月，英国首相布莱尔对中国进行正式访问，并先后与温家宝、江泽民、胡锦涛等会见会谈。2004年5月，中英两国发表联合声明，宣布建立中英全面战略伙伴关系，为两国关系进入21世纪确立了新的目标。在此之后，双方的互访、对话与合作机制逐步建立与完善起来。2005年9月，中英正式建立战略对话机制。2008年1月，中英宣布建立副总理级经济财金对话机制。2009年初，英国发表《英中合作框架》，成为首个发表对华战略文件的西方大国。2010年3月，中英双方同意提升两国战略对话的级别。2011年6月，中国总理温家宝访英，与英国首相卡梅伦举行两国总理年度会晤，双方宣布建立中英高级别人文交流机制。就在中英关系稳步向前发展的时候，英国出现了干涉中国内政、伤害中国人民感情的重大事件。2012年5月14日，英国方面无视中方多次交涉，执意安排卡梅伦首相等英方领导人会见达赖喇嘛，试探中国政府维护国家主权和领土完整的决心。这一对中国内政的严重干涉，中国外交部和中国驻英使馆随后分别在北京和伦敦向英方提出严正交涉，表达了中方的强烈不满和坚决反对。此后，两国关系因此受到重大影响，中英关系由此陷入低谷。

中法关系方面。2002年至2012年的十年间，胡锦涛先后与法国总统希拉克、萨科齐和奥朗德多次会晤，就深化两国关系进行商谈。2003年6月，中国国家主席胡锦涛在出席南北领导人非正式对话会议时与法国总统希拉克进行会晤。胡锦涛表示：中国新一届中央领导集体高度重视发展中法全面合作伙伴关系，愿同法方保持密切的高层交往，赞成完善双边战略对话和磋商机制，鼓励和支持两国有实力的企业深化合作。2004年1月，中国国家主席胡锦涛对法国进行国事访问。访问期间，胡锦涛同希拉克签署了旨在加强中法全面战略伙伴关系的联合声明。法国成为第一个同中国建立全面战略伙伴关系的西方大国。2004年10月，法国总统希拉克对中国进行国事访问，中法两国元首实现首次年内互访①。2006年10月，胡锦涛与来华进行国事访问的法国总统希拉克举行会谈。两国元首一致同意，遵循双方共同确定的原则和方向，不断深化两国各领域互利合作，推动中法全面战略伙伴关系深入发展②。就在中法关系持续发展的重要时期，中法关系却因法国的一系列错误行为而出现重大波折。2008年4月，北京奥运会火炬在巴黎传递时遭到"藏独"势力的干扰和冲击，中国残疾火炬手金晶被人殴打抢劫火炬，火炬四次被迫熄灭，巴黎市政厅挂起了"藏独"旗帜，巴黎省议会绿党议员团主席嘎海勒带着灭火器想熄灭圣火。法方的一系列错误行径极大伤害了中国人民的感情，造成了非常恶劣的影响，使中法关系出现重大倒退。事件发生后，中国领导人多次在不同场合向法方提出：法方应正视出现的问题，同中方

---

① 《胡锦涛主席与希拉克总统会谈》，《人民日报》2004年10月10日。
② 《胡锦涛与法国总统希拉克会谈》，《人民日报》2006年10月27日。

一起排除干扰，妥善处理两国关系中的新情况新问题，共同推动中法全面战略伙伴关系健康稳定向前发展①。2009年4月1日，中法发表联合新闻公报指出："法国充分认识到西藏问题的重要性和敏感性，重申坚持一个中国政策，坚持西藏是中国领土不可分割的一部分。这一由戴高乐将军做出的决定没有也不会改变。"在此之后，中法关系逐步恢复良好发展势头，各领域合作进展顺利。2012年5月，奥朗德总统上任后，两国关系继续稳定发展。

中德关系方面。自2002年至2012年的十年间，作为世界上具有典范型意义的双边关系之一，中德关系在既有的基础上又取得了进一步的发展。2004年5月，温家宝正式访问德国，两国发表联合声明，宣布在中国与欧盟全面战略伙伴关系框架内建立具有全球责任的伙伴关系。同时，中德双方宣布建立两国总理年度会晤机制。2006年5月21日至23日，德国总理默克尔首次正式访华，双方宣布建立中德战略对话机制，就进一步发展双边关系达成广泛共识。就在中德关系快步向前发展时，2007年9月，默克尔在总理府会见达赖喇嘛，中德双边关系受到严重负面影响。2008年2月15日，默克尔表示，本届联邦政府将继续奉行积极的对华政策和久经考验的一个中国政策，德反对台湾"入联公投"，不支持"西藏独立"。在此之后，中德关系得以恢复正常。2012年8月，默克尔访华。在访华期间，默克尔和温家宝共同主持了第二轮中德政府磋商。这次政府磋商是两国间级别最高、规模最大、议题最广泛的一次政府间对话，在中国与欧盟及其他成员国的关系中都绝无仅有。此外，在自2002年至2012年的十年间，中德经贸关系亦得到快速发展。在此期间，德国一直是中国在欧洲最大贸易伙伴及外资和技术引进来源国。中国则是德国在亚洲最大贸易伙伴②。总体而言，自中德建交以来，历届德国政府都将发展对华关系放在较为优先的位置。默克尔2005年当选德国联邦总理后，

① 《胡锦涛会见法国参议长蓬斯莱》，《人民日报》2008年4月25日。

② 张健：《中德关系为欧盟树立样板》，《人民日报（海外版）》2012年8月30日。

中德关系曾出现一定波折，但默克尔政府很快调整政策，继续奉行积极的对华政策。因此，虽然中德关系多次受到涉藏问题、人权问题等事件的负面影响，但中德关系总体发展良好，堪称中国与欧洲国家关系的样板和典范。

总的来说，中欧在许多国际问题上都有着相同或相近的看法，有许多共同利益，都主张走和平发展的道路，都是国际舞台上的上升力量，都愿意在国际事务中发挥更重要作用。但在历史背景、文化传统、意识形态上的差异，加上发展水平的不同，使得中欧关系也时有不和谐的杂音，如欧盟成员国持续就西藏、人权和互联网自由等问题向中国施压，欧盟不承认中国完全市场经济地位等。

（五）与澳大利亚关系

进入21世纪之初，中澳关系一直发展较好，两国高层交往频繁，在经济、科技等领域的合作不断扩大。2002年，中澳双边贸易额突破100亿美元，是1972年中澳建交时的120倍[①]。以胡锦涛为总书记的中央领导集体就任后，就是在此基础上继续深化与发展中澳关系的。

2003年，中澳关系继续保持良好发展势头，双边高层互访与接触频繁，各领域交流与合作取得丰硕成果。2003年10月，应澳大利亚联邦总督迈克尔·杰弗里的邀请，中国国家主席胡锦涛对澳进行国事访问。在访问期间，胡锦涛应邀在澳联邦议会发表了题为《携手共创中澳全面合作关系的美好未来》的演讲，并提出了"保持国家关系的顺利发展，实现持久和平和共同繁荣"的四项原则[②]。2004年11月，中国国家主席胡锦涛、中国总理温家宝分别在智利APEC领导人非正式会议、老挝"10+3"会议期间会见澳大利亚联邦总理霍华德。2005年4月18日，霍华德来华进行工作访问并出席博鳌亚洲论坛年会。在对华访问期间，霍华德先后

[①] 《胡锦涛主席会见杰弗里总督》，《人民日报》2003年10月23日。

[②] 《胡锦涛在澳大利亚联邦议会发表重要演讲》，《人民日报》2003年10月25日。

与胡锦涛、温家宝和吴邦国进行会谈。在此期间,中国和澳大利亚于4月18日在北京签署了中澳双方关于承认中国完全市场经济地位和正式启动中澳自由贸易协定谈判的谅解备忘录。2006年4月,温家宝对澳进行正式友好访问。中澳两国领导人就发展21世纪互利共赢的全面合作关系达成共识。2007年9月,胡锦涛对澳进行国事访问,并出席在悉尼举行的APEC第十五次领导人非正式会议,就进一步发展中澳关系达成重要共识。2008年4月,澳大利亚联邦总理陆克文首次正式访华并出席博鳌亚洲论坛年会,胡锦涛等中国领导人分别与其会见会谈。

在中澳关系发展的过程中,受双方意识形态差异以及对政治、人权和环保等问题理念不同等诸多因素的影响,中澳关系发展亦面临着诸多的挑战。由于对中国和平发展理念的怀疑、对澳大利亚国家安全的过度担忧,以及与美国结盟需要等原因,澳大利亚自2005年4月起才启动中澳自由贸易协定的谈判,而一直到2012年,中澳自由贸易协定的谈判仍然没有达成相关协议,没有签署自由贸易协定。中澳两国之间也一直没有能够建立全面战略伙伴关系。

三、2002年至2012年的中国与邻国关系

自2002年至2012年的十年间,中国认真贯彻"与邻为善,以邻为伴"的周边外交方针和"睦邻、安邻、富邻"的睦邻友好政策,坚持"周边是首要"的外交布局,积极发展同周边国家的友好合作关系,积极开展双边合作和区域合作,共同营造和平稳定、平等互信、合作共赢的地区环境,将中国的睦邻外交推进到一个全新的历史发展阶段。

(一)与东亚国家关系

自2002年至2012年的十年间,中国政府高度重视并积极参与中日韩合作,推动三国合作不断走向深入并逐步走向机制化和规范化。2002

年,三国领导人举行正式会晤。此后,三国领导人原则上每年在出席10+3领导人会议期间举行会晤。2008年12月,中日韩领导人首次在10+3框架外在日本福冈举行会议,决定建立面向未来、全方位合作的伙伴关系。三国决定在保留10+3领导人会议期间会晤的同时,将三国领导人单独举行会议机制化,每年在三国轮流举行。2009年10月,第二次中日韩领导人会议在北京举行,纪念三国合作十周年。2011年5月,在日本遭受严重灾害的情况下,三国在东京举行了第四次中日韩领导人会议,拓展了地震、灾害、核安全等领域的合作。2012年5月,中国主办第五次中日韩领导人会议,三方发表《关于提升全方位合作伙伴关系的联合宣言》。经过三方近十年的共同努力,中日韩合作已建立起较完备的合作体系,形成了以领导人会议为核心,以外交、经贸、科技、文化等18个部长级会议和50多个工作层机制为支撑,全方位、多层次、宽领域的合作格局。三国合作取得的丰硕成果证明,中日韩加强合作,符合三国和三国人民的根本利益,也有利于维护本地区的和平、稳定与发展。

在中朝关系方面。中国坚持通过协商与对话和平解决问题,同有关各方保持密切沟通与协调,积极就在朝鲜半岛核问题劝和促谈、居中协调。2003年,中国坚持劝和促谈,促成北京三方和六方会谈,阻止了半岛危急局势进一步升级。2004年,中国加强与朝鲜、韩国的高层往来,就双边和共同关心的地区问题广泛交流意见,增进了解和互信,巩固友好关系。主办第二轮和第三轮六方会谈,推动会谈在讨论实质性问题和推进机制化建设两个方面取得进展,与有关各方保持密切的沟通与协调,继续推进六方会谈进程。2005年,在朝鲜半岛核问题上,中国坚持劝和促谈,成功举办朝核问题第四轮六方会谈和第五轮六方会谈第一阶段会议。第四轮六方会谈共同签署的《共同声明》,确定了朝鲜半岛无核化目标和对话和平解决的大方向,为维护东北亚的和平与稳定发挥了建设性作用。中国为此而付出的巨大努力,赢得国际社会的高度评价。2005年,中朝传统友谊得到进一步的巩固,双方签署《中华人民共和国和朝

鲜民主主义人民共和国关于海上共同开发石油的协定》。2010年"天安号事件""延坪岛炮击事件"发生后,中国呼吁召开六方会谈紧急团长会议,规劝有关方勿火上浇油。中国努力维持东北亚和平与稳定的成果有目共睹。另一方面,中国本着公认的国际法准则及平等协商、互谅互让的精神,妥善解决与邻国的边境问题,化解争端,促进稳定。

在中韩关系方面。2003年7月,韩国总统卢武铉对中国进行国事访问。中韩两国发表联合声明,宣布建立中韩全面合作伙伴关系,并确定了双边贸易额五年内达到1000亿美元的目标。2005年11月,卢武铉在与胡锦涛会谈后宣布,承认中国的市场经济地位。2006年10月,卢武铉对中国进行工作访问并与胡锦涛举行会谈。两国元首一致同意,不断深化中韩全面合作伙伴关系,为维护和促进半岛及东北亚和平、稳定与发展而共同努力。2007年4月,中国总理温家宝访问韩国。这是七年来中国总理首次正式访问韩国。在访问中,温家宝就两国关系发展提出五点建议:保持高层交往、深化经贸合作、促进人文交流、加强在国际和地区事务中的磋商与配合、妥善处理相互关切。2008年5月,韩国新任总统李明博访华并与胡锦涛举行了会谈。两国发表联合声明,一致同意将中韩全面合作伙伴关系提升为战略合作伙伴关系。访华期间,李明博还访问了四川地震灾区,慰问了灾民,成为亲赴灾区慰问的首位外国国家元首。在两国经贸方面,2003年,中韩贸易额达到了570亿美元,中国首次成为韩国最大的出口市场。至2012年,中韩两国贸易额突破2500亿美元,较建交之初增长近50倍,较2003年增长近4.4倍,超过中国同德国、英国的贸易额之和。韩国成为中国第三大贸易伙伴,中国则成为韩国第一大贸易伙伴。两国年度人员往来达到720万人次,平均每天有2万人往返于中韩两国之间[①]。

在中蒙关系方面。进入新世纪以后,中国和蒙古关系取得了一系列

---

① 《中韩友好基础深厚》,《人民日报》2013年4月2日。

重要进展。2003年6月，胡锦涛对蒙古进行国事访问，双方宣布建立中蒙睦邻互信伙伴关系，并发表联合声明。2004年7月，蒙古总统巴嘎班迪对中国进行国事访问，双方发表中蒙联合声明。2005年11月，蒙古总统恩赫巴亚尔对中国进行国事访问，双方发表中蒙联合声明。双方一致认为，高层互访对发展中蒙关系具有重要意义，两国领导人将继续保持和加强密切的联系和交往①。2010年5月1日，胡锦涛同来华进行国事访问并出席上海世博会开幕式的蒙古总统额勒贝格道尔吉举行会谈。胡锦涛就发展中蒙关系提出了保持高层交往、深化经贸合作、推动人文交流、拓展多边合作等四点建议②。2011年6月，温家宝与蒙古国总理巴特包勒德举行会谈。为进一步加强中蒙睦邻友好与互利合作，双方决定将中蒙睦邻互信伙伴关系提升为中蒙战略伙伴关系③。2012年6月，胡锦涛与蒙古国总统额勒贝格道尔吉举行会谈。胡锦涛在会谈中高度评价了中蒙建立战略伙伴关系以来的双边关系发展，希望两国继续按照矿产资源开发、基础设施建设、金融合作三位一体、统筹推进的总体思路，发挥各自优势，提升合作深度和广度，丰富中蒙战略伙伴关系内涵，造福两国和两国人民④。

（二）与中亚国家关系

进入新世纪新阶段以后，中国积极通过上海合作组织与中亚五国进行合作，共同打击长期为患于中亚地区的恐怖主义、极端主义、分裂主义，积极发展与中亚国家关系，为保障中亚地区的稳定与发展作出了积极的努力。

---

① 《中华人民共和国与蒙古国联合声明》（2005年11月29日），《人民日报》2005年11月30日。
② 《胡锦涛同蒙古总统会谈》，《人民日报》2010年5月2日。
③ 《中华人民共和国和蒙古国关于建立战略伙伴关系的联合声明》（2011年6月17日），《人民日报》2011年6月18日。
④ 《胡锦涛同蒙古国总统举行会谈》，《人民日报》2012年6月8日。

在中哈关系方面。2002年12月，中哈两国政府签署了《中哈睦邻友好合作条约》《中哈关于打击恐怖主义、分裂主义和极端主义的合作协定》《中哈关于预防危险军事活动的协定》等一系列重要文件，使两国友好关系和互利合作推向更加广泛、更加深入的领域。2005年7月，中哈两国元首签署联合声明，决定建立和发展战略伙伴关系，标志中哈关系进入新的发展阶段。2006年12月20日，中哈两国元首在北京签署了《中哈21世纪合作战略》《中哈经济合作发展构想》和涉及经贸、能源、铁路、文化和教育等11项合作协议。2011年6月，中哈两国发表《中哈关于发展全面战略伙伴关系的联合声明》，宣布发展全面战略伙伴关系，从而使哈萨克斯坦成为中亚五国中第一个与中国发展全面战略伙伴关系的国家。

在中土关系方面。中土建交以后，两国高层领导人互访不断，两国关系发展迅速，双方在各领域中的合作不断加强。2005年5月，胡锦涛与土库曼斯坦总统尼亚佐夫举行了会晤。2006年4月，两国签署《中土关于打击恐怖主义、分裂主义、极端主义的合作协定》，对指导双方在安全领域开展有效合作、打击地区"三股势力"具有重要意义。2007年7月，土库曼斯坦总统别尔德穆哈梅多夫对中国进行国事访问，两国签署联合声明。2007年11月，温家宝对土库曼斯坦进行正式访问。2008年8月，胡锦涛对土库曼斯坦进行国事访问，两国发表联合声明。2009年12月，胡锦涛对土库曼斯坦进行工作访问，胡锦涛就加强中土务实合作提出四点建议。2010年4月30日至5月2日，土库曼斯坦总统别尔德穆哈梅多夫对中国进行国事访问。在贸易方面，2003年中土贸易额为1.13亿美元。2012年，中土双边贸易额达103.7亿美元，比2011年增长了近一倍，比2003年增长近91.8倍。

在中乌关系方面。2004年6月16日，胡锦涛在乌兹别克斯坦发表了题为《深化睦邻互信开创美好未来》的重要演讲，回顾了中乌建交12年来友好合作以及中国和中亚国家友好交往的历程，提出了推动中国与中亚国家关系发展的重要建议①。随后，两国元首签署了《中华人民共和国和乌兹别克斯坦共和国关于进一步发展和加深两国友好合作伙伴关系的联合声明》。2005年5月，乌兹别克斯坦总统卡里莫夫对中国进行国事访问，并与中国签署了《中乌友好合作伙伴关系条约》。2012年6月，胡锦涛与卡里莫夫进行会谈并签署联合宣言，宣布建立战略伙伴关系水平，使两国关系进入新的发展阶段。在双边贸易方面，2003年，中乌贸易额为5426万美元，较1992年增长14.18%。2012年，中国与乌兹别克斯坦之间的双边贸易额达到28.75亿美元，同比增长32.75%，是2003年双边贸易额的53倍。

在中塔关系方面。中塔建交以来，两国高层领导人互访不断，两国关系发展迅速，双方在各领域中的合作不断加强。自2003年5月至2012年底，胡锦涛先后12次与塔吉克斯坦总统拉赫莫诺夫（2007年后改名为拉赫蒙）会见，其中有九次是在出席上海合作组织峰会时的双边会晤。除去上海合作组织的会晤外，2007年1月，拉赫蒙在对中国进行国事访问时与胡锦涛举行会谈，双方签署《中华人民共和国和塔吉克斯坦共和国睦邻友好合作条约》。2008年8月，应拉赫蒙邀请，胡锦涛对塔吉克斯坦进行国事访问。访问期间，两国元首签署了《中华人民共和国和塔吉克斯坦共和国关于进一步发展睦邻友好合作关系的联合声明》。2012年1月4日，胡锦涛向拉赫蒙致贺电，庆祝两国建交20周年。在双边贸易方面，1992年中塔贸易额为275万美元。2003年为3881.6万美元，是1992年的14.1倍。2012年为18.57亿美元，是2013年的47.8倍。

在中吉关系方面，自2002年至2012年的十年间，胡锦涛先后多次通过上海合作组织峰会与吉尔吉斯共和国总统阿卡耶夫、巴基耶夫进行会谈。2007年8月，胡锦涛对吉进行国事访问并出席上海合作组织比什凯克峰会，分别同吉尔吉斯共和国总统巴基耶夫、总理阿塔姆巴耶夫和议

---

① 《胡锦涛在乌兹别克斯坦最高会议发表演讲》，《人民日报》2004年6月17日。

长苏尔丹诺夫举行会谈，双方签署《中华人民共和国和吉尔吉斯共和国关于进一步深化睦邻友好合作关系的联合声明》等多项合作文件。在双边贸易方面，1992年中吉贸易额为3548万美元，2003年为3.14亿美元，2012年升至51.62亿美元。

（三）与南亚国家关系

2002年至2012年的十年间，中国与南亚国家之间友好合作关系发展平稳。

在中印关系方面。2003年6月，印度总理瓦杰帕伊访华，中印双方签署了《中印关系原则和全面合作的宣言》，为两国发展"长期建设性合作伙伴关系"提出了纲领性文件。同年，中国与印度两国建立边界问题特别代表会谈机制。2005年4月，中印两国签署《关于在中印边境实际控制线地区军事领域建立信任措施的实施办法的议定书》，并就两国解决边界问题的政治指导原则达成共识。同时，中印宣布建立面向和平与繁荣的战略合作伙伴关系。2006年11月，胡锦涛对印度进行国事访问，并出席了"中印友好年"庆祝活动。双方发表《联合宣言》，制定了深化两国战略合作伙伴关系的"十项战略"。同时还签订了关于外交合作、出口贸易、农林合作等多方面的13项协议。2008年1月，印度总理曼莫汉·辛格访华。中印双方签署了《中印关于二十一世纪的共同展望》，并签署涉及传统医药、植物检疫、地质调查、国土资源等十份合作文件。此后，受"另纸签证风波"和达赖喇嘛访问达旺等事件冲击，中印关系在2009年跌入低谷，防务合作也一度被迫终止。2010年12月，温家宝访问印度，中印建立国家领导人定期互访机制，开通两国总理热线，建立两国外长年度互访机制。

在中巴关系方面。2003年11月，巴基斯坦总统穆沙拉夫与中国国家主席胡锦涛分别代表两国政府签署了《关于中巴双边合作发展方向的联合宣言》，奠定了中巴关系未来发展的方向。2004年12月，中国总理温家宝与巴基斯坦总理阿齐兹举行会谈。在会谈中，阿齐兹代表印度政府宣布巴方承认中国完全市场经济地位。2005年4月，温家宝访问巴基斯坦，两国共同签署《中巴睦邻友好合作条约》，宣布发展更加紧密的战略合作伙伴关系。2005年10月，南亚大地震发生后，中国政府向巴基斯坦提供总值达2050万美元的救灾款物，并派出救援队和医疗队到灾区开展救助工作，随后又宣布为巴灾后重建提供3亿美元优惠出口买方信贷。2006年11月，胡锦涛对巴基斯坦进行国事访问，进一步夯实了中巴两国的睦邻友好关系。2008年，印度总理辛格访华，双方签署了中印《关于二十一世纪的共同展望》。2010年12月，温家宝再次访问巴基斯坦，中巴建立了领导人年度会晤机制和外长对话机制。这次访问推动了中巴战略合作伙伴关系发展，扩大了中巴的务实合作与友好交流。此外，针对2010年巴基斯坦遭受的洪灾，中国政府迅速展开多渠道、全方位的救援行动，并根据巴方需要，在灾民救助、交通基础设施等领域参与灾后重建。中国提供现汇援助，支持巴基斯坦政府"灾民补偿计划"；承担了受灾地区全长340公里的国道公路网修复工程，辐射受益人口达1.5亿[①]。

在中阿关系方面，在阿富汗临时政府建立后，江泽民和朱镕基于2002年分别会见了阿临时政府主席卡尔扎伊。双方签署了中国向阿提供3000万元人民币紧急物资援助和100万美元现汇的换文。中方宣布中国政府将在今后五年内向阿重建提供1.5亿美元援助。2003年2月，阿过渡政府总统卡尔扎伊两次过境中国。5月，中阿双方签署了中国向阿提供1500万美元无偿援助的经济技术合作协定等三个合作文件。2004年3月底，中国外长李肇星参加阿富汗问题柏林国际会议，宣布中国在2004年向阿提供1500万美元无偿援助，为阿大选提供100万美元物资援助，免除阿960万英镑债务。2004年6月，胡锦涛在塔什干上海合作组织峰会期间会见阿过渡政府总统卡尔扎伊，就巩固和加强中阿睦邻友好和互利

---

① 《中国的对外援助（2014）》，《人民日报》2014年7月11日。

合作及阿和平重建形势交换意见。2006年1月,中国政府宣布当年向阿提供8000万人民币无偿援助。2006年6月,中阿签署《睦邻友好合作条约》,发表《联合声明》,宣布建立全面合作伙伴关系。2010年3月,中阿发表联合声明,同意以《中阿睦邻友好合作条约》为指导,巩固和发展睦邻互信、世代友好的中阿全面合作伙伴关系。2012年6月,卡尔扎伊总统访华并出席上海合作组织北京峰会。中阿发表《联合宣言》,同意建立战略合作伙伴关系。

(四)与东南亚国家关系

在东南亚地区共有11个国家。除东帝汶外,其他十个国家都先后加入了东南亚国家联盟。自东盟建立以来,中国和东盟在政治、经济、社会文化等领域的合作不断深化和拓展,在国际事务中相互支持、密切配合,友好合作关系不断向前发展。1997年12月,时任中国国家主席的江泽民出席首次中国一东盟领导人会议。会议期间,中国与东盟领导人发表《联合宣言》,确定了面向21世纪的睦邻互信伙伴关系。中国与东盟关系进入新阶段。

在此基础上,2002年11月,在第六次中国一东盟领导人会议上,中国与东盟十国领导人签署了《中国与东盟全面经济合作框架协议》,决定到2010年建成中国一东盟自由贸易区,正式启动了中国一东盟自由贸易区的建设进程。2003年10月,第七次中国一东盟领导人会议期间,温家宝与东盟领导人签署了《面向和平与繁荣的战略伙伴关系联合宣言》。在这次会议上,中国与东盟建立面向和平与繁荣的战略伙伴关系,并正式加入《东南亚友好合作条约》,成为第一个加入该条约的东盟对话伙伴国。东盟也成为第一个和中国建立战略伙伴关系的地区组织,双方政治互信进一步增强。2004年11月,温家宝总理出席第八次中国一东盟领导人会议,提出了"加强高层往来""切实落实中国一东盟自贸区的货物贸易协定和争端解决机制协定""建立中国一东盟能源部长对话机制""积极推进五大重点领域合作""认真落实《南海各方行为宣言》的后续行动"①等十点新倡议。会议期间，双方签署了《中国与东盟全面经济合作框架协议货物贸易协议》和《中国与东盟争端解决机制协议》，中国—东盟自由贸易区进入了实质性建设阶段。随着互利合作的不断深化和中国—东盟自由贸易区建设稳步推进，2005年7月，中国—东盟自由贸易区《货物贸易协议》开始实施，双方7000余种商品开始全面降税，贸易额持续增长。2010年1月1日，中国—东盟自由贸易区正式建成。中国—东盟自由贸易区是目前发展中国家之间最大的自由贸易区。贸易区的建立，使双方资金、资源、技术和人才等生产要素的流动效率显著提高，为扩大贸易和投资合作提供了前所未有的良好环境。

在发展政治经济关系的同时，中国积极与东南亚各国进行各个领域的合作，为东南亚地区的和平和稳定、发展和繁荣作出了积极的贡献。自2003年中国与东盟宣布建立战略伙伴关系以来，中国积极在各领域与东盟国家开展合作，重点向东盟低收入国家提供经济技术援助，支持东盟缩小内部发展差距。2010年至2012年，中国连续在中国—东盟领导人会议上宣布援助举措，重点支持基础设施建设。中国援建了一大批工农业生产和基础设施项目，助推东盟国家经济发展。2010年以来，中国不断加大"中国—东盟粮食综合生产能力提升行动计划"实施力度，与东盟各国共同建设农作物优良品种试验站20个，示范推广面积达100万公顷；在东盟国家新建3个农业技术示范中心，派出300名农业专家和技术人员赴东盟进行指导；在周边国家建设跨境动植物疫病防控监测站，建立动植物疫病联防联控体系。在此后的三年中，中国为东盟国家培训官员和技术人员5千余名，涉及商务会展、文化艺术、汉语、金融财税、传统医药和传染病防治、新能源、农业等领域②。2004年12月，印度洋发生地

---

① 《深化战略伙伴关系　推进全方位合作——温家宝总理在第八次中国—东盟领导人会议上的讲话》（2004年11月29日），《人民日报》2004年11月30日。

② 《中国的对外援助（2014）》，《人民日报》2014年7月11日。

震和海啸。灾情发生后，中国政府迅速行动，采取了一系列紧急救援措施，展开了新中国成立后规模最大的对外救援活动，为受灾国救灾和重建工作提供了及时、真诚的帮助。中国政府向东南亚各受灾国提供各种官方援助共计7亿多元人民币。此外，中国还向东南亚国家提供防治禽流感的紧急技术援助。

在与东盟相关国家有关的南海问题上，中国一直致力于通过对话协商和平解决与东盟相关国家在南海问题上的分歧。2002年中国与东盟各国签署《南海各方行为宣言》，强调通过友好协商谈判，和平解决南海有关争议。2004年12月，中国与东盟举行了落实《南海各方行为宣言》后续行动高官会，会议就启动南海合作达成了重要共识，并决定成立落实《南海各方行为宣言》后续行动联合工作组。2005年3月，中、菲、越三国签署《在南中国海协议区三方联合海洋地震工作协议》，成为"搁置争议、共同开发"原则的首次实践。2006年10月，中国与东盟国家再次共同承诺，将有效落实《南海各方行为宣言》，在已有共识的基础上，为最终达成南海各方行为准则作出努力。2011年7月20日，中国同东盟国家就落实《南海各方行为宣言的指针案文》达成一致，同意以和平方式解决南海争端，并由7月21日举行的中国—东盟外长会通过，这为推动落实《南海各方行为宣言》进程、推进南海务实合作铺平了道路。自此，一度升温的南海争端有所平息。但是，进入2012年以后，随着美国、印度等外部势力的日益介入，使原本异常复杂的南海问题更加充满变数。对此，中国政府从维护地区和平、稳定的大局出发，指出中国一直以来坚持通过对话谈判处理同邻国领土主权和海洋权益争端，尽最大努力维护南海、东海及周边和平稳定。

四、2002年至2012年的中国与发展中国家关系

进入新世纪新阶段以后，作为世界上最大的发展中国家，中国加强

同广大发展中国家的团结，深化传统友谊，扩大互利合作，通过援助和投资等方式，真诚帮助发展中国家实现自主发展，维护发展中国家正当权益和共同利益。

（一）与非洲国家关系

进入新世纪新阶段以后，以胡锦涛为总书记的中央领导集体继续将发展中非友好合作关系发展置于中国外交的重要位置，使中非"全天候朋友"的友好关系得到进一步的发展。

2003年11月，中非合作论坛第二届部长级会议在埃塞俄比亚的斯亚贝巴召开。中非双方提出进一步巩固和发展"长期稳定、平等互利、全面合作的新型伙伴关系"。2004年2月，胡锦涛访问埃及、加蓬和阿尔及利亚。2月2日，胡锦涛在加蓬国民议会发表题为《巩固中非传统友谊深化中非全面合作》的重要演讲，全面阐述中国发展和加强同非洲友好关系的政策主张。对于加强中非关系，胡锦涛提出三点倡议：第一，坚持传统友好，推动中非关系新发展。第二，坚持互助互利，促进中非共同繁荣。第三，坚持密切合作，维护发展中国家的权益[①]。

2006年1月12日，中国政府发表《中国对非洲政策文件》。文件回顾了半个多世纪以来中非友好历程，宣示了中国对非洲政策的方向和目标："真诚友好，平等相待；互利互惠，共同繁荣；相互支持，密切配合；相互学习，共谋发展"[②]。2006年4月，胡锦涛应邀对摩洛哥、尼日利亚和肯尼亚进行了国事访问，并就新形势下发展中国同非洲国家关系发表重要演讲，明确提出全面推进中非政治上互信、经济上互惠、国际事务中互助的新型战略伙伴关系，为中非关系的发展指明了方向。

2006年6月，温家宝访问埃及、加纳、刚果（布）、安哥拉、南非、坦

[①] 胡锦涛：《巩固中非传统友谊深化中非全面合作》（2004年2月2日），《人民日报》2004年2月4日。

[②] 《中国对非洲政策文件》（2006年1月），《人民日报》2006年1月13日。

桑尼亚和乌干达等非洲七国，并于22日在首届中国－南非商务合作论坛开幕式上发表了题为《增进传统友谊　促进共同发展　推动中非友好合作迈上新台阶》的重要演讲。2006年11月，中非合作论坛北京峰会暨第三届部长级会议在北京举行。在这次会议上，中非一致同意，建立和发展政治上平等互信、经济上合作共赢、文化上交流互鉴的新型战略伙伴关系。[①]2007年2月，胡锦涛对喀麦隆、利比里亚、苏丹、利比亚、纳米比亚、南非、莫桑比克和塞舌尔八国进行访问，并在访问南非时发表题为《加强中非团结合作，推动建设和谐世界》的重要演讲。[②]

　　2009年2月，胡锦涛出访非洲的马里、塞内加尔、坦桑尼亚和毛里求斯四国，并在坦桑尼亚发表演讲。胡锦涛强调：中国愿同非洲国家一道，重点从以下几方面作出努力：第一，团结互助，携手应对国际金融危机挑战。第二，增进互信，巩固中非传统友好政治基础。第三，互惠互利，提升中非经贸务实合作水平。第四，扩大交流，深化中非人文领域合作。第五，紧密配合，加强在国际事务中的协调。第六，加强协作，共同推进中非合作论坛建设。[③]2009年11月，中非合作论坛第四届部长级会议在埃及举行。温家宝在会议开幕式上宣布了中国同非洲合作八项新举措，会议还通过了《中非合作论坛沙姆沙伊赫宣言》和《中非合作论坛－沙姆沙伊赫行动计划（2010年至2012年）》，明确了未来三年中非合作方向。

　　2012年7月，中非合作论坛第五届部长级会议在北京举行，中国和51个非洲论坛成员与会，胡锦涛在开幕式上代表中国政府宣布了今后三年中国政府"支持非洲和平与发展事业，推进中非新型战略伙伴

---

① 　胡锦涛：《在中非合作论坛北京峰会开幕式上的讲话》（2006年11月4日），《人民日报》2006年11月5日。

② 　胡锦涛：《加强中非团结合作　推动建设和谐世界》（2007年2月7日），《人民日报》2007年2月8日。

③ 　《中国人民同非洲人民永做好兄弟好伙伴》，《人民日报》2009年2月17日。

关系"的五项措施①。会议结束时，通过了《中非合作论坛第五届部长级会议北京宣言》和《中非合作论坛第五届部长级会议北京行动计划（2013至2015年）》两个成果文件，为未来三年中非各领域合作绘制了美好蓝图。

自2002年至2012年的十年间，中非良好的政治关系促进了经贸关系的发展。在全球经济复苏乏力的背景下，中非贸易仍然持续了较快发展的态势。2009年，中国成为非洲第一大贸易伙伴国。2011年中非贸易额达到1663亿美元，比2009年增长83%。其中非洲对中国出口大幅增长，三年翻了一番，商品种类更加丰富。2012年，中国与非洲贸易总额达到1984.9亿美元。截至2012年底，中国已与32个非洲国家签署双边投资保护协定，与45个国家建立经贸联委会机制。作为中非合作论坛北京峰会推出的八项举措之一，截至2012年底，中非发展基金在非洲30个国家投资61个项目，决策投资额23.85亿美元，并已对53个项目实际投资18.06亿美元。

自2000年中非合作论坛成立以来，中国还积极在论坛框架下同非洲国家开展发展合作，逐步增加对非洲援助力度。中国对非洲的援助主要包括以下几个方面：

1.进行直接经济及实物援助。2005年，中国开始实施给予非洲最不发达国家部分输华商品免关税待遇，25个非洲国家享受该项优惠。2011年，中国政府先后三次向埃塞俄比亚、肯尼亚、吉布提、索马里等非洲之角国家提供紧急粮食援助，总额达4.4亿元人民币。这是新中国成立以来中国政府对外提供的最大一笔粮食援助，是中非真诚友好、患难与共的又一生动例证。2012年，中国政府向乍得、马里、尼日尔等非洲萨赫勒地区国家提供了价值总计7000万元人民币的粮食援助。2012年在中非合作论坛第五届部长级会议上，中国宣布为非洲提供

---

① 《中非合作论坛第五届部长级会议隆重开幕》，《人民日报》2012年7月20日。

200亿美元的贷款额度，并同非洲建立跨国跨区域基础设施建设合作伙伴关系。据相关资料统计，从2009年到2012年，中国对非援助总额增长近一倍，进一步向民生发展、减贫扶贫、防灾减灾和能力建设方面倾斜，为非洲新建了学校、医院、路桥、供水项目。中国多次向非洲之角等非洲地区饥荒受灾国提供紧急粮食援助，为非洲国家援助实施了一批农业示范中心项目和近百个清洁能源项目，对非洲应对粮食安全、气候变化等挑战发挥了积极作用。

2.进行农业合作。自2002年至2012年的十年间，中国在非洲建成了14个农业技术示范中心，另有8个技术示范中心进入规划实施阶段；派遣了大量农业专家开展技术合作；为非洲国家培训农业技术人员超过5000名。2012年7月，在中非合作论坛第五届部长级会议上，中国政府承诺援建更多农业技术示范中心，进一步加强技术培训和示范推广，帮助非洲国家提高粮食生产、加工、储运和销售能力。

3.支持基础设施建设和一体化发展。基础设施一直是中国对非援助的重点领域。2002年至2012年，中国在非洲援建了86个经济基础设施项目。2012年，中国宣布同非洲国家建立跨国跨区域基础设施建设合作伙伴关系，为项目规划和可行性研究提供支持，鼓励有实力的中国企业和金融机构参与建设。中国积极支持非洲联合自强和一体化进程，援建了非洲联盟总部大楼和会议中心，同时支持"非洲发展新伙伴计划"，帮助非洲加强能力建设。

4.推动医疗卫生合作。中国长期致力于帮助非洲国家改善医疗卫生条件。至2012年，已有43支中国医疗队分布在42个非洲国家。中国援建了近30所医院和30个疟疾防治中心，提供8亿元人民币的医疗设备物资和抗疟药品，为非洲国家培训医护人员超过3000名。援利比里亚塔佩塔医院项目医疗设备先进齐全，建成后由中国、埃及、利比里亚三国合作运营，为该项目可持续运营进行了有益尝试。

5.开展能力建设。2002年至2012年间，中国在非洲国家援建了150所中小学校，培训各类人才约4.7万名。2012年，中国宣布实施"非洲人才计划"，在今后三年内为非洲培训3万名各类人才，提供政府奖学金名额18000个。当年，中国向非洲国家提供的政府奖学金名额已达6717个。

6.应对气候变化。中国积极帮助非洲国家提高应对气候变化的能力，加强在卫星气象监测、新能源开发利用、沙漠化防治、城市环境保护等领域的合作。中国在非洲援建的105个清洁能源和供水项目已陆续开工建设或交付使用。2012年，中国启动为有关非洲国家援建自动气象观测站、高空观测雷达站等设施，提供森林保护设备，开展人员培训和交流研讨，支持非洲加强生态环境保护，应对气候变化挑战[①]。

（二）与拉美国家关系

进入新世纪新阶段以后，中国同拉美国家政治互信不断加深，经贸、科技、文教等领域合作不断深入，在国际事务中保持密切沟通与协调。双方关系呈现全方位、多层次、宽领域发展的新局面。

2004年11月，胡锦涛作为中国国家主席首次访问巴西、阿根廷、智利和古巴等国，并就发展中拉关系提出了四项目标和三点倡议。[②]此次访问达到了"扩大共识、增强互信、拓展合作、共同发展"的预期目的，有力地促进了中国与这四个拉美重要国家全面友好合作关系的发展，为构建中拉整体合作新格局奠定了基础。2008年11月，中国政府发表《中国对拉丁美洲和加勒比政策文件》，阐述了中国对拉美政策的总体目标，全面规划了今后一个时期中拉各领域的友好合作。[③]同月，胡锦涛先后访问哥斯达黎加、古巴和秘鲁等拉美国家。期间，胡锦涛在秘鲁国会发表了题为《共同构筑新时期中拉全面合作伙伴关系》的重要演讲。

---

① 《中国的对外援助（2014）》，《人民日报》2014年7月11日。

② 胡锦涛：《携手共创中拉友好新局面》（2004年11月12日），《人民日报》2004年11月14日。

③ 《中国对拉丁美洲和加勒比政策文件》（2008年11月），《人民日报》2008年11月6日。

胡锦涛指出："中方愿重点在以下几个方面同拉美国家作出共同努力：第一，继续密切政治关系。第二，深化经贸互利合作。第三，加强国际事务中协调配合。第四，重视社会领域互鉴共进。第五，丰富人文对话交流。"[①]2010年4月，胡锦涛访问巴西、委内瑞拉和智利三国，旨在深化友谊、增进互信、扩大合作、共谋发展。2011年6月，时任中国国家副主席的习近平对古巴、乌拉圭、智利等拉美三国进行友好访问，并发表了题为《携手开创中拉全面合作更加美好的未来》的演讲[②]。2011年12月，拉美及加勒比国家共同体（即"拉共体"）正式成立。2012年6月，中方领导人就开展中拉整体合作提出系列倡议。同年8月，中国同拉共体"三驾马车"（即现在"四驾马车"的前身）外长建立定期对话制度。

随着中拉政治关系不断加强，中拉在贸易、投资、项目承包等领域的合作不断深化，同时合作领域还不断向金融、基础设施建设、农业、高新技术产业等领域拓展。2004年，在中国政府倡议下，中国—加勒比经贸合作论坛成立，并分别于2005年、2007年和2011年举办了三届论坛。截至2012年底，中国在中国—加勒比经贸合作论坛框架下，向加勒比地区国家提供优惠贷款近30亿元人民币，主要用于建设基础设施项目，同时，为加勒比国家培训官员和技术人员500余名，在地震或海啸预警监测网建设方面提供培训，为安提瓜和巴布达、多米尼克等国家援建学校，向多米尼克派遣医疗队并培训医护人员，与多米尼克、格林纳达、古巴等国家开展农渔业技术合作[③]。

（三）与中东国家关系

进入新世纪新阶段以后，尽管国际形势风云变幻，中东地区冲突不

---

① 胡锦涛：《共同构筑新时期中拉全面合作伙伴关系——在秘鲁国会的演讲》（2008年11月20日），《人民日报》2008年11月22日。

② 《携手开创中拉全面合作更加美好的未来》（2011年6月10日），《人民日报》2011年6月12日。

③ 《中国的对外援助（2014）》，《人民日报》2014年7月11日。

断，但中国和阿拉伯国家之间的友谊和友好合作关系不仅没有受到影响，反而持续稳定发展。

2004年1月，中国国家主席胡锦涛访问位于埃及的阿盟总部时，就提出了建立阿中双方新型伙伴关系的四点建议：以相互尊重为基础，增进政治关系；以共同发展为目标，密切经贸往来；以相互借鉴为内容，扩大文化交流；以维护世界和平、促进共同发展为宗旨，加强在国际事务中的合作①。中国与阿盟还共同宣布成立中国—阿拉伯国家合作论坛（简称"中阿合作论坛"），为双方在平等互利基础上进行集体对话、交流与合作搭建了新的平台。

2004年9月14日，中阿合作论坛第一届部长级会议在埃及召开。会议发表了《中阿合作论坛宣言》和《中阿合作论坛行动计划》，规定该论坛其宗旨是：加强中阿集体对话；提高经贸合作水平；扩大文化交流；开展人力资源培训。2006年5月中阿合作论坛第二届部长级会议在北京举行。期间，胡锦涛会见出席会议的阿拉伯国家代表团团长时强调，愿从四个方面推动中阿关系向前发展：加强政治合作，巩固和充实中阿关系政治基础；加强经济合作，努力开拓创新，实现互利共赢；加强文化合作，扩大对话交流，弘扬传统友谊；加强国际合作，密切协调配合，促进和平稳定②。2008年5月，中阿合作论坛第三届部长级会议在巴林举行，会议通过并签署了《会议公报》和《中国—阿拉伯国家合作论坛2008年至2010年行动计划》，双方同意进一步建立"面向和平和可持续发展的中阿新型伙伴关系"。2009年11月，温家宝访问阿盟总部并发表题为《尊重文明的多样性》的重要演讲，指出，不同文明要在多样中求同一，在差异中求和谐，在交流中求发展，中国政府坚定不移地加强同阿拉伯国家

---

① 《胡锦涛会见阿盟秘书长穆萨》，《人民日报》2004年1月31日。
② 《胡锦涛会见出席中阿合作论坛第二届部长级会议阿拉伯国家代表团团长》，《人民日报》2006年6月1日。

的友好合作, 实现共同发展, 为建设和谐世界作出不懈努力①。2010年5月, 温家宝出席中阿合作论坛第四届部长级会议开幕式并发表主旨演讲, 全面阐述了中国政府对当前国际政治经济形势的看法及相关政策主张, 提出确立中阿全面合作, 共同发展的战略合作关系, 推动人类和平、发展与进步的车轮继续向前②。2012年1月, 温家宝访问沙特、阿联酋和卡塔尔三国, 并出席在阿布扎比举办的第五届世界未来能源峰会。其中, 温家宝对阿联酋的此次访问是中国与阿联酋建交以来中国总理的首次到访。访问期间, 两国有关部门签署了能源、金融等领域的多项合作协议, 为两国经贸合作全面和持续发展开启了新篇章。2012年5月底, 中阿合作论坛第五届部长级会议在突尼斯召开。会议再次确认了中阿战略合作伙伴关系, 规划了今后双方关系发展的蓝图。③

在高层互访和多层次合作交流机制的推动下, 中阿在经贸、人文、国际问题等诸多领域均紧密合作。中国与阿拉伯国家是优势互补、互利共赢的合作伙伴。自2002年至2012年的十年间, 面对国际金融危机和地区形势发生重大变化的双重挑战, 中阿贸易仍强劲增长, 中阿相互投资规模不断扩大, 在基础设施等领域的合作持续发展。自2002年至2012年的十年间, 中阿双边贸易额年均增长30%以上。2011年, 中阿双边贸易额接近2000亿美元, 同比增长35%, 创历史新高。2012年双边贸易额2224亿美元, 同比增长14%, 再创历史新高。在这一阶段, 随着中国经济持续发展, 中国企业走出去的步伐加快, 对阿投资快速发展。2012年中国对阿投资14亿美元, 同比增长120%。投资领域从资源开发、轻工、纺织服装向机械制造、汽车组装等不断拓展, 带动了当地产业发展, 提供了大量就业机会。2012年, 阿拉伯国家在石化、商贸、物流、机械制造等领域的对

---

① 温家宝:《尊重文明的多样性》(2009年11月7日),《人民日报》2009年11月8日。

② 温家宝:《深化全面合作 实现共同发展》(2010年5月13日),《人民日报》2010年5月14日。

③ 《中阿合作论坛第五届部长级会议圆满闭幕》, 国际在线 http://gb.cri.cn/27824/2012/06/01/5005s3708875.htm. 访问时间: 2017年12月20日。

华实际投资额2.3亿美元，同比增长77%。至2013年5月，中国企业在阿完成工程项目营业额超过1000亿美元，承建项目的领域逐步拓宽，已从最初的房建、路桥扩展到输油管线、通讯、铁路、港口、建材等众多领域，科技含量与装备水平不断提高①。除此之外，中阿在文化、教育、科研、新闻、环保、人力资源和民间交流等方面的合作也不断深入。

五、2002年至2012年的中国多边外交

2002年至2012年的十年间，以胡锦涛为总书记的中央领导集体高度重视多边外交。2002年，党的十六大明确把多边外交作为对外交往战略中的重要组成部分。2005年，党的十六届五中全会清晰提出了"大国是重点，周边是关键，发展中国家是基础，多边外交是舞台"的外交方针。2007年，党的十七大再一次强调，我们将继续积极参与多边事务，承担相应国际义务，发挥建设性作用，推动国际秩序朝着更加公正合理的方向发展。2011年，中国政府发表的《中国的和平发展》白皮书进一步指出：我们将继续"积极参与多边事务和全球性问题治理，承担相应国际义务，发挥建设性作用，推动国际政治经济秩序朝着更加公正合理的方向发展"②。根据这样的指导思想，中国积极拓展多边外交，在联合国、主要国际经济组织、主要国际区域组织，以及由中国主导的国际组织中越来越发挥着非常重要的作用。

（一）中国在联合国及其附属机构中的地位、作用、影响力

2002年至2012年的十年间，中国高度重视联合国作为国际多边机制的核心在国际事务中的重要作用，更加积极投身于联合国多边外交

---

① 易初：《中阿经贸合作依然持续发展》，《人民日报》2013年5月14日。
② 中华人民共和国国务院新闻办公室：《中国的和平发展》白皮书（2011年9月），《人民日报》2011年9月7日。

当中。

首先，中国积极通过联合国平台阐述中国主张。2005年6月7日，中国政府发布的《中国关于联合国改革问题的立场文件》，首次以官方文件的形式全面、系统地阐述了中国对联合国各领域改革的看法和主张。2005年9月15日，中国国家主席胡锦涛出席联合国成立60周年首脑会议第二次全体会议，并发表了题为《努力建设持久和平、共同繁荣的和谐世界》的重要讲话。在讲话中，胡锦涛全面阐述了中国对国际形势及重大国际问题的看法和立场，对加强联合国作用、推动联合国改革、促进国际发展合作等问题提出了具体主张，并首次向世界公开提出了构建"和谐世界"的中国主张，在联合国会场为国际社会广泛关注。2009年9月，胡锦涛出席联合国气候变化峰会并发表题为《同舟共济　共创未来》的重要讲话。这是中国国家元首第一次站在联大一般性辩论的讲台上。2010年9月，温家宝在纽约联合国总部出席第65届联合国大会一般性辩论并发表讲话。温家宝指出，中国将坚持改革开放与和平发展的方针不动摇，愿继续同国际社会加强协作、共谋发展、实现共赢。

第二，中国坚持以互信、互利、平等、协作为核心的新安全观，积极参与联合国在反恐、军控、裁军和防核扩散等问题上的合作以及联合国各专门机构的活动，积极推动在联合国框架下通过协商、对话、谈判等手段和平解决地区热点问题，彰显负责任大国的良好形象。2003年，中国本着高度负责的态度，参与多边防扩散机制的建设，签署与防扩散相关的所有国际条约，发表《中国的防扩散政策和措施》白皮书，建立起较为完备的防扩散出口管制法规体系。

第三，中国积极、建设性参与了朝核、伊朗核、巴以冲突、黎以冲突、东帝汶、伊拉克、阿富汗、苏丹达尔富尔等国际热点问题的解决进程，为共同应对新威胁、新挑战作出重要贡献。中国积极参与联合国维和行动。截至2011年9月，中国累计向联合国30项维和行动派出各类人员约2.1万人次，是派出维和人员最多的联合国安理会常任理事国。

第四，中国积极参与反恐、防扩散领域国际合作，向遭受严重自然灾害的国家提供人道主义援助并派出救援队，为打击海盗行为向亚丁湾、索马里海域派遣海军护航编队。截至2009年底，中国累计向161个国家、30多个国际和区域组织提供了2563亿元人民币的援助，减免50个重债穷国和最不发达国家债务380笔，为发展中国家培训人员12万人次，累计派出2.1万名援外医疗队员和近1万名援外教师。

第五，中国积极参与联合国人权领域的活动。截至2008年底，中国已经加入25项国际人权公约，并认真履行公约义务。中国积极推动最不发达国家扩大对华出口，并已承诺对所有同中国建交的最不发达国家95%的输华产品给予零关税待遇。中国积极开展联合国气候外交，积极参与联合国气候变化谈判，联合发展中国家据理力争，以争取公正合理的"气候新秩序"。2009年9月，胡锦涛赴美参加联合国气候变化峰会，并发表题为《携手应对气候变化挑战》的重要讲话。2010年12月，温家宝赴丹麦首都哥本哈根参加联合国气候变化大会并发表了题为《凝聚共识 加强合作——推进应对气候变化历史进程》的重要讲话。

第六，中国重视联合国在国际事务中的作用，坚定支持联合国改革，支持发展中国家在联合国包括安理会发挥更大作用。2005年6月7日，中国政府发布《中国关于联合国改革问题的立场文件》，首次以官方文件的形式全面、系统地阐述了中国对联合国各领域改革的看法和主张。2005年9月15日，胡锦涛出席联合国成立60周年首脑会议圆桌会议，并发表重要讲话，就联合国改革问题提出四点看法："要着眼大局，坚持原则；要发扬民主，广泛协商；要积极稳妥，循序渐进；要把握重点，全面推进。"[①]

此外，中国还积极在联合国框架内参与国际援助工作。2010年至2012年，中国向联合国开发计划署、工业发展组织、人口基金会、儿童基

---

① 《胡锦涛主席出席联合国成立六十周年首脑会议圆桌会议并发表重要讲话》，《人民日报》2005年9月16日。

金会、粮食计划署、粮食及农业组织、教育科学及文化组织，世界银行、国际货币基金组织、世界卫生组织以及全球抗击艾滋病、结核病和疟疾基金等国际机构累计捐款约17.6亿元人民币，支持其他发展中国家在减贫、粮食安全、贸易发展、危机预防与重建、人口发展、妇幼保健、疾病防控、教育、环境保护等领域的发展。三年中，中国通过联合国粮食及农业组织项目，先后派出235名专家赴蒙古、尼日利亚、乌干达等9个国家，为当地提高农业生产水平提供技术援助。2011年至2012年，中国与世界卫生组织密切配合，先后派出15名专家赴纳米比亚、尼日利亚、埃塞俄比亚和巴基斯坦，帮助当地控制脊髓灰质炎传播。2012年，中国在联合国教育科学及文化组织设立援非教育信托基金，帮助非洲8个国家开展师资培训①。

（二）中国在主要国际经济组织中的地位、作用、影响力

2001年12月11日，中国正式加入世界贸易组织，标志着中国对外开放进入了历史新阶段。在此之后，中国坚持享受权利和履行义务相结合、实现自身发展和促进世界共同发展相结合，积极化挑战为机遇，在更大范围、更高水平上参与国际经济合作和竞争，大力发展开放型经济，推动中国和世界的关系发生了举世瞩目的变化。2004年7月1日起，中国提前半年履行放开对外贸易经营权承诺，以登记备案制取代实行了50年的外贸权审批制。2008年7月，中国商务部部长陈德铭率中国代表团在日内瓦参加多哈回合的各种形式谈判。这是中国加入世贸组织以来首次参与核心层谈判，标志着中国已经成为世界多边贸易体制核心成员之一。2008年11月，中国领导人首次出席二十国集团领导人金融和经济峰会。与此同时，中国按照入世承诺，不断降低关税总水平。至2010年，中国入世降税承诺全部履行完毕。2010年1月10日，海关总署宣布，在国际金融危机背

---

① 《中国的对外援助（2014）》，《人民日报》2014年7月11日。

景下，2009年中国进出口额仍比肩增长，成为全球第一大出口国、第二大进口国。入世以来，中国货物贸易进出口规模从2001年的5098亿美元增长到2010年的近3万亿美元，其中出口增长近5倍、进口增长4.7倍。入世后对外贸易的迅猛发展，有力支撑了中国国民经济增长，同时也给世界经济发展增添了动力，实现了中国与世界的"共赢"。2011年12月11日，中国加入世界贸易组织十周年高层论坛在北京举行。这是中国纪念加入世界贸易组织规格最高的一次论坛。中国国家主席胡锦涛出席并发表讲话。胡锦涛强调，中国将坚持以更广阔的视野观察世界、观察中国，根据推动科学发展的要求，实行更加积极主动的开放战略，拓展新的开放领域和空间，完善更加适应发展开放型经济要求的体制机制，提高开放型经济水平和质量，形成开放型经济新格局，更好地以开放促发展、促改革、促创新。

国际货币基金组织是全球性的国际金融组织，是所有国际金融组织中规模最大、成员国最多、影响最广的国际性机构。2002年以来，中国政府一直致力于推动国际货币基金组织运行机制和治理结构的改革。2008年10月24日，国家主席胡锦涛在第七届亚欧会议开幕式上阐述了中国在国际货币基金组织改革问题上的基本立场。2009年4月和2010年6月，胡锦涛分别在G20伦敦峰会和G20多伦多峰会上提出国际货币基金组织的改革建议。在中国方面的不断努力下，自2007年以来，中国在国际货币基金组织中的份额和投票权持续增长，提高发展中国家代表性和发言权的愿望也得到部分实现。2010年11月5日，国际货币基金组织执行董事会通过了对国际货币基金组织运作方式具有深远意义的份额改革方案。份额改革完成后，中国的份额将从3.72%升至6.39%，投票权也将从目前的3.65%升至6.07%，超越德国、法国和英国，位列美国和日本之后，得到在这一国际组织中的更大话语权。该改革方案于2016年1月正式生效。

世界银行是世界上最大的政府间金融机构之一，也是全球最大的发

展援助机构。进入新世纪新阶段以后，伴随着中国国家综合实力的不断跃升，中国在世界银行中的参与程度和地位得到了显著的提高。首先，中国从普通成员国跃升为第三大股东国。2010年4月25日，世界银行就投票权从发达国家向发展中国家和转轨国家转移3.13个百分点达成一致。中国的投票权由2.77%增加到4.42%，跃升为第三大股东国，仅次于美国和日本。其次，中国从世界银行的受援国升级为捐款国。随着我国经济实力的增强，从1999年7月起，国际开发协会停止对中国提供贷款。2007年12月，中国向国际开发协会捐款3000万美元。2010年12月，中国承诺向国际开发协会第16次增资捐款5000万美元和按照世行法律条款双倍加速偿还IDA借款，并在此基础之上自愿额外一次性提前偿还10亿美元借款。对于中国自愿额外一次性提前偿还的10亿美元，世界银行折合成约1.1亿美元计入中国向IDA16的直接捐款。

（三）中国在主要国际区域组织中的地位、作用、影响力

亚太经合组织是亚太地区机制最完善、层级最高、影响最大的经济合作论坛。在2002至2012年间，中国国家主席出席了历次亚太经合组织领导人非正式会议，亚太经合组织已成为中国发挥大国影响的重要的国际舞台。2004年，胡锦涛出席亚太经合组织第12次领导人非正式会议和工商领导人峰会，重点阐述中国对全球和区域合作的主张以及对亚太经合组织未来发展的建议，并提出在能源、财经领域的具体合作倡议。2012年9月，亚太经济合作组织第20次领导人非正式会议在俄罗斯符拉迪沃斯托克举行。中国国家主席胡锦涛出席会议并就加强粮食安全和创新增长合作议题发表了重要讲话。

中国是亚欧会议创始成员，一贯重视并积极参与亚欧会议各领域活动。进入新世纪新阶段以后，中国不断通过亚欧首脑会议加强亚欧合作，为进一步深化亚欧伙伴关系作出了重要贡献。2002年9月，朱镕基出席了在丹麦哥本哈根举行的第四届亚欧首脑会议，发表了题为《携手

共创亚欧合作新局面》的讲话,提出进一步加强亚欧对话与合作的六点主张。2004年10月,温家宝出席了在越南河内举行的第五届亚欧首脑会议,发表了题为《加强对话合作,深化伙伴关系》的讲话,提出进一步充实、加强亚欧新型全面伙伴关系的四点主张。同时,中国与法国共同提出《亚欧会议文化与文明对话宣言》,得到了各方的积极响应。2006年9月,温家宝出席了在芬兰赫尔辛基举行的第六届亚欧首脑会议,发表了题为《推进亚欧合作,共同应对挑战》的讲话。温家宝在本次会议期间提出在亚欧之间开展中小企业发展、禽流感防控、乡村发展等领域合作的三项具体合作倡议,并宣布中国将主办亚欧会议第三届不同信仰间对话会议,受到各方热烈欢迎和支持。2008年10月,中国在北京主办第七届亚欧首脑会议。会议对推进亚欧对话、增进相互了解、深化务实合作、共同应对全球性挑战具有重要意义。2010年10月,温家宝出席第八届亚欧首脑会议并为继续巩固和深化亚欧新型伙伴关系贡献力量提出四项新的具体合作倡议。2012年11月,温家宝出席第九届亚欧首脑会议并发表讲话。温家宝介绍了中方对世界经济金融形势的看法和中国当前经济形势,呼吁亚欧国家齐心协力,加强合作,共同担负起促进世界经济稳定增长的重任。

中国是"金砖四国"①机制的倡导者和创立者。2009年6月,"金砖四国"领导人首次在俄罗斯举行首次会晤,并发表《"金砖四国"领导人俄罗斯叶卡捷琳堡会晤联合声明》。2010年4月,第二次"金砖四国"峰会在巴西召开。会后四国领导人发表《联合声明》,就世界经济形势等问题阐述了看法和立场,并商定推动"金砖四国"合作与协调的具体措施。"金砖国家"合作机制初步形成。2010年12月,"金砖国家"合作机

---

① 一般认为,最早提出"金砖四国"这一概念的是美国高盛公司。这一概念,囊括了全球最大的四个新兴市场国家。传统"金砖四国"(BRIC)引用了巴西、俄罗斯、印度和中国的英文首字母。由于该词与英文中的砖(Brick)类似,因此被称为"金砖四国"。

制吸收南非作为正式成员加入，"金砖四国"正式更名为"金砖国家"（BRICS）。2011年4月，第三届"金砖国家"领导人峰会在中国三亚举行。这次峰会通过《三亚宣言》，对国际金融和发展等领域重大事务达成共识，并对未来合作进行了规划。2012年3月，金砖国家领导人第四次会晤在印度新德里举行。本次会晤重点讨论的两个议题是全球治理和金砖国家与可持续发展。中国国家主席胡锦涛在会上发表题为《加强互利合作　共创美好未来》的重要讲话①。

中国是二十国集团、八国集团与发展中国家领导人对话会、发展中五国、中俄印等多边合作机制的重要成员，倡导发达国家和发展中国家建立平等合作的伙伴关系，实现互利共赢。其中，2003年6月，胡锦涛应邀出席了八国集团同发展中国家领导人首次对话会议，并在会上发表了题为《推动全面合作促进共同发展》的重要讲话。2005年7月7日，中国国家主席胡锦涛出席了在英国鹰谷举行的八国集团与中国、印度、巴西、南非、墨西哥5国领导人对话会（简称"8+5对话会"）。对话会前夕，胡锦涛同印度、巴西、南非、墨西哥领导人举行集体会晤，并发表《共同宣言》。对话会期间，胡锦涛还进行了一系列双边会见活动。

此外，2005年4月21日至23日，"亚非峰会暨万隆会议50周年纪念活动"在印度尼西亚雅加达和万隆举行。胡锦涛和88个亚非国家领导人、30个国际和区域组织代表及亚非以外国家的观察员出席。胡锦涛在亚非峰会和亚非商业峰会上发表重要讲话，阐述中国关于加强亚非团结合作的政策主张，强调应在新的历史条件下弘扬"万隆精神"，为推动会议取得成功发挥了建设性作用。与会期间，胡锦涛还同与会亚非国家和国际组织的领导人举行了12场双边会见，就双边关系及共同关心的重大国际及地区问题深入交换意见。此外，中国还同有关国家和国际组织共同创立了中非、中阿、中国—南太平洋岛国、中国—加勒

---

① 《胡锦涛提出加强合作四点建议》，《人民日报》2012年3月30日。

比地区国家论坛等合作论坛机制，进一步加强了同发展中国家的团结合作。此外，中国还通过"奥运会""世博会""亚运会""大运会"等平台成功进行多边外交。

（四）中国在中国主导的国际区域组织中的地位、作用、影响力

博鳌亚洲论坛是第一个也是唯一一个把总部设在中国的非官方、非营利的高层国际会议组织，在中国多边外交中发挥着独特作用。以胡锦涛为总书记的中央领导集体就任期间，胡锦涛等中国共产党和中国政府领导人出席了2003年至2012年间的历次论坛。2003年11月，中国总理温家宝在开幕大会上发表题为《把握机遇、迎接挑战、实现共赢》的主旨演讲。他指出，加强合作，促进发展，实现共赢，是亚洲崛起和振兴的必由之路，也是亚洲人民的根本利益所在。2004年4月，中国国家主席胡锦涛出席博鳌亚洲论坛第三届年会，并在开幕大会上发表题为《中国的发展，亚洲的机遇》的主旨演讲。2008年4月，中国国家主席胡锦涛出席博鳌亚洲论坛第七届年会，并在开幕大会上发表题为《坚持改革开放推进合作共赢》的主旨演讲。他指出，亚洲的发展不仅关系亚洲的命运，而且关系世界的前途。实现亚洲持久和平、共同繁荣仍然是一项长期而艰巨的任务。中国愿同其他亚洲国家一道，抓住机遇，应对挑战，共建和平、发展、合作、开放的亚洲。

2001年6月15日，上海合作组织正式成立。2004年6月，上海合作组织元首理事会第四次会议在乌兹别克斯坦首都塔什干举行。六国元首正式启动上海合作组织地区反恐怖机构，签署、批准了《塔什干宣言》、反毒合作协议等多份重要文件，并决定采取新举措，推进安全和经济方面的务实合作，建立成员国外交部间协作机制等。塔什干峰会标志着成立三年的上海合作组织正式结束初创阶段，进入了全面发展的新时期。2011年6月，上海合作组织元首理事会第十一次会议在哈首都阿斯塔纳

举行。六国元首签署《上海合作组织十周年阿斯塔纳宣言》，对上海合作组织未来十年的发展方向作出战略规划。2012年6月，上海合作组织元首理事会第十二次会议在北京举行。胡锦涛作为主席国元首主持会议。成员国元首签署了《上合组织成员国元首关于构建持久和平、共同繁荣地区的宣言》等十个文件。自成立至2012年间，上海合作组织对维护地区安全稳定，促进地区的经贸合作与区域经济发展发挥了重要作用。中国是上海合作组织创始成员国，始终高度重视并全面参与上海合作组织框架内的各项活动，积极开展同其他成员国、观察员国和对话伙伴的互利合作。中国政府领导人每年均出席上海合作组织有关会议，先后提出一系列安全、务实、人文等领域合作倡议，得到各方积极响应与支持，为维护本地区和平、安全与稳定，促进地区国家共同发展与繁荣作出重要贡献。在上海合作组织的框架内，中国是"上海精神"的倡导者和推动者，坚持国家不论大小一律平等的原则，是国际和地区新秩序的推动者。而且，作为世界第二大经济体和地区经济的领导者，中国是上海合作组织内重要一员和积极推动方，为上海合作组织发展提供了巨大的资金等多方面支持，带动了地区经济社会发展，并为上海合作组织的发展带来活力。可以说，作为上海合作组织创始成员国，中国对上海合作组织的发展起了关键性作用。

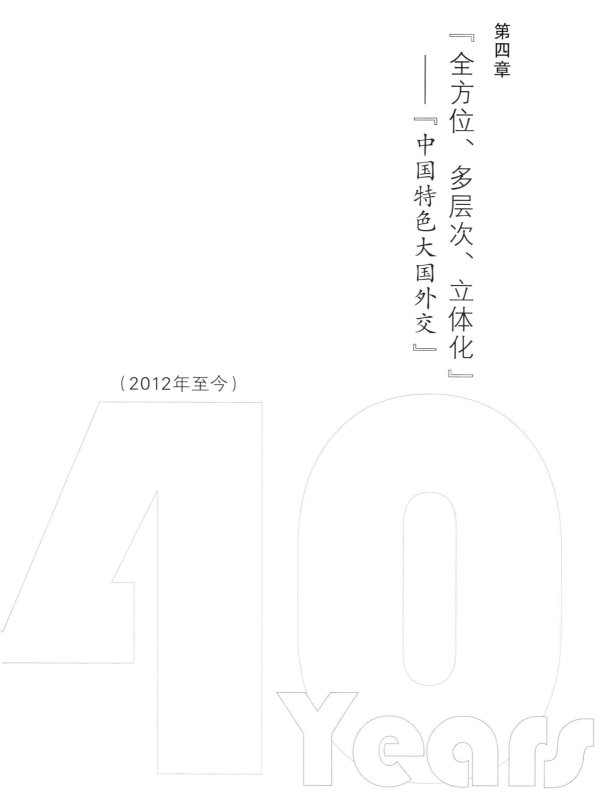

第四章

『全方位、多层次、立体化』
——
『中国特色大国外交』

（2012年至今）

  2012年党的十八大的胜利召开，开启了中国特色社会主义新时代。党的十八大以来的五年间，以习近平同志为核心的党中央，直面错综复杂的国际形势和外部环境："国际金融危机影响深远，世界经济增长不稳定不确定因素增多，全球发展不平衡加剧，霸权主义、强权政治和新干涉主义有所上升，局部动荡频繁发生，粮食安全、能源资源安全、网络安全等全球性问题更加突出"[1]，以及"国际体系和国际秩序正经历深度调整，和平赤字、发展赤字、治理赤字成为摆在全人类面前的严峻挑战"[2]。明确"中国特色大国外交要推动构建新型国际关系，推动构建人类命运共同体"，"全面推进中国特色大国外交，形成全方位、多层次、立体化的外交布局"[3]，"中国特色大国外交"赢得了前所未有的重大进展与突破。

---

[1] 胡锦涛：《坚定不移沿着中国特色社会主义道路前进　为全面建成小康社会而奋斗——在中国共产党第十八次全国代表大会上的报告》（2012年11月8日），《人民日报》2012年11月18日。

[2] 中共中央宣传部、新华通讯社、中央电视台联合制作政论专题片：《大国外交》解说词第一集《大道之行》，《人民日报》2017年8月29日。

[3] 习近平：《决胜全面建成小康社会　夺取新时代中国特色社会主义伟大胜利——在中国共产党第十九次全国代表大会上的报告》（2017年10月18日），《人民日报》2017年10月28日。

一、2012年至今中国外交的新理念新思想新战略

党的十八大以来的五年间，以习近平同志为核心的党中央，深入思考关乎人类前途命运的重大课题，科学判断当代世界的发展大势和当代中国所处的历史方位，明确提出了构建新形势下"中国特色大国外交"的战略目标和历史使命。这一"顶层设计"是中国外交"要高举和平、发展、合作、共赢的旗帜，统筹国内国际两个大局，统筹发展安全两件大事，牢牢把握坚持和平发展、促进民族复兴这条主线，维护国家主权、安全、发展利益，为和平发展营造更加有利的国际环境，维护和延长我国发展的重要战略机遇期，为实现'两个一百年'奋斗目标、实现中华民族伟大复兴的中国梦提供有力保障"[①]。中国外交坚持和平发展道路，建设以合作共赢为核心的国际关系，坚持践行正确义利观，推动构建人类命运共同体，为人类进步事业作出新的更大的贡献。

（一）秉持共商共建共享的全球治理观，推动构建人类命运共同体

当今世界正处于大发展大变革大调整时期，和平与发展仍然是时代主题。世界多极化、经济全球化、社会信息化、文化多样化深入发展，全球治理体系和国际秩序变革加速推进，各国相互联系和依存日益加深，国际力量对比更趋平衡，和平发展大势不可逆转。同时，世界面临的不稳定性不确定性因素突出，世界经济增长动能不足，贫富分化日益严重，地区热点问题此起彼伏，恐怖主义、网络安全、重大传染性疾病、气候变化等非传统安全威胁持续蔓延，人类面临许多共同挑战。没有哪个国家能够独自应对人类面临的各种挑战，也没有哪个国家能够退回到自我封闭的孤岛。人类面临许多共同挑战需要各国携手应对。

[①] 《中国必须有自己特色的大国外交》（2014年11月28日），《习近平谈治国理政》第2卷，外文出版社2017年版，第441页。

党的十八大以来的五年间,以习近平同志为核心的党中央,针对国际力量对比深刻变化和全球性问题日益突出、全球治理体系变革成为大势所趋的新形势,针对全球治理面临的重大现实问题和挑战,深入发掘中华文化中独特的治理理念和智慧同当今时代的共鸣点,突出中国人民和世界人民的共同意愿,呼吁推进开放、包容、普惠、平衡、共赢的经济全球化,建立客观反映国际力量对比现实的全球治理体系,提出全球治理观、新安全观、新发展观、正确义利观、全球化观等一系列新理念新主张,推动建立更加公正合理、普惠均衡的全球治理体系,为人类破解和平赤字、发展赤字、治理赤字等难题指明了方向和路径,为改革完善全球治理体系、推动建立更加公正合理的国际秩序贡献中国智慧、提出中国方案。习近平指出:"要提高我国参与全球治理的能力,着力增强规则制定能力、议程设置能力、舆论宣传能力、统筹协调能力。"①党的十八大以来的五年间,中国深度参与全球治理,倡导并践行新型全球治理观,维护联合国在处理国际和平与安全事务中的核心地位和主渠道作用,支持二十国集团、亚太经合组织等发挥积极作用,推动国际秩序和国际体系朝着更加公正合理的方向发展;加强金砖机制建设,办好金砖国家领导人厦门会晤,提升新兴市场国家和发展中国家在国际治理体系中的话语权;通过主办北京亚太经合组织领导人非正式会议、二十国集团领导人杭州峰会以及出席一系列重大多边外交活动,积极参与和引领全球治理进程,深化互利共赢开放战略,推进中国形成更加宽广多元的对外开放格局,积极维护国际社会多边贸易体制主渠道地位,促进国际贸易和投资自由化便利化,反对一切形式的保护主义,全力推动构建开放型世界经济;中国推动成立亚洲基础设施投资银行、丝路基金、金砖国家新开发银行,推动国际经济金融治理体制向更加公正合理方向发展;中国任职联合国专门机构和重要国际组织人越来越多,中国在国际

---

① 《提高我国参与全球治理的能力》(2016年9月27日),《习近平谈治国理政》第2卷,外文出版社2017年版,第450页。

货币基金组织中的份额从第六位跃居第三位，人民币被纳入国际货币基金组织特别提款权货币篮子。

党的十八大以来的五年间，以习近平同志为核心的党中央，深刻洞察人类前途命运和时代发展趋势，洞察世界各国相互依存日益紧密的发展趋势，提出了齐心打造人类命运共同体的重要倡议。习近平在国内国际重要场合多次阐释"命运共同体"理念：2015年，在博鳌亚洲论坛年会上，提出推动建设人类命运共同体的"四点主张"；在联合国成立70周年系列峰会上，系统阐述打造人类命运共同体的五大路径。2017年，在日内瓦万国宫，全面阐述构建人类命运共同体的五类行动，为人类社会发展进步描绘了蓝图；2017年3月17日，构建人类命运共同体理念首次载入联合国安理会决议。党的十九大报告第十二部分专列外交主题为"坚持和平发展道路，推动构建人类命运共同体"，呼吁"各国人民同心协力，构建人类命运共同体，建设持久和平、普遍安全、共同繁荣、开放包容、清洁美丽的世界"①。构建人类命运共同体形成五个要点。一是持久和平，要相互尊重、平等协商，坚决摒弃冷战思维和强权政治，走对话而不对抗、结伴而不结盟的国与国交往新路。二是普遍安全，要坚持以对话解决争端、以协商化解分歧，统筹应对传统和非传统安全威胁，反对一切形式的恐怖主义。三是共同繁荣，要同舟共济，促进贸易和投资自由化便利化，推动经济全球化朝着更加开放、包容、普惠、平衡、共赢的方向发展。四是开放包容，要尊重世界文明多样性，以文明交流超越文明隔阂、文明互鉴超越文明冲突、文明共存超越文明优越。五是清洁美丽，要坚持环境友好，合作应对气候变化，保护好人类赖以生存的地球家园。世界命运握在各国人民手中，人类前途系于各国人民的抉择。中国人民愿同各国人民一道，推动人类命运共同体建设，共同创造

---

① 习近平：《决胜全面建成小康社会　夺取新时代中国特色社会主义伟大胜利——在中国共产党第十九次全国代表大会上的报告》（2017年10月18日），《人民日报》2017年10月28日。

人类的美好未来!

党的十九大报告中明确指出:中国共产党是为中国人民谋幸福的政党,也是为人类进步事业而奋斗的政党。中国共产党始终把为人类作出新的更大的贡献作为自己的使命。中国秉持共商共建共享的全球治理观,倡导国际关系民主化,坚持国家不分大小、强弱、贫富一律平等,支持联合国发挥积极作用,支持扩大发展中国家在国际事务中的代表性和发言权。中国将继续发挥负责任大国作用,积极参与全球治理体系改革和建设,不断贡献中国智慧和力量。坚持推动构建人类命运共同体,必须统筹国内国际两个大局,始终不渝走和平发展道路、奉行互利共赢的开放战略,坚持正确义利观,树立共同、综合、合作、可持续的新安全观,谋求开放创新、包容互惠的发展前景,促进和而不同、兼收并蓄的文明交流,构筑尊崇自然、绿色发展的生态体系,始终做世界和平的建设者、全球发展的贡献者、国际秩序的维护者。[①]这些,成为中国特色社会主义进入新时代以后"中国特色大国外交",进一步倡导并践行新型全球治理观、构建人类命运共同体的根本依循和行动指南。

(二)积极发展全球伙伴关系,推动建设合作共赢的新型国际关系

党的十八大以来的五年间,习近平积极倡导各国共同推动建立以合作共赢为核心的新型国际关系,把合作共赢理念体现到政治、经济、安全、文化、社会、生态等对外合作的方方面面。2013年3月,习近平担任国家主席后首站出访俄罗斯,创造性地提出了"推动建立以合作共赢为核心的新型国际关系"[②]的新理念。构建以合作共赢为核心的新型国际

---

① 习近平:《决胜全面建成小康社会 夺取新时代中国特色社会主义伟大胜利——在中国共产党第十九次全国代表大会上的报告》(2017年10月18日),《人民日报》2017年10月28日。

② 《顺应时代前进潮流,促进世界和平发展》(2013年3月23日),《习近平谈治国理政》,外文出版社2014年版,第273页。

关系，就是要以合作取代对抗，以共赢取代独占，这是对传统国际关系理论的重大突破，为建设美好世界提供了崭新思路。

党的十八大以来的五年间，以习近平同志为核心的党中央，全面推进中国特色大国外交，形成全方位、多层次、立体化的外交布局，使中国的"朋友圈"覆盖全球。习近平明确指出，伙伴关系具有平等性、和平性、包容性，没有主从之分、阵营之别，不设假想敌、不针对第三方，志同道合是伙伴，求同存异也是伙伴。这是对结盟或对抗的传统国与国关系模式的超越。中国加强大国协调与合作，不断扩大利益汇合点，构筑总体稳定、均衡发展的大国关系框架。从奥巴马政府到特朗普政府，中美两国元首多次会晤，习近平所提出的"不冲突不对抗、相互尊重、合作共赢"原则为中美关系健康稳定发展指明了方向。五年间，习近平六次到访俄罗斯，中俄两国元首在不同场合会晤20多次，中俄两国战略互信日益加深，全面战略协作伙伴关系不断迈向更高水平。五年间，中欧共同建设和平、增长、改革、文明四大伙伴关系，不断赋予中欧全面战略伙伴关系新内涵，中国同欧洲国家、次区域及欧盟机构合作全面深入发展。中英关系开启"黄金时代"，中法紧密持久的全面战略伙伴关系快速稳定发展，中德全方位战略合作不断走深走实，中国同中东欧国家合作前行势头越发稳健，同南欧、北欧国家合作持续拓展。五年间，中国坚持"亲诚惠容"理念，不断深化与周边国家睦邻友好合作，努力夯实周边战略依托。中国提出中国—东盟"2+7"合作框架，与东盟制定2016年至2020年合作行动计划，正式启动澜沧江—湄公河合作机制，与东盟国家关系站上更高起点。中国推动中日韩合作，重拾合作发展势头。中国与南亚国家合作显著增强。同中亚国家实现战略伙伴关系全覆盖。五年间，中国同新兴力量和发展中大国合作迈上新台阶。中国提出真实亲诚的对非工作方针和中非"十大合作计划"，确立了中非全面战略合作伙伴关系新定位，把中非合作推向新的历史高度。中国同拉美国家创立中拉论坛，共同打造中拉关系"五位一体"

新格局。中国同阿拉伯国家致力于构建战略合作关系，同太平洋建交岛国建立战略伙伴关系，实现同发展中国家整体合作机制全覆盖。截至2017年，中国已经同195个联合国成员中的174个国家建立了外交关系，中国已经同约100个国家和国际组织建立不同形式的伙伴关系，实现对大国、周边和发展中国家伙伴关系的全覆盖。

党的十九大报告中明确指出：中国积极发展全球伙伴关系，扩大同各国的利益交汇点，推进大国协调和合作，构建总体稳定、均衡发展的大国关系框架，按照亲诚惠容理念和与邻为善、以邻为伴周边外交方针深化同周边国家关系，秉持正确义利观和真实亲诚理念加强同发展中国家团结合作。加强同各国政党和政治组织的交流合作，推进人大、政协、军队、地方、人民团体等的对外交往。中国将高举和平、发展、合作、共赢的旗帜，恪守维护世界和平、促进共同发展的外交政策宗旨，坚定不移在和平共处五项原则基础上发展同各国的友好合作，推动建设相互尊重、公平正义、合作共赢的新型国际关系。[①]这些，成为中国特色社会主义进入新时代以后"中国特色大国外交"，进一步发展全球伙伴关系、建设新型国际关系的根本依循和行动指南。

（三）推进"一带一路"国际合作，发挥"主场外交"优势

党的十八大以来的五年间，以习近平同志为核心的党中央，准确把握中国对外开放内外环境新变化，提出建设"一带一路"的重大倡议，坚定不移推进新一轮高水平对外开放，欢迎各国分享中国发展机遇，为推动各国共同发展注入强大动力。党的十八大以来，共建"一带一路"逐渐从倡议变为行动，从理念转化为实践，成为开放包容的国际合作平台和各方普遍欢迎的全球公共产品，100多个国家和国际组织积

---

① 习近平：《决胜全面建成小康社会　夺取新时代中国特色社会主义伟大胜利——在中国共产党第十九次全国代表大会上的报告》（2017年10月18日），《人民日报》2017年10月28日。

极支持和参与。

"一带一路"倡议是主张走出去，构建中国全方位开放的新格局。2013年9月，习近平在访问哈萨克斯坦期间首次提出了"丝绸之路经济带"概念，10月，习近平在访问印度尼西亚期间又提出了21世纪"海上丝绸之路"概念，11月，上述两个概念演化为中国对外全面开放战略新的基本内涵："加快同周边国家和区域基础设施互联互通建设，推进丝绸之路经济带、海上丝绸之路建设，形成全方位开放新格局。"[①]2014年12月，中共中央、国务院印发《丝绸之路经济带和21世纪海上丝绸之路建设战略规划》，对推进"一带一路"建设工作作出全面部署。2015年3月，中国政府制定了《推动共建丝绸之路经济带和21世纪海上丝绸之路的愿景与行动》[②]，明确了"一带一路"建设倡议的共建宗旨、重点方向和核心内容等。中国积极推进共建"一带一路"倡议，发起设立丝路基金，创办亚洲基础设施投资银行、金砖国家新开发银行等等。2017年中国又成功举办"一带一路"国际合作高峰论坛并取得丰硕成果，坚持以和平合作、开放包容、互学互鉴、互利共赢为核心的丝路精神，将"一带一路"建成和平之路、繁荣之路、开放之路、创新之路、文明之路，进一步形成了各方携手共建"一带一路"的良好局面。建设"一带一路"，"本质上是通过提高有效供给来催生新的需求，实现世界经济再平衡。"[③]中国的"一带一路"倡议有力推动了世界经济再出发。

坚持引进来和走出去并重，"主场外交是党的十八大以来中国外交的一大亮点"[④]。党的十八大以来的五年间，中国政府先后举办或主办了

① 《中共中央关于全面深化改革若干重大问题的决定》（2013年11月12日中国共产党第十八届中央委员会第三次全体会议通过），《人民日报》2013年11月16日。

② 《推动共建丝绸之路经济带和21世纪海上丝绸之路的愿景与行动》，《人民日报》2015年3月29日。

③ 《让"一带一路"建设造福沿线各国人民》（2016年8月17日），《习近平谈治国理政》第2卷，外文出版社2017年版，第504页。

④ 《建设和平、繁荣、开放、创新、文明之路——杨洁篪接受媒体采访表示"一带一路"国际合作高峰论坛成果丰硕》，《人民日报》2017年5月18日。

至少7次主场外交：和平共处五项原则发表60周年纪念大会、亚太经合组织第22次领导人非正式会议，纪念中国人民抗日战争暨世界反法西斯战争胜利70周年大会、上海合作组织成员国总理第14次会议、二十国集团领导人第11次峰会、"一带一路"国际合作高峰论坛、金砖国家领导人第9次会晤等。这些主场外交活动，有主创举办性质的，也有轮值主办性质的，它们都显示了中国特色大国外交的新特色与大气派。依托这些主场外交活动，中国推动建设相互尊重、公平正义、合作共赢的新型国际关系，秉持共商共建共享的全球治理观、推动构建人类命运共同体，日益走近世界舞台中央、不断为解决人类问题贡献中国智慧和中国方案。

党的十九大报告中明确指出：中国坚持对外开放的基本国策，坚持打开国门搞建设，积极促进"一带一路"国际合作，努力实现政策沟通、设施联通、贸易畅通、资金融通、民心相通，打造国际合作新平台，增添共同发展新动力。加大对发展中国家特别是最不发达国家援助力度，促进缩小南北发展差距。中国支持多边贸易体制，促进自由贸易区建设，推动建设开放型世界经济。以"一带一路"建设为重点，坚持引进来和走出去并重，遵循共商共建共享原则，加强创新能力开放合作，形成陆海内外联动、东西双向互济的开放格局。[①]这些，成为中国特色社会主义进入新时代以后"中国特色大国外交"，进一步促进共建"一带一路"、充分发挥"主场外交"优势的根本依循和行动指南。

（四）坚持和平发展道路，坚决维护国家核心利益的底线

没有和平就没有发展、就没有中国现代化，当代中国坚持和平发展道路。当前中国的"总任务是实现社会主义现代化和中华民族伟大复兴，在全面建成小康社会的基础上，分两步走在本世纪中叶建成富强

---

① 习近平：《决胜全面建成小康社会　夺取新时代中国特色社会主义伟大胜利——在中国共产党第十九次全国代表大会上的报告》（2017年10月18日），《人民日报》2017年10月28日。

民主文明和谐美丽的社会主义现代化强国"①。实现这个总任务，必须有稳定的国内环境与和平的国际环境。"中国走和平发展道路，不是权宜之计，更不是外交辞令，而是从历史、现实、未来的客观判断中得出的结论，是思想自信和实践自觉的有机统一。"②当代中国坚持和平发展道路，内求发展，外谋和平，走中国特色社会主义道路发展中国，惠及世界。

中国坚定不移"走和平发展道路、倡导合作共赢是有底线的，这就是坚决维护国家核心利益"③。"任何外国不要指望我们会拿自己的核心利益做交易，不要指望我们会吞下损害我国主权、安全、发展利益的苦果。"④坚决维护国家核心利益，是中国外交必须坚守的底线、是任何他方不能逾越的红线。党的十八大以来，以习近平同志为核心的党中央，有效强化"中国特色大国外交"的"底线思维"，充分展现捍卫国家主权、安全和发展利益的决心和意志。"底线思维能力，就是客观地设定最低目标，立足最低点，争取最大期望值的能力。"⑤中国坚持走和平发展道路，不觊觎他国权益，但决不放弃我们的正当权益，坚决维护国家的核心利益是中国外交的神圣使命。中国在国际社会旗帜鲜明维护一个中国原则，反对制造"两个中国"或"一中一台"的图谋，反对外部势力干预港澳事务，扎实开展涉藏、涉疆外交，加强打击"三股势力"国际合作，维护国家安全和国家统一。中国在钓鱼岛问题上坚持原则，充分展示

---

① 习近平：《决胜全面建成小康社会 夺取新时代中国特色社会主义伟大胜利——在中国共产党第十九次全国代表大会上的报告》（2017年10月18日），《人民日报》2017年10月28日。

② 中共中央宣传部编：《习近平总书记系列重要讲话读本》（2016年版），学习出版社、人民出版社2016年版，第263页。

③ 中共中央宣传部编：《习近平总书记系列重要讲话读本》（2016年版），学习出版社、人民出版社2016年版，第272页。

④ 习近平：《在庆祝中国共产党成立95周年大会上的讲话》（2016年7月1日），《人民日报》2016年7月2日。

⑤ 中共中央宣传部编：《习近平总书记系列重要讲话读本》（2016年版），学习出版社、人民出版社2016年版，第288页。

了中国政府和中国人民捍卫国家主权和领土完整的决心和意志。我们对菲律宾前政府非法挑起的所谓"南海仲裁案"坚决回击，有效维护中国在南海的领土主权和海洋利益，同时坚持通过对话谈判解决具体争议，维护了南海局势的总体稳定。

党的十九大报告中明确指出：中国坚定奉行独立自主的和平外交政策，尊重各国人民自主选择发展道路的权利，维护国际公平正义，反对把自己的意志强加于人，反对干涉别国内政，反对以强凌弱。中国决不会以牺牲别国利益为代价来发展自己，也决不放弃自己的正当权益，任何人不要幻想让中国吞下损害自身利益的苦果。中国奉行防御性的国防政策。中国发展不对任何国家构成威胁。中国无论发展到什么程度，永远不称霸，永远不搞扩张。[①]这些，成为中国特色社会主义进入新时代以后"中国特色大国外交"，进一步强化坚持和平发展道路、维护国家核心利益之根本依循和行动指南。

二、2012年至今中国与大国关系、与发达国家关系

党的十八大以来的五年间，中国积极运筹与大国的关系，推进大国协调和合作，构建总体稳定、均衡发展的大国关系框架。推进中美不冲突不对抗、相互尊重、合作共赢的新型大国关系健康稳定向前发展，推动中俄全面战略协作伙伴关系不断迈向更高水平，努力改善中日关系，共同建设中欧全面战略伙伴关系，积极深化中澳全面战略伙伴关系。

（一）与美国关系

党的十八大以来的五年间，中美两国元首通过保持战略对话而确保

---

① 习近平：《决胜全面建成小康社会　夺取新时代中国特色社会主义伟大胜利——在中国共产党第十九次全国代表大会上的报告》（2017年10月18日），《人民日报》2017年10月28日。

中美关系在新时代持续健康稳定向前发展。2013年美国安纳伯格庄园会晤，中美元首共同作出共建新型大国关系的战略抉择；2014年中国瀛台夜话，两国元首探讨了推进共建中美新型大国关系的重点方向；2015年白宫秋叙，两国元首同意努力拓展双边、地区、全球层面各领域务实合作；2017年，美国海湖庄园会晤，两国元首宣布建立四个高级别对话机制；11月党的十九大刚刚闭幕不久，美国总统特朗普对中国进行国事访问。

推进中美相互尊重、合作共赢的新型大国关系建设。中美两国利益紧密交汇，合作空间广阔。2013年6月，中国国家主席习近平同美国总统奥巴马在加利福尼亚州安纳伯格庄园会晤，双方同意共同构建中美新型大国关系，相互尊重，合作共赢。2014年7月，习近平出席在北京举行的第六轮中美战略与经济对话和第五轮中美人文交流高层磋商联合开幕式，并发表《努力构建中美新型大国关系》的致辞。11月，美国总统奥巴马访华，出席亚太经合组织领导人非正式会议并对中国进行国事访问。习近平与奥巴马以会谈、会见、散步、茶叙等方式进行了长达十个多小时的交流。习近平指出：中方愿同美方一道，"把不冲突不对抗、相互尊重、合作共赢的原则落到实处。"并提出"双方要朝着6个重点方向推进中美新型大国关系建设"[1]。奥巴马表示："美国支持中国改革开放，无意遏制或围堵中国，因为这样做不符合美国的利益。美方愿意同中方坦诚沟通对话，增进相互了解，相互借鉴经验，有效管控分歧，避免误解和误判。"[2]"无论在双边、地区还是全球层面，美国都将中国作为重要合作伙伴，同中国发展强有力关系是美国亚洲再平衡战略的核心。"[3]两国在各领域务实合作达成一系列重要共识，集中体现在《中美元首北京会晤主要共识和成果》和《中美气候变化联合声明》。2015年9月，习

① 《习近平同美国总统奥巴马举行会谈》，《人民日报》2014年11月13日。
② 《习近平同奥巴马在中南海会晤》，《人民日报》2014年11月12日。
③ 《习近平同美国总统奥巴马共同会见记者》，《人民日报》2014年11月13日。

近平对美国进行国事访问,同奥巴马总统举行会晤,强调要推动中美新型大国关系不断向前发展。2016年9月,二十国集团领导人杭州峰会期间,中美元首再次举行会晤。习近平指出:中美要牢牢把握两国关系发展正确方向,坚持不冲突不对抗、相互尊重、合作共赢的原则,以建设性方式管控分歧,推动中美关系持续健康稳定发展。中美合作可以办成许多有利于两国和世界的大事,如应对气候变化合作,中美率先批准《巴黎协定》并共同向联合国秘书长交存批准文书。

中美保持高层战略对话,努力避免"修昔底德陷阱"。自2010年起,美国面临一个新的现实是中国跃居为世界第二大经济体并持续迅猛发展。新兴大国与守成大国之间难免发生冲突对抗,这就是西方现实主义理论家们津津乐道的所谓"修昔底德陷阱"。2015年9月22日,习近平在西雅图发表演讲对"修昔底德陷阱"论调作出直接回应:世界上本无"修昔底德陷阱",但大国之间一再发生战略误判,就可能自己给自己造成"修昔底德陷阱"。2016年11月,特朗普当选美国总统。正当国际社会揣测新时代中美关系未来走向时,习近平决定应邀赴美与美国总统特朗普举行会晤。2017年4月6日至7日,举世瞩目的首次"习特会"在美国佛罗里达州海湖庄园举行。习近平和特朗普进行了七个多小时的深入交流,为两国关系发展奠定了建设性基调。双方宣布建立外交安全对话、全面经济对话、执法及网络安全对话、社会和人文对话四个高级别对话机制。2017年6月,首轮中美外交安全对话在华盛顿举行;7月,首轮中美全面经济对话举行①。2017年11月,中国国家主席习近平在北京同来华访问的美国总统特朗普举行会谈。双方共同认为合作是中美两国唯一正确选择,共赢才能通向更好未来。中美关系坚持不冲突不对抗、相互尊重、合作共赢原则,保持高层战略对话,为中美跨越"修昔底德陷阱",实现两国关系健康稳定发展标注出明确方向。

---

① 中共中央宣传部、新华通讯社、中央电视台联合制作政论专题片:《大国外交》解说词第二集《众行致远》,《人民日报》2017年8月30日。

在世界经济复杂多变的今天，中美经贸关系是两国关系的"压舱石"和"推进器"，中美经贸合作"合则两利，斗则俱伤"。根据中方统计，2016年中美贸易额达5243亿美元。美国是中国的第二大贸易伙伴，第一大出口市场和第六大进口来源地。截至2016年底，中美双向投资累计超过2000亿美元。美对华投资项目累计达6.71万个，实际投入798.6亿美元。美国是中国第六大外资来源地。中国企业在美累计直接投资608.8亿美元。美国是中国对外直接投资的第四大目的地。[①]

（二）与俄罗斯关系

中国和俄罗斯互为最大邻国、互为外交优先方向，2011年中俄建立平等信任、相互支持、共同繁荣、世代友好的全面战略协作伙伴关系。不结盟、不对抗、不针对第三方，中俄关系的发展成为构建新型国际关系的典范，也成为维护世界和平、稳定、发展的压舱石。

党的十八大以来的五年间，两国元首在各种场合会晤20余次，中俄不断巩固全面战略协作伙伴关系。2013年3月，新任中国国家主席习近平首次出访首站选择俄罗斯。俄罗斯马队仪仗队首次在克里姆林宫列队欢迎外国元首，俄罗斯国防部和作战指挥中心首次向外国元首敞开大门，中俄两国最高领导人会谈交流的时间前后长达八小时，这些折射出中俄关系的高水平和特殊性。3月23日，习近平在莫斯科国际关系学院发表演讲，"创造性地提出以合作共赢为核心的新型国际关系理念"[②]，为中国处理同包括俄罗斯在内世界各国之间的关系明确了方向。中俄还签署了32项合作文件，数额大、期限长，被称为"世纪合同"。2014年10月，李克强对俄罗斯进行正式访问并举行中俄总理第19次定期会晤。11月，北京

[①]　《中国同美国的关系》（最近更新时间：2017年8月），中国外交部网站：http://www.fmprc.gov.cn/web/gjhdq_676201/gj_676203/bmz_679954/1206_680528/sbgx_680532/. 2018年4月7日访问。

[②]　中共中央宣传部、新华通讯社、中央电视台联合制作政论专题片：《大国外交》解说词第二集《众行致远》，《人民日报》2017年8月30日。

APEC会议期间，中国国家主席习近平与俄罗斯总统普京实现了年内第五次会见。两国元首共同见证了包括《关于通过中俄西线管道自俄罗斯联邦向中华人民共和国供应天然气领域合作的备忘录》等17项重要合作文件的签署。2015年12月，俄罗斯总统普京签署了新版《2020年前俄罗斯国家安全战略》。该战略强调："俄正在与中国发展全面战略协作伙伴关系，这是支撑区域及世界稳定的关键因素。"①2016年6月，普京访华期间，两国隆重庆祝《中俄睦邻友好合作条约》签署15周年，签署并发表《中华人民共和国和俄罗斯联邦联合声明》等三份重要联合声明，还签署近30个务实合作协议，充分展示了两国深化全面战略协作伙伴关系的坚定决心。11月，李克强对俄罗斯进行正式访问并出席在圣彼得堡举行的中俄总理第21次定期会晤。2017年7月，习近平访问俄罗斯，同俄罗斯总统普京举行会谈。习近平指出：中俄是全面战略协作伙伴，双方要加强合作，相互坚定支持走符合本国国情的发展道路，坚定支持对方在维护国家主权、安全、发展利益方面的政策举措②。两国元首签署并发表《中俄关于当前世界形势和重大国际问题的联合声明》。

"一带一路"倡议和"欧亚经济联盟"建设对接合作取得战略共识。中国倡导的"丝绸之路经济带"途经欧亚地区，俄罗斯此前也针对这一地区提出了"欧亚经济联盟"区域经济一体化计划，二者之间如何协调？2014年2月中国马年春节，习近平应邀赴俄出席索契冬奥会开幕式，开创中国国家元首赴境外出席大型国际体育赛事的先河。利用这次"体育外交"的机会，习近平向普京介绍"丝绸之路经济带"倡议。2015年5月，习近平赴俄出席俄罗斯纪念卫国战争胜利70周年庆典并访问俄罗斯。两国元首共同签署《关于丝绸之路经济带建设和欧亚经济联盟建设对接合作的联合声明》，成为"一带一路"倡议在欧亚大陆上取得的

---

① 《俄罗斯出台新版国家安全战略　重视多边合作　强调区域稳定》，《人民日报》2016年1月2日。

② 《习近平会见俄罗斯总统普京》，《人民日报》2017年7月5日。

一个战略共识，并得到"欧亚经济联盟"其他成员国积极响应和支持。2016年9月，中俄元首在二十国集团领导人杭州峰会期间商定，积极推动两国发展战略对接和"一带一路"建设同欧亚经济联盟建设有效对接①。2017年5月，普京来华出席"一带一路"国际合作高峰论坛。9月，普京来华出席金砖国家领导人第九次会晤。两国元首利用各种会晤机会，共同探讨积极推进"一带一路"建设同欧亚经济联盟对接合作与互联互通等方面项目对接。

中俄经贸合作正处于互为主要优先合作伙伴的战略机遇期，两国贸易发展趋势逐渐多元化。2017年，中俄双边贸易额840.7亿美元，同比增长20.8%。中国连续八年保持俄罗斯第一贸易伙伴国地位，俄罗斯在中国主要贸易伙伴中排名第11位。②另一方面，双边贸易结构不断优化，除在传统的油气能源领域合作外，中俄双方还积极推进同江铁路桥、黑龙江公路大桥等项目工程建设，同时还积极探讨北极开发、数字经济合作等新议题，开拓务实合作新空间。

（三）与日本关系

党的十八大以来的五年间，中日关系仍然处于不稳定的微妙而复杂的状态。2012年日本政府上演"购岛"闹剧，激化了中日在钓鱼岛问题上的矛盾。20世纪70年代，中日老一辈领导人以大局为重，就"钓鱼岛问题放一放，留待以后解决"达成重要谅解和共识。2012年9月11日，日本政府不顾中方坚决反对和一再严正交涉，从2012财年预备金中支出20.5亿日元进行所谓的"购买"钓鱼岛本岛、北小岛、南小岛，将三岛"收归国有"。这一"购岛"闹剧严重侵犯中国领土主权，激化了双方在钓鱼岛主

---

① 《习近平会见俄罗斯总统普京》，《人民日报》2016年9月5日。
② 《中国同俄罗斯的关系》（最近更新时间：2018年3月），中国外交部网站：http://www.fmprc.gov.cn/web/gjhdq_676201/gj_676203/oz_678770/1206_679110/sbgx_679114/. 2018年4月7日访问。

权问题上的矛盾。2012年9月10日,中国外交部严正声明,日本政府所谓的"购岛"完全是非法的、无效的。9月11日,中央电视台《新闻联播》后首次播报钓鱼岛及周边海域天气预报。9月13日,中国常驻联合国代表向联合国秘书长交存钓鱼岛及其附属岛屿领海基点基线坐标表和海图。9月25日,中国国务院新闻办公室发表《钓鱼岛是中国的固有领土》白皮书。12月13日,中国海监B-3837飞机抵达钓鱼岛领空,与正在钓鱼岛领海内巡航的中国海上执法船队会合,首次实现对钓鱼岛海空立体巡航。2013年11月23日,中国政府宣布划设东海防空识别区。此后,中日两国围绕钓鱼岛问题的外交摩擦不断。

由于中日关系长期陷入僵持状态不符合两国的根本利益,从2014年开始中日两国高层恢复接触和直接对话,中日关系呈现出一定的改善势头。2014年9月,中日重启海洋事务高级别磋商;11月7日,中国国务委员杨洁篪在北京会见来访的日本国家安全保障局长谷内正太郎。在会谈中,杨洁篪指出,发展长期健康稳定的中日关系,符合两国和两国人民的根本利益,中方一贯主张在中日四个政治文件基础上,本着"以史为鉴、面向未来"的精神发展中日关系。双方就处理和改善中日关系达成以下四点原则共识:一、双方确认将遵守中日四个政治文件的各项原则和精神,继续发展中日战略互惠关系。二、双方本着"正视历史、面向未来"的精神,就克服影响两国关系政治障碍达成一些共识。三、双方认识到围绕钓鱼岛等东海海域近年来出现的紧张局势存在不同主张,同意通过对话磋商防止局势恶化,建立危机管控机制,避免发生不测事态。四、双方同意利用各种多双边渠道逐步重启政治、外交和安全对话,努力构建政治互信。[1]

两国国家领导人相约会见,进一步改善了中日关系。2014年11月,在北京APEC会议期间,中国国家主席习近平在人民大会堂会应约会见

---

[1] 《中日就处理和改善中日关系达成四点原则共识》,《人民日报》2014年11月7日。

了日本首相安倍晋三。这是所谓"购岛"闹剧后，中日领导人首次面对面会谈。习近平指出："中国政府一贯重视对日关系，主张在中日四个政治文件基础上，本着以史为鉴、面向未来的精神，推动中日关系向前发展。""双方已就处理和改善中日关系发表四点原则共识，希望日方切实按照共识精神妥善处理好有关问题。"安倍首相表示，中国的和平发展对日本、对世界是重要机遇，日本决心继续走和平发展道路，本届政府将坚持历届政府在历史问题上的认识。①2016年9月，习近平在杭州应约会见日本首相安倍晋三。习近平指出：中方致力于改善发展中日关系的基本立场没有改变。通过对话磋商加强沟通，妥善处理东海问题，共同维护东海和平稳定。日方在南海问题上要谨言慎行，避免对中日关系改善造成干扰。安倍晋三表示：日方愿努力同中方建立互信，希望按照日中达成的有关共识精神，努力改善两国关系，并就相关问题同中方保持对话，希望推进同中方在金融、贸易、环保等领域合作。②2017年7月，习近平在汉堡应约会见日本首相安倍晋三。2017年11月11日，习近平在岘港应约会见日本首相安倍晋三。

作为搬不走的邻居，中日经济保持一定热度。截至2013年底，日本累计对华投资955.6亿美元，我国利用日元贷款协议金额32233亿日元，累计提款28260亿日元，已偿还本息20850亿日元。2014年中日双边贸易额为3124.4亿美元。2015年中日双边贸易额为2786.6亿美元，同比下降10.8%。③

---

① 《习近平分别会见韩国总统、越南国家主席、文莱苏丹、马来西亚总理、巴布亚新几内亚总理和日本首相》，《人民日报》2014年11月11日。

② 《习近平会见日本首相安倍晋三》，《人民日报》2016年9月16日。

③ 《中国同日本的关系》（最近更新时间：2016年12月），中国外交部网站：http://www.fmprc.gov.cn/web/gjhdq_676201/gj_676203/yz_676205/1206_676836/sbgx_676840/. 2018年4月7日访问。

（四）与欧洲国家关系

作为当今世界两大重要力量、两大重要市场、两大重要文明，中欧关系发展对推动国际力量平衡、促进世界和平与发展正发挥着日益重要的战略性、示范性作用。2013年11月，第16次中国—欧盟领导人会晤在北京举行。习近平会见欧洲理事会主席范龙佩和欧盟委员会主席巴罗佐，强调要准确定位中欧全面战略伙伴关系，双方发表《中欧合作2020战略规划》。中欧决定打造和平、增长、改革、文明四大伙伴关系，设立中欧共同投资基金，中国同欧洲国家、次区域及欧盟机构合作全面深入发展。近年来，"醒狮论"在欧洲变得颇有市场。2014年3月27日于法国巴黎，习近平在中法建交50周年纪念大会演讲中正面回应了"醒狮论"：中国这头狮子已经醒了，但这是一只和平的、可亲的、文明的狮子。

中欧班列迅猛发展，中欧经济技术合作成绩突出。中欧班列最初只有渝新欧1条线路，截至2017年5月，中欧班列运行线路已经发展为51条。中欧班列中国开行城市达到28个，到达欧洲11个国家29个城市，累计开行超过4000列[①]。中欧班列的最大优势是高效便捷，可以用两三周时间穿越亚欧大陆万余公里，中欧班列物流时间仅为海运物流时间的1/3到1/4。海港建设方面，2016年4月，中远海运集团收购希腊比雷埃夫斯港港务局67%的股权，8月接管经营比港港务局。比雷埃夫斯港将被建设为地中海最大的集装箱转运港、海陆联运的桥头堡，变成一个联通东西方的海上丝路的驿站。欧盟是我国最大贸易伙伴、最大进口来源地、第二大出口市场。我国是欧盟第二大贸易伙伴、第一大进口来源地、第二大出口市场。2017年中欧贸易额6169.2亿美元，同比上升12.7%；欧盟对华投资82.9亿美元，同比下降5.9%；中国对欧盟非金融类直接投资

---

① 中共中央宣传部、新华通讯社、中央电视台联合制作政论专题片：《大国外交》解说词第五集《东方风来》，《人民日报》2017年9月2日。

75.7亿美元，同比增长3.8%。欧盟是我国累计最大技术引进来源地。①

　　与德国的关系。2013年5月，李克强总理访问德国，双方发表《联合新闻公报》。9月，习近平在出席二十国集团圣彼得堡峰会期间同德国总理默克尔会见。2014年3月，习近平对德进行国事访问，分别同高克总统、默克尔总理会谈，双方发表《关于建立中德全方位战略伙伴关系的联合声明》。10月，李克强第二次访德，与默克尔共同主持第三轮中德政府磋商，双方发表以"共塑创新"为主题的《中德合作行动纲要》。2015年10月，德国总理默克尔对中国进行正式访问，习近平会见默克尔，双方同意保持中德全方位战略伙伴关系健康、稳定、持续向前发展。2017年7月，习近平对德国进行国事访问，同德国总理默克尔举行会谈。会谈后，两国领导人共同见证了航天、智能制造、工业互联网、数字化、第三方市场、大熊猫合作研究等领域多项双边合作文件的签署②。长期以来，德国一直是中国在欧洲最大贸易伙伴。2017年双边贸易额为1681亿美元，同比增长11.1%，其中中国对德国出口额为711.4亿美元，同比增长9%，进口额为989.5亿美元，同比增长12.6%，逆差278.2亿美元。德国是欧盟对华直接投资最多的国家，截至2017年底，中国累计批准德国企业在华投资项目9781个，德方实际投入297.2亿美元；经中国商务部核准的中国累计在德国非金融类直接投资101.2亿美元。德国是欧洲对华技术转让最多的国家，截至2017年底，中国从德国引进技术23714项，合同金额789.4亿美元。③

　　与英国的关系。近年来，两国高层互访频繁，双边关系发展水平不

① 《中国同欧盟的关系》（最近更新时间：2018年3月），中国外交部网站：http://www.fmprc.gov.cn/web/gjhdq_676201/gjhdqzz_681964/1206_679930/sbgx_679934/. 2018年4月7日访问。

② 《习近平同德国总理默克尔举行会谈》，《人民日报》2017年7月6日。

③ 《中国同德国的关系》（最近更新时间：2018年3月），载中国外交部网站：http://www.fmprc.gov.cn/web/gjhdq_676201/gj_676203/oz_678770/1206_679086/sbgx_679090/. 2018年4月7日访问。

断提升。2013年12月，英国首相卡梅伦对中国进行正式访问，与李克强总理举行两国总理年度会晤，习近平会见卡梅伦。2014年6月，李克强总理正式访英并举行中英总理年度会晤，其间会见伊丽莎白二世女王，同卡梅伦首相举行会谈，双方发表《中华人民共和国政府和大不列颠及北爱尔兰联合王国政府联合声明》。2015年10月，习近平对英国进行国事访问，同英国首相卡梅伦会谈，决定共同构建中英面向21世纪全球全面战略伙伴关系，开启持久、开放、共赢的中英关系"黄金时代"。从2016年1月11日开始，英国向中国公民颁发两年多次有效访客签证。2017年7月，习近平在汉堡会见英国首相特雷莎·梅。习近平强调：发展中英关系，巩固战略互信是基础。双方要加强各领域务实交流合作，在"一带一路"倡议框架内，加强中国"十三五"规划、"中国制造2025"同英国现代产业战略、"英格兰北部经济中心"等发展计划对接，深化金融、核电等合作[①]。英国是中国在欧盟内第二大贸易伙伴、第二大投资目的国和第二大实际投资来源地，中国是英国在欧盟外第二大贸易伙伴。2017年，中英双边贸易额790.3亿美元，同比增长6.2%。英在华实际投资13.51亿美元，累计总投资210.5亿美元。目前已有超过500家中资企业落户英国[②]。

与法国的关系。2013年4月，奥朗德总统对中国进行国事访问，习近平、李克强、张德江分别同其会谈、会见，双方决定进一步深化中法新型全面战略伙伴关系。2014年3月，中国国家主席习近平对法国进行国事访问并出席中法建交五十周年纪念大会。习近平在纪念大会发表重要讲话，指出：中法两国和两国人民在发展两国关系中，共同培育了独立自主、相互理解、高瞻远瞩、合作共赢的精神。更好规划中法关系未来

---

① 《习近平会见英国首相特雷莎·梅》，《人民日报》2017年7月8日。

② 《中国同英国的关系》（最近更新时间：2018年2月），载中国外交部网站：http: //www.fmprc.gov.cn/web/gjhdq_676201/gj_676203/oz_678770/1206_679906/ sbgx_679910/. 2018年4月7日访问。

发展，让中法关系更加紧密、更加持久、更加特殊①。2015年1月，法国总理瓦尔斯正式访华，习近平主席、李克强总理和张德江委员长分别同其会见会谈。6月，李克强总理访问法国，同奥朗德总统、瓦尔斯总理会见会谈。11月，法国总统奥朗德对中国进行第二次国事访问，双方共同发表了中法元首气候变化联合声明，就推动两国关系更好更快发展达成许多新共识。2016年9月，中国国家主席习近平在杭州会见前来出席二十国集团领导人杭州峰会的法国总统奥朗德。习近平指出：无论国际风云如何变幻，中方始终视法国为重要战略合作伙伴，始终从战略高度和长远角度看待中法关系。欧盟是世界上重要一极。中欧作为世界两大力量，拥有广泛共同利益。中方乐见一个繁荣稳定的欧盟，支持欧洲一体化进程的政策不会改变，将继续致力于深化中欧关系和务实合作。奥朗德表示：法方愿增进双方沟通协调，继续推进两国农业、食品、核电、旅游、环境及国际和地区热点问题上务实合作②。2017年2月，法国总理卡泽纳夫访华。7月，中国国家主席习近平在汉堡会见法国总统马克龙。截止2017年1月，法国是中国在欧盟内第四大贸易伙伴、第四大实际投资来源国、第三大投资目的国和第四大技术引进国。中国是法国亚洲第一大、全球第五大贸易伙伴。2015年，中法双边贸易额为514.2亿美元，同比下降7.8%。2016年中法双边贸易额为471.3亿美元，同比下降8.2%。其中，中方出口额为246.6亿美元，同比下降7.8%，进口额为224.8亿美元，同比下降8.7%。截至2016年底，法国在华投资项目5197个，实际投资157.3亿美元。2016年中国对法国非金融类直接投资金额4亿美元，同比上升62.6%。③

① 习近平：《在中法建交五十周年纪念大会上的讲话》（2014年3月27日），《人民日报》2014年3月29日。
② 《习近平会见法国总统奥朗德》，《人民日报》2016年9月7日。
③ 《中国同法国的关系》（最近更新时间：2017年1月），中国外交部网站：http://www.fmprc.gov.cn/web/gjhdq_676201/gj_676203/oz_678770/1206_679134/sbgx_679138/. 2018年4月7日访问。

（五）与澳大利亚关系

　　澳大利亚将中国称为自己的邻居，大洋洲成为"一带一路"的自然延伸。2013年4月，澳总理吉拉德正式访华并出席博鳌亚洲论坛2013年年会，国家主席习近平会见，国务院总理李克强同吉拉德举行首轮中澳总理年度定期会晤。2014年4月，澳大利亚总理阿博特对中国进行正式友好访问，习近平会见他时指出：中方愿意同澳方一道，推动中澳战略伙伴关系持续向前发展。2014年11月，中国国家主席习近平出席在澳大利亚布里斯班举行的二十国集团领导人第9次峰会，对澳大利亚、新西兰、斐济进行国事访问并同建交太平洋岛国领导人举行集体会晤。在与澳大利亚总理阿博特的会谈中，两国领导人决定将中澳关系提升为中澳全面战略伙伴关系，宣布实质性结束中澳自由贸易协定谈判[1]。2015年3月，澳总督科斯格罗夫对华进行国事访问并出席博鳌亚洲论坛2015年年会。2016年9月，习近平在杭州会见在华出席二十国集团领导人杭州峰会的澳大利亚总理特恩布尔[2]。2017年3月，中国总理李克强对澳大利亚进行正式访问。双方同意继续实施好中澳自贸协定，努力打造两国合作"自贸繁荣"新时代。双方将深入推进中方"一带一路"倡议与澳"北部大开发"计划以及两国创新战略对接合作，积极拓展能源资源、基础设施、农牧业和科技创新等领域合作[3]。据中方统计，2016年中澳双边贸易额1078.3亿美元，同比下降5.3%，澳是中国第八大贸易伙伴。据澳方统计，2016年，中澳双边货物进出口额为1040.7亿美元，同比下降2.8%。中国为澳大利亚第一大贸易伙伴、出口市场和进口来源地[4]。

①　《习近平同澳大利亚总理阿博特举行会谈》，《人民日报》2014年11月18日。

②　《习近平会见澳大利亚总理特恩布尔》，《人民日报》2016年4月17日。

③　《李克强总理对澳大利亚进行正式访问成果清单》，《人民日报》2017年3月26日。

④　《中国同澳大利亚的关系》（最近更新时间：2017年8月），中国外交部网站：http://www.fmprc.gov.cn/web/gjhdq_676201/gj_676203/dyz_681240/1206_681242/sbgx_681246/. 2018年4月7日访问。

三、2012年至今中国与邻国关系

　　中国是世界上周边邻国最多的国家之一，周边是中国的安身立命之所、发展繁荣之基，中国将周边外交置于外交总体布局的首要位置。2013年10月，中国召开首次周边外交工作座谈会，习近平明确指出：无论从地理方位、自然环境还是相互关系看，周边对中国都具有极为重要的战略意义。中国周边外交的战略目标，就是服从和服务于实现"两个一百年"奋斗目标、实现中华民族伟大复兴，全面发展同周边国家的关系，巩固睦邻友好，深化互利合作，维护和用好中国发展的重要战略机遇期，维护国家主权、安全、发展利益，努力使周边同中国政治关系更加友好、经济纽带更加牢固、安全合作更加深化、人文联系更加紧密。习近平强调，中国周边外交的基本方针，就是坚持与邻为善、以邻为伴，坚持睦邻、安邻、富邻，突出体现亲、诚、惠、容的理念。要坚持睦邻友好，守望相助；讲平等、重感情；常见面，多走动；多做得人心、暖人心的事，使周边国家对我们更友善、更亲近、更认同、更支持，增强亲和力、感召力、影响力。要诚心诚意对待周边国家，争取更多朋友和伙伴。要本着互惠互利的原则同周边国家开展合作，编织更加紧密的共同利益网络，把双方利益融合提升到更高水平，让周边国家得益于我国发展，使中国也从周边国家共同发展中获得裨益和助力[①]。这些，为新的历史条件下"中国特色大国外交"之周边外交的不断开拓进取指明了前进的方向。党的十八大以来的五年间，习近平的出访行程，一半留给了周边的东亚、中亚、南亚、东南亚，奋发有为推进周边外交。周边国家领导人接踵而至，与中国频繁互动。尽管周边安全形势总体平稳，但海洋权益争端、地缘政治挑战等仍然存在。

[①]　《习近平在周边外交工作座谈会上发表重要讲话强调　为我国发展争取良好周边环境　推动我国发展更多惠及周边国家》，《人民日报》2013年10月26日。

（一）与东亚国家关系

致力于朝鲜半岛的和平稳定。党的十八大以来的五年间，关于朝鲜半岛问题，是习近平和外国领导人谈得最多的话题之一。近年来，朝鲜进行核试验并多次试射各种类型弹道导弹，美韩多次组织各类联合军演，各方针锋相对、剑拔弩张，大有山雨欲来之势。中方提出了"双暂停"倡议，就是朝鲜暂停核导活动，美韩暂停大规模联合军演。2016年4月28日，在北京举行的亚信第五次外长会议上，习近平指出，作为半岛近邻，我们决不允许半岛生战生乱。9月，习近平主席在杭州会见来出席二十国集团领导人峰会韩国总统朴槿惠时指出：中方始终致力于实现半岛无核化目标，半岛问题最终还是要通过对话协商加以解决，反对美国在韩国部署"萨德"反导系统。2017年9月3日，正值金砖国家领导人厦门会晤开会当天，朝鲜再次进行核试验。中国政府"对此表示坚决反对并予强烈谴责"。指出："实现朝鲜半岛无核化、维护核不扩散体系、维护东北亚和平稳定，是中方坚定立场。"[1]习近平和普京在厦门会见时，"一致同意坚持朝鲜半岛无核化目标，并密切沟通协调，妥善应对朝鲜再次进行核试验这一最新形势。"[2]《金砖国家领导人厦门宣言》对朝鲜进行核试验表示十分遗憾，并强调："这个问题只能通过所有相关方直接对话，以和平方式解决。"[3]2017年11月，中国国家主席习近平在越南岘港会见韩国总统文在寅，习近平指出：中方坚持实现半岛无核化，坚持维护半岛和平稳定，坚持通过对话协商解决问题。文在寅表示，韩方赞赏中方在朝鲜半岛核问题上发挥的积极作用，愿同中方密切沟通和协调，坚持以和平方式解决朝核问题、维护半岛和平[4]。2017年12月，习近平同来华进行国事访问的韩国总统文在寅举行会谈，两国元首就

---

①　《外交部就朝鲜再次进行核试验发表声明》，《人民日报》2017年9月4日。

②　《习近平会见俄罗斯总统普京》，《人民日报》2017年9月4日。

③　《金砖国家领导人厦门宣言》，《人民日报》2017年9月5日。

④　《习近平会见韩国总统文在寅》，《人民日报》2017年11月12日。

朝鲜半岛形势交换了看法。习近平强调，必须坚持半岛无核化目标不动摇，绝不允许半岛生战生乱，半岛问题最终要通过对话协商解决。中韩两国在维护半岛和平稳定方面有着重要的共同利益。文在寅强调，韩方坚定致力于通过和平手段解决半岛核问题，愿同中方一道，共同维护本地区和平稳定①。

　　建设中韩战略合作伙伴关系。2013年6月，韩国总统朴槿惠对华进行国事访问。2014年7月，习近平主席对韩国进行国事访问。双方宣布中韩努力成为实现共同发展的伙伴、致力地区和平的伙伴、携手振兴亚洲的伙伴、促进世界繁荣的伙伴。11月北京APEC会议期间，习近平会见韩国总统朴瑾惠。一致同意推动中韩战略合作伙伴关系不断取得新成果，共同见证签署关于结束两国自贸协定谈判的会议纪要，完成自由贸易区协定实质性谈判②。2015年9月，韩国总统朴槿惠来华出席中国人民抗日战争暨世界反法西斯战争胜利70周年纪念活动。10月至11月，李克强对韩国进行正式访问，并出席在首尔举行的第六次中日韩领导人会议。2015年12月20日，中韩自贸协定正式生效。2016年9月，习近平主席在杭州会见来出席二十国集团领导人峰会韩国总统朴槿惠。习近平指出：双方应该珍惜政治互信，维护合作基础，克服困难和挑战，推动中韩关系在正确轨道上平稳健康发展。朴槿惠表示：双方要深化两国战略合作伙伴关系。2017年11月，中国国家主席习近平在越南岘港会见韩国总统文在寅。习近平重申了中方在"萨德"问题上的立场，强调在事关重大利害关系问题上，双方都应该本着对历史负责、对中韩关系负责、对两国人民负责的态度，作出经得起历史考验的决策，确保中韩关系始终沿着正确方向，行稳致远。文在寅表示：希望韩中双方共同努力，尽早恢复两国高层交往和各领域交流合作。韩方支持并愿积极参与"一带一路"建

①　《习近平同韩国总统文在寅举行会谈》，《人民日报》2017年12月15日。

②　《习近平分别会见韩国总统、越南国家主席、文莱苏丹、马来西亚总理、巴布亚新几内亚总理和日本首相》，《人民日报》2014年11月11日。

设。韩方重视中方在"萨德"问题上关切，无意损害中国的战略安全利益[①]。2017年12月，习近平同来华进行国事访问的韩国总统文在寅举行会谈。习近平指出：中韩是友好近邻和战略合作伙伴。把握互利共赢的合作宗旨，推动中韩战略合作伙伴关系始终健康稳定地走在正确发展轨道上。文在寅表示：韩中两国互为重要邻邦和合作伙伴，推动韩中合作在互惠互利基础上取得新发展，推动韩中战略合作伙伴关系更上层楼。韩方愿积极参与共建"一带一路"合作。韩方愿同中国及其他国家共同努力构建人类命运共同体[②]。据中国海关统计，2016年中韩贸易额2525.76亿美元，下降8.4%。其中中方出口937.08亿美元，进口1588.68亿美元，分别下降7.5%和9%。中国是韩国最大贸易伙伴、最大出口市场和进口来源国，韩国是中国第三大贸易伙伴国。截至2016年底，韩国对华投资累计687亿美元，中国对韩国实际投资累计44.8亿美元。中国是韩国第三大的海外投资对象国，韩国是中国第二大外商直接投资来源国。[③]

对接建设"丝绸之路经济带"倡议和"草原之路""发展之路"倡议，建设中蒙全面战略伙伴关系。2013年10月，蒙古总理阿勒坦呼雅格对华进行正式访问。2014年8月，中国国家主席习近平对蒙古国进行正式友好访问，同蒙古国总统额勒贝格道尔吉举行会谈。两国元首一致决定将中蒙关系提升为全面战略伙伴关系，坚持睦邻友好、守望相助、增进互信、深化合作，共谱中蒙关系发展新的历史篇章。会谈后，两国元首共同签署并发表了《中华人民共和国和蒙古国关于建立和发展全面战略伙伴关系的联合宣言》，并共同见证两国多项合作文件的签署，涉及外交、经贸、过境运输、矿产、基础设施建设、金融、文化、住房建设等领域[④]。

---

① 《习近平会见韩国总统文在寅》，《人民日报》2017年11月12日。
② 《习近平同韩国总统文在寅举行会谈》，《人民日报》2017年12月15日。
③ 《中国同韩国的关系》（最近更新时间：2017年3月），中国外交部网站：http://www.fmprc.gov.cn/web/gjhdq_676201/gj_676203/yz_676205/1206_676524/sbgx_676528/. 2018年4月7日访问。
④ 《习近平同蒙古国总统额勒贝格道尔吉举行会谈》，《人民日报》2014年8月22日。

2015年9月，习近平在北京会见蒙古国总统额勒贝格道尔吉。习近平指出：当前，中蒙全面战略伙伴关系总体发展顺利，双方要加快推进丝绸之路经济带倡议同草原之路倡议战略对接，尽早启动一批具有标志性意义的大项目，全面提升中蒙经贸务实合作水平。中方愿同蒙方和俄方保持密切沟通，推进中蒙俄经济走廊建设，促进三国乃至本地区发展繁荣[①]。2016年6月，中国国家主席习近平在塔什干会见蒙古国总统额勒贝格道尔吉。2017年5月，习近平在北京会见来华出席"一带一路"国际合作高峰论坛的蒙古国总理额尔登巴特。习近平指出，蒙古国是"一带一路"重要沿线国家。中方欢迎蒙方积极参与"一带一路"建设，支持蒙古国发挥连接欧亚大陆的桥梁和纽带作用。双方要落实贸易投资、互联互通、农牧业、产能、能源等领域合作，使"一带一路"倡议和蒙方"发展之路"倡议对接产生实效。要推进中蒙俄经济走廊建设，助力三方共同发展[②]。

（二）与中亚国家关系

对接"丝绸之路经济带"建设与"光明之路"新经济政策，建设中哈全面战略伙伴关系。2013年9月，中国国家主席习近平访问哈萨克斯坦，在纳扎尔巴耶夫大学发表演讲，提出共同建设"丝绸之路经济带"的倡议。2015年5月，习近平访问哈萨克斯坦。2016年9月，习近平在杭州同哈萨克斯坦总统纳扎尔巴耶夫举行会谈。2016年11月，李克强对哈萨克斯坦进行正式访问并出席在阿斯塔纳举行的中哈总理第三次定期会晤。2017年5月，纳扎尔巴耶夫总统来华出席"一带一路"国际合作高峰论坛。6月，习近平对哈萨克斯坦进行国事访问，并出席上海合作组织成员国元首理事会第17次会议和阿斯塔纳专项世博会开幕式。两国元首签署了《中华人民共和国和哈萨克斯坦共和国联合声明》，并见证了经贸、

---

① 《习近平会见蒙古国总统额勒贝格道尔吉》，《人民日报》2015年9月4日。

② 《习近平会见蒙古国总理额尔登巴特》，《人民日报》2017年5月13日。

金融、基础设施建设、水利、质检、税务、人文等领域多项双边合作文件的签署①。2017年中哈双边贸易额为180亿美元，同比增长37.49%。其中中方出口116.4亿美元，同比增长40.4%，中方进口63.6亿美元，同比增长32.3%。②中哈在油气等领域开展良好合作。双方共同修建了我国第一条跨境输油管线—中哈原油管道，中国—中亚天然气管线A/B/C三线均过境哈萨克斯坦。

对接"丝绸之路经济带"建设同"2030年前国家发展战略"，建设中塔全面战略伙伴关系。2014年9月，习近平对塔吉克斯坦进行国事访问。2017年8月至9月，塔吉克斯坦共和国总统埃莫马利·拉赫蒙对中国进行国事访问，并出席在厦门举行的新兴市场国家与发展中国家对话会，习近平在人民大会堂同拉赫蒙总统举行会谈。"两国元首一致决定建立中塔全面战略伙伴关系，推动中塔关系在新的历史起点上实现更大发展。"③会谈后，两国元首共同签署并发表了《中塔关于建立全面战略伙伴关系的联合声明》，见证了《中塔合作规划纲要》等十多项合作文件的签署。双方商定："开展'一带一路'建设同塔吉克斯坦'2030年前国家发展战略'对接合作"，"双方坚决反对外部势力以任何借口、任何方式干涉中亚国家内政，破坏中亚稳定。"④

在共建"丝绸之路经济带"框架内扩大合作，建设中乌全面战略伙伴关系。2013年9月，习近平对乌兹别克斯坦进行国事访问。2017年5月，乌兹别克斯坦共和国总统沙夫卡特·米尔济约耶夫对中国进行国事访问。双方重申共同遵守2013年9月9日签订的《中华人民共和国和乌兹别

---

① 《习近平同哈萨克斯坦总统纳扎尔巴耶夫举行会谈》，《人民日报》2017年6月8日。
② 《中国同哈萨克斯坦的关系》（最近更新时间：2018年3月），中国外交部网站：http://www.fmprc.gov.cn/web/gjhdq_676201/gj_676203/yz_676205/1206_676500/sbgx_676504/. 2018年4月10日访问。
③ 《习近平同塔吉克斯坦总统拉赫蒙会谈》，《人民日报》2017年9月1日。
④ 《中华人民共和国和塔吉克斯坦共和国关于建立全面战略伙伴关系的联合声明》，《人民日报》2017年9月1日。

克斯坦共和国友好合作条约》、2016年6月22日签署并发表的《中华人民共和国和乌兹别克斯坦共和国联合声明》以及其他双边条约和协议。双方声明：双方一致决定深化真诚互信、合作共赢的全面战略伙伴关系①。双方强调要在共建"一带一路"框架内扩大贸易、投资、经济技术和交通、通信、农业、园区等优先领域合作。2017年，中乌双边贸易额42.2亿美元，同比增长16.9%。其中中方出口27.5亿美元，同比增长37.1%。中方进口14.7亿美元，同比下降8.4%。

中国与吉尔吉斯斯坦、土库曼斯坦也建立有战略伙伴关系。2013年9月，习近平对吉尔吉斯斯坦进行国事访问，中吉建立战略伙伴关系。2016年11月，李克强对吉尔吉斯斯坦进行正式访问并出席在比什凯克举行的上海合作组织成员国政府首脑（总理）理事会第十五次会议。2017年1月，吉尔吉斯斯坦总统阿塔姆巴耶夫访华。5月，阿塔姆巴耶夫来华出席"一带一路"国际合作高峰论坛。2016年，中吉双边贸易额为56.76亿美元。2013年9月，习近平对土库曼斯坦进行国事访问，中土建立战略伙伴关系。2014年5月，土库曼斯坦别尔德穆哈梅多夫对华进行国事访问，双方签署《中土友好合作条约》。2016年，中土双边贸易额为59.02亿美元。

（三）与南亚国家关系

南亚地区包括印度、巴基斯坦、阿富汗、尼泊尔、不丹、孟加拉国、斯里兰卡、马尔代夫等八个国家。

坚持和平相处、合作共赢，是推进中印战略合作伙伴关系唯一正确的选择。2013年中国新任总理李克强首次出访首站印度。2013年印度总理莫汉·辛格访华实现两国总理年内互访。2014年习近平主席访印。2015年印度总理纳伦德拉·莫迪访华。2016年印度总统普拉纳布·慕克

---

① 《中华人民共和国和乌兹别克斯坦共和国关于进一步深化全面战略伙伴关系的联合声明》，《人民日报》2017年5月13日。

吉访华。2017年"洞朗事件"的发生，6月18日至8月28日，印度边防人员在中印边界锡金段越过边界线进入中方境内，阻挠中国边防部队在洞朗地区修路等正常活动，中印洞朗军事对峙持续70天之久，极大地干扰了中印友好关系。9月5日，中国国家主席习近平在厦门会见来华出席金砖国家领导人第九次会晤和新兴市场国家与发展中国家对话会的印度总理莫迪。习近平指出：此前我们曾在中国西安就充实中印战略伙伴关系内涵，构建两国更加紧密的发展伙伴关系达成重要共识。在双方共同努力下，我们达成的各项共识正在得到落实，两国立法机构、铁路、产业园区、智慧城市等领域合作稳步推进。双方要保持高层接触，加强各层级战略沟通。要按计划完成重大合作项目可行性研究，打造中印合作旗舰项目。要实施好中国—印度文化交流计划，开展好智库、媒体、地方合作。要妥善管控分歧，共同努力维护好边境地区和平安宁。要携手推进亚洲基础设施投资银行、金砖国家新开发银行、孟中印缅经济走廊建设，探讨将中方"一带一路"倡议同印方有关倡议有效对接，实现互利合作和共同发展[1]。双方在不动一枪一弹的情况下化解了扑朔迷离的"洞朗危机"，中印领导人如期实现厦门会晤。这件事表明：中印两国作为友好邻邦，发展友好合作关系符合两国根本利益，即使出现暂时困难，但是两国不必成为你死我活的竞争对手。2017年印度与中国双边货物进出口额为845.4亿美元，增长21.4%。其中，印度对中国出口124.8亿美元，增长39.3%，占印度出口总额的4.2%，提高0.8个百分点；印度自中国进口720.5亿美元，增长18.7%，占印度进口总额的16.1%，下降0.7个百分点。印度与中国的贸易逆差595.7亿美元，增长15.2%。中国是印度第四大出口目的地和第一大进口来源地。[2]中印贸易额有所上升，贸易结构需要改善。印度对中国出口的主要商品为矿产品、贱金属

---

①　《习近平会见印度总理莫迪》，《人民日报》2017年9月6日。

②　《2017年12月印度贸易简讯》，中国商务部网站：https://countryreport.
mofcom.gov.cn/new/view110209.asp?news_id=58315. 2018年4月10日访问。

及制品和化工产品，印度从中国进口的主要商品为机电产品、化工产品和贱金属及制品。

巴基斯坦地处"一带一路"海陆交汇之处，中巴是全天候战略合作伙伴。2013年5月，李克强就任中国总理后首次出访四国就有巴基斯坦。2014年11月，中国国家主席习近平在北京会见巴基斯坦总理谢里夫，欢迎他来华出席加强互联互通伙伴关系对话会。习近平指出："中巴是铁杆朋友和全天候战略合作伙伴"。中方愿同巴方一道，搞好中巴经济走廊，在亚洲基础设施投资银行筹建过程中加强合作，共同推进丝绸之路经济带和21世纪海上丝绸之路建设，为中国扩大同南亚合作发挥示范作用。中方愿意同巴方协力推进阿富汗和平与和解进程，支持巴印改善关系，共同维护南亚和平、稳定、发展。谢里夫表示：加强同中国的战略合作是巴基斯坦外交的基石，在所有重大问题特别是涉及中国核心利益问题上，巴方将一如既往坚定支持中方。巴方希望积极参与"一带一路"建设，加强两国电力、公路、港口等基础设施建设领域合作①。2015年4月，习近平对巴基斯坦进行国事访问。两国领导人一致同意将中巴关系提升为全天候战略合作伙伴关系，这一定位在中国对外关系定位中独树一帜，凸显了中巴友好关系的特殊性、长期性、坚定性。2017年5月，习近平在北京会见来华出席"一带一路"国际合作高峰论坛的巴基斯坦总理谢里夫。举世瞩目的中巴经济走廊以走廊建设为中心，以瓜达尔港、能源、基础设施建设、产业合作为重点，形成"1+4"合作布局。瓜达尔港成为中巴"一带一路"合作的旗舰项目，2016年11月正式通航。预计到2020年，瓜达尔港货物处理能力将达到每年1400万吨散货和100万个集装箱，成为南亚最大的深水港。

中国为推进阿富汗和平重建和和解进程发挥建设性作用。2014年5月，习近平在上海会见阿富汗总统卡尔扎伊。习近平强调，中方坚定不

---

① 《习近平分别会见缅甸总统、孟加拉国总统、老挝国家主席、蒙古国总统和巴基斯坦总理》，《人民日报》2014年11月9日。

移奉行对阿友好政策,无论国际和地区形势如何变化,中国都是阿富汗可以信赖的朋友。支持阿富汗人主导、阿富汗人所有的和解进程,中方愿继续发挥建设性作用①。2016年6月,习近平在塔什干会见阿富汗总统加尼。习近平指出,中方支持阿富汗和平重建和和解进程。只有推进"阿人主导、阿人所有"的包容性和解进程,才是实现阿富汗长久和平的唯一出路②。2017年6月,习近平在阿斯塔纳会见阿富汗总统加尼。要积极落实《共同推进"一带一路"建设谅解备忘录》等务实合作协议,在"一带一路"框架内深化务实合作,稳步推进中阿互联互通项目,加强反恐和安全合作③。

印度洋航线是中国最重要的能源和商业运输线,也是海上丝绸之路的重要组成部分。为了保障航线的安全畅通,中国在印度洋航线海外利益攸关区采取了相关措施予以护卫。在民商设施建设方面,中国参与了北印度洋地区邻近国家的港口道路基础设施建设,如巴基斯坦的瓜德尔港及中巴经济走廊建设、孟加拉国的吉大港建设、斯里兰卡的汉班托塔港建设、缅甸的实兑港建设,等等。2015年5月,中国政府发布《中国的军事战略》国防白皮书,提到"海外利益攸关区"等概念:"加强海外利益攸关区国际安全合作,维护海外利益安全。"④在军事保障方面,2009年1月6日,中国海军第一批索马里护航编队到达亚丁湾海域开始护航并保持常态化,至2017年7月,中国海军保持着编队自身和被护商船"两个百分之百安全"的护航骄人纪录。2017年7月11日,中国人民解放军官兵自广东湛江前往第一个海外保障基地——吉布提保障基地,中国人民解放军驻吉布提保障基地成立。8月1日,驻吉布提保障基地部队进驻营区,标志着中国首个海外保障基地建成和投入使用。港口建设、军

---

① 《习近平会见阿富汗总统卡尔扎伊》,《人民日报》2014年5月19日。

② 《习近平会见阿富汗总统加尼》,《人民日报》2016年6月25日。

③ 《习近平会见阿富汗总统加尼》,《人民日报》2017年6月8日。

④ 中华人民共和国国务院新闻办公室:《中国的军事战略》白皮书(2015年5月),《人民日报》2015年5月10日。

事护航、保障基地等中国在北印度洋地区的海上力量，保护了印度洋航行安全，繁荣了海上丝路沿线地区经济。

（四）与东南亚国家关系

党的十八大以来的五年，中国—东盟各方面关系全面加强，中国—东盟"命运共同体"理念成为广泛共识。2013年10月，习近平在印尼国会发表演讲，倡议携手建设更为紧密的中国—东盟命运共同体，倡导共建"21世纪海上丝绸之路"。2016年9月，李克强出席在老挝万象举行的第19次中国—东盟（10+1）领导人会议暨中国—东盟建立对话关系25周年纪念峰会、第19次东盟与中日韩（10+3）领导人会议和第11届东亚峰会，并对老挝进行正式访问。中国—东盟各方面关系全面加强的具体表现如下：（1）中国—东盟政治互信不断加强。作为域外国家，中国第一个加入《东南亚友好合作条约》，第一个明确支持东盟在区域合作中的中心地位，第一个同东盟建立战略伙伴关系，第一个公开表示愿同东盟签署《东南亚无核武器区条约》议定书，第一个同东盟启动自贸区谈判进程①。（2）中国—东盟经济合作硕果累累。1991年至2016年间，双方贸易额从80亿美元增长到4722亿美元，增长近60倍。中国连续7年成为东盟最大贸易伙伴，东盟连续5年成为中国第三大贸易伙伴。双方相互投资快速均衡发展，累计双向投资超过1600亿美元。产能合作迈出坚实步伐，已开工或建成一批铁路、公路、电站等重大项目。2010年中国与东盟建成世界上最大的发展中国家自贸区；2015年11月，中国与东盟签署《关于修订〈中国—东盟全面经济合作框架协议〉及项下部分协议的议定书》，标志中国—东盟自贸区升级谈判全面结束；自贸区升级版于2016年7月1日实施。（3）中国—东盟人文交流日益频繁。中国已成为东盟第一大境外游客来源地，中国与东盟十国缔结友好省市已达100多对。（4）中

---

① 李克强：《在第十九次中国—东盟（10+1）领导人会议暨中国—东盟建立对话关系二十五周年纪念峰会上的讲话》（2016年9月7日），《人民日报》2016年9月8日。

国"一带一路"倡议与东盟"互联互通总体规划发展"目标高度契合,中国铁路在东南亚飞速延伸。中马东盟制造中心成立,标志着马来西亚成为东盟首个拥有轨道交通装备制造能力的国家;中印尼雅加达—万隆高铁全长150公里,成为印尼乃至东南亚地区的首条高铁;中老磨丁—万象铁路工程全长418公里,是第一个以中方为主投资建设并运营、与中国铁路网直接连通的境外铁路项目;中泰铁路合作项目总长度约845公里,是泰国首条标准轨复线铁路,全部使用中国技术标准和装备。总之,中国"坚定支持东盟一体化,支持共同体建设,支持东盟在区域合作中的中心地位"。"东盟与中日韩(10+3)合作是东亚合作的主渠道。"①中方提出制定"中国—东盟战略伙伴关系2030年愿景"、实现"一带一路"倡议同东盟互联互通规划对接等倡议,中国—东盟命运共同体在深入合作中日益显现。

中国与东盟有关各方妥善处理"南海仲裁风波",并通过《南海行为准则》框架。2013年初,菲律宾阿基诺三世政府在美国的支持下就中菲南海问题针对中国单方面提起仲裁案。2016年7月12日,受时任国际海洋法法庭庭长、日本人柳井俊二指派组成中国南海临时仲裁庭作出"中国败诉"的非法裁决。针对企图否定中国在南海领土主权和海洋权益的南海仲裁案,2016年7月12日,中国外交部发表声明:"应菲律宾共和国时任政府单方面请求建立的南海仲裁案仲裁庭作出的裁决是无效的,没有拘束力,中国不接受、不承认。"②同时,中国外交部受权发布《中华人民共和国政府关于在南海的领土主权和海洋权益的声明》。13日,中国国务院新闻办公室发表《中国坚持通过谈判解决中国与菲律宾在南海的有关争议》白皮书。中国政府对于南海问题的基本立场是:第一,根据《联合国海洋法公约》,缔约国拥有首先选择直接对话协商方式和

---

① 中华人民共和国国务院新闻办公室:《中国的亚太安全合作政策》(2017年1月),《人民日报》2017年1月12日。

② 中共中央党史研究室:《党的十八大以来大事记》,《人民日报》2017年10月16日。

平解决争端的权利。中方不接受、不参与仲裁等第三方解决程序，是在行使国际法也是《公约》赋予的权利。第二，过去十多年南海地区保持和平稳定，基础是中国与东盟国家达成的《南海各方行为宣言》。至于南海地区的航行和飞越自由，本来就不存在任何问题。第三，中方与东盟国家正在积极落实《南海各方行为宣言》，推进"南海行为准则"磋商[1]。2016年7月，在东盟外长会议上，各方最终共同发表了《全面有效落实〈南海各方行为宣言〉的联合声明》，共同确认地区规则框架的有效性。9月，中国与东盟十国领导人就南海问题达成重要共识："重申尊重并承诺，包括1982年《联合国海洋法公约》在内的公认的国际法原则所规定的在南海的航行及飞越自由；承诺根据公认的国际法原则，包括1982年《联合国海洋法公约》，由直接相关的主权国家通过友好磋商和谈判，以和平方式解决它们的领土和管辖权争议。""承诺全面有效完整落实《南海各方行为宣言》，并在协商一致的基础上实质性推动早日达成'南海行为准则'。"[2]2017年5月，中国贵阳见证了中国与东盟国家达成"南海行为准则"框架。8月6日，在菲律宾召开的第50届东盟外长会上，备受瞩目的《南海行为准则》框架获得正式通过。

以和平方式妥善处理海上问题，深化中越全面战略合作伙伴关系。2015年11月，习近平对越南进行国事访问。2016年9月，李克强在北京同来华进行正式访问的越南总理阮春福举行会谈。李克强表示：中方支持越南走符合本国特色社会主义道路，希望双方继续按照海上、陆上、金融合作"三线并举"的总体思路，推进双边和澜沧江—湄公河次区域发展战略对接，加强基础设施建设、产能、贸易投资、金融等各领域务实合作。阮春福表示：越方愿同中方以和平方式妥善处理海上问题，管控好

---

[1] 李克强：《在第十一届东亚峰会上的讲话》（2016年9月8日，万象），《人民日报》2016年9月9日。

[2] 新华社：《第十九次中国—东盟领导人会议暨中国—东盟建立对话关系25周年纪念峰会联合声明——迈向更加紧密的中国—东盟战略伙伴关系》，《人民日报》2016年9月8日。

分歧，保持海上稳定，开展低敏感领域海上合作，不让海上问题影响两国关系发展。2017年5月，越南国家主席陈大光对中国进行国事访问并出席"一带一路"国际合作高峰论坛。访问期间，中国国家主席习近平同陈大光举行会谈，就不断深化中越全面战略合作伙伴关系达成重要共识。一致同意继续恪守两党两国领导人达成的重要共识和《关于指导解决中越海上问题基本原则协议》①。

对接中国"一带一路"倡议与老挝"变陆锁国为陆联国"战略，推动中老全面战略合作伙伴关系向前发展。2016年9月，中国国家主席习近平在杭州会见作为嘉宾国元首来华出席二十国集团领导人杭州峰会的老挝国家主席本扬。习近平指出：中国和老挝是好邻居、好朋友、好同志、好伙伴。中方愿同老方一道，推动中老全面战略合作伙伴关系不断向前发展，携手打造牢不可破的中老命运共同体。9月，中国总理李克强对老挝进行正式访问。双方决定加快中国"一带一路"倡议、"十三五"规划同老挝"变陆锁国为陆联国"战略、"八五"规划的有效对接，制定并实施好共同推进"一带一路"建设合作规划纲要②。

以"一带一路"倡议为契机，推动中柬全面战略合作伙伴关系持续健康发展。2014年11月，中国国家主席习近平在北京会见柬埔寨首相洪森。习近平指出：中柬两国坚持做知心朋友和可靠伙伴，使中柬关系结成守望相助的命运共同体。洪森表示：柬方希望借助"一带一路"建设，拉动本国基础设施建设和经济发展，参与区域一体化进程③。2016年10月，习近平访问柬埔寨。中柬双方共签署31份合作文件，中柬全面战略合作伙伴关系迈上新台阶。2017年5月，柬埔寨首相洪森对中国进行正式访问，双方签署了《共同推进"一带一路"建设合作规划纲要》等13份合

---

① 《中越联合公报》，《人民日报》2017年5月16日。

② 《中华人民共和国和老挝人民民主共和国联合公报》，《人民日报》2016年9月10日。

③ 《习近平会见柬埔寨首相洪森》，《人民日报》2014年11月8日。

作文件^①。

　　缅甸是与中国唇齿相依的友好邻邦，中缅携手推进全面战略合作伙伴关系。2014年11月，中国国家主席习近平在北京会见缅甸总统吴登盛。习近平指出：我们要从战略高度和长远角度出发，坚定推进中缅全面战略合作伙伴关系。吴登盛表示：缅方珍视缅中"胞波"情谊，缅甸作为东盟轮值主席国，愿意为促进东盟—中国关系作出贡献^②。2015年6月，应中国共产党邀请，由昂山素季率领的缅甸全国民主联盟代表团访华。习近平在北京会见昂山素季，被外国媒体称为"历史性的会面"。7月，缅甸遭遇特大洪涝灾害，中国第一时间提供紧急救灾物资。11月，昂山素季领导的全国民主联盟（民盟）在缅甸大选中获得压倒性优势。2016年4月，缅甸新政府成立后，出任国务资政的昂山素季决定将中国作为她上任后访问的第一个东盟之外的国家。2017年4月，缅甸总统吴廷觉对中国进行国事访问，中缅元首共同见证一系列双边合作文件的签署。两国关系正沿着"好邻居、好朋友、好兄弟、好伙伴"的轨道继续稳步前行。

　　中方高度重视印尼作为东盟最大成员国的作用，双方积极推进中国"21世纪海上丝绸之路"倡议和印尼"全球海洋支点"构想对接。2013年10月，习近平对印度尼西亚进行国事访问，同印度尼西亚总统苏西洛会谈，提出了"21世纪海上丝绸之路"概念，倡议筹建亚洲基础设施投资银行。2014年11月，中国国家主席习近平在北京会见印度尼西亚总统佐科。2015年4月，习近平出席在印度尼西亚举行的亚非领导人会议和万隆会议60周年纪念活动，与会国共同签署了《2015万隆公报》。2016年9月，习近平在杭州会见前来出席二十国集团领导人杭州峰会的印尼总统佐科。习近平指出：推动两国全面战略伙伴关系不断向前发展，积极对接21世纪海上丝绸之路倡议和"全球海洋支点"构想。佐科表示，印尼

① 《中华人民共和国和柬埔寨王国联合新闻公报》，《人民日报》2017年5月18日。

② 《习近平分别会见缅甸总统、孟加拉国总统、老挝国家主席、蒙古国总统和巴基斯坦总理》，《人民日报》2014年11月9日。

和中国全面战略伙伴关系可为世界和平与安全作出贡献①。

四、2012年至今中国与发展中国家关系

中国作为世界上最大的发展中国家，一贯主张同广大发展中国家守望相助、共同进步。中国以"真、实、亲、诚"的理念确立了中非全面战略合作伙伴关系新定位，共同打造中拉关系"五位一体"新格局，同阿拉伯国家致力于构建战略合作关系，同太平洋建交岛国建立战略伙伴关系。由中国倡导成立、主要面向广大发展中国家的地区多边合作架构实现全球覆盖，主要包括：上海合作组织、中国—东盟合作机制、中非合作论坛、中阿合作论坛、中国—中东欧国家领导人会晤、中国—太平洋岛国论坛对话会、中拉论坛，等等。

（一）与非洲国家关系

以"真、实、亲、诚"的理念，建设中非全面战略合作伙伴关系。2013年3月，习近平当选中国国家主席后首访的四国，就包括非洲的坦桑尼亚、南非、刚果共和国三国。3月25日，习近平在坦桑尼亚尼雷尔国际会议中心发表演讲，"真、实、亲、诚"成为中国对非合作新理念。习近平还创造性地提出发展与广大发展中国家关系之义利相兼、以义为先的新义利观。2014年5月，李克强对埃塞俄比亚和非洲联盟总部、尼日利亚、安哥拉、肯尼亚进行正式访问，并出席在尼日利亚阿布贾举行的第24届世界经济论坛非洲峰会全会。8月，持续蔓延的埃博拉疫情笼罩西非，中国采取了紧急驰援。在这场新中国历史上规模最大的对外医疗援助中，中国共提供总价值1.2亿美元的物资和资金援助，派遣1200多名医护人员和公共卫生专家赴疫区工作，并实现援非抗疫"打胜仗、零感染"的目

---

① 《习近平会见印度尼西亚总统佐科》，《人民日报》2016年9月3日。

标。2015年12月，习近平对津巴布韦、南非进行国事访问，并主持中非合作论坛约翰内斯堡峰会。中非领导人一致同意将中非关系提升至全面战略合作伙伴关系。中国提出中非"十大合作计划"，帮助非洲实现工业化、农业现代化，支持非洲基础设施建设，为非洲1万个村落实施收看卫星电视项目。2016年3月，张德江委员长出席在赞比亚卢萨卡举行的各国议会联盟第134届大会，这是中国全国人大常委会委员长首次出席议联大会，并对赞比亚、卢旺达、肯尼亚进行正式友好访问。5月，摩洛哥国王穆罕默德六世对中国进行国事访问，中摩签证便利化和旅游合作等文件从此得以签署。在南海问题上，非洲有39个国家政府站起来声援中国。2017年5月，采用中国国铁一级标准进行设计施工、被称为肯尼亚"世纪工程"的蒙内铁路通车，该铁路全长472公里，连接首都内罗毕和东非第一大港蒙巴萨。

2016年9月，习近平在二十国集团领导人杭州峰会期间，集中会见了南非总统祖马、非洲联盟轮值主席、乍得总统代比，埃及总统塞西，塞内加尔总统萨勒。2017年9月，习近平在厦门金砖国家领导人第九次会晤和新兴市场国家与发展中国家对话会上，集中会见南非总统祖马、埃及总统塞西、几内亚总统孔戴。习近平指出：中非是休戚与共的命运共同体和合作共赢的利益共同体。

（二）与拉美国家关系

拉美是全球最具发展潜力的新兴地区之一，党的十八大以来的五年间，习近平已三次走进拉美多个国家。2013年5月至6月，习近平对特立尼达和多巴哥、哥斯达黎加、墨西哥进行国事访问，在特多同加勒比九个建交国领导人举行会晤。2014年7月，习近平出席在巴西福塔莱萨举行的金砖国家领导人第六次会晤，对巴西、阿根廷、委内瑞拉和古巴进行国事访问，出席中国—拉美和加勒比国家领导人会晤，决定成立中国—拉美和加勒比国家共同体论坛。习近平提出构建中拉关系"五位一体"新

格局，倡议构建"1+3+6"合作新框架：一个规划、三大引擎、六大领域，得到与会领导人一致支持。2015年1月，中国—拉美和加勒比国家共同体论坛首届部长级会议在北京举行。习近平出席开幕式并发表《共同谱写中拉全面合作伙伴关系新篇章》的讲话。会议通过《中拉论坛首届部长级会议北京宣言》《中国与拉美和加勒比国家合作规划（2015—2019）》等。2016年11月，习近平对秘鲁、智利、厄瓜多尔进行国事访问。

密切在二十国集团、金砖国家等框架内的协调和配合，深化中巴全面战略伙伴关系。2015年5月，李克强总理对巴西进行正式访问。2016年9月，习近平在杭州会见前来出席二十国集团领导人杭州峰会的巴西总统米歇尔·特梅尔。习近平指出：推动中巴全面战略伙伴关系不断迈上新台阶，加强产业对接和产能合作，推动"两洋铁路"等重大项目尽早取得实质性进展。密切在二十国集团、金砖国家框架内的协调和配合[①]。2017年9月，巴西总统特梅尔对中国进行国事访问，并出席金砖国家领导人厦门会晤和新兴市场国家与发展中国家对话会。习近平强调："中方坚定支持拉美联合自强、发展振兴，致力于构建携手发展的中拉命运共同体。"双方要积极探讨"一带一路"倡议同巴西"投资伙伴计划""前进计划"对接，促进地区互联互通和联动发展[②]。据中国海关统计，2017年中巴双边贸易额为875.4亿美元，其中我方出口额289.6亿美元，进口额585.8亿美元，同比分别增长29.6%、31.8%和27.8%。巴西是我国在拉美地区最大贸易伙伴，我国是巴西第一大贸易伙伴和出口对象国。中国对巴各类投资总额超过400亿美元，巴西在华投资6.4亿美元[③]。

中国还与其他拉美国家保持友好往来。2016年9月，习近平在二十

---

① 《习近平会见巴西总统特梅尔》，《人民日报》2016年9月3日。
② 《习近平同巴西总统特梅尔举行会谈》，《人民日报》2017年9月2日。
③ 《中国同巴西的关系》（最近更新时间：2018年3月），中国外交部网站：http://www.fmprc.gov.cn/web/gjhdq_676201/gj_676203/nmz_680924/1206_680974/sbgx_680978/. 2018年4月10日访问。

国集团领导人杭州峰会期间，会见墨西哥总统培尼亚，会见阿根廷总统毛里西奥·马克里。9月，秘鲁共和国总统佩德罗·巴勃罗·库琴斯基首次出访选择中国，两国发表了《中华人民共和国和秘鲁共和国关于深化全面战略伙伴关系的联合声明》。2017年5月，阿根廷总统马克里来华出席"一带一路"国际合作高峰论坛并进行国事访问，智利共和国总统米歇尔·巴切莱特对中国进行国事访问。6月，中国与巴拿马建立外交关系。9月，习近平在厦门会见来华出席新兴市场国家与发展中国家对话会的墨西哥总统培尼亚。

（三）与中东国家关系

迄今为止，中国已经同八个阿拉伯国家建立了不同形式的战略关系，同海湾阿拉伯国家合作委员会建立了战略对话机制。2014年6月，中国—阿拉伯国家合作论坛第六届部长级会议在北京举行。习近平出席开幕式并发表《弘扬丝路精神，深化中阿合作》的讲话。2016年1月，中国政府首次发表《中国对阿拉伯国家政策文件》。坚持共商、共建、共享原则，推进中阿共建"一带一路"，构建以能源合作为主轴，以基础设施建设和贸易投资便利化为两翼，以核能、航天卫星、新能源三大高新领域为突破口的"1+2+3"合作格局[①]。

2016年1月，习近平前往中东对沙特、埃及和伊朗三国进行国事访问。习近平是首位同时访问沙、伊这两个断交国的外国领导人，也是伊朗被解除国际制裁后首位到访的外国元首，凸显中国中东外交的独特优势和影响力。在埃及开罗阿拉伯国家联盟总部，习近平发表了《共同开创中阿关系的美好未来》的重要演讲。经过中阿双方的共同努力，中阿共建"一带一路"，构建以能源合作为主轴，以基础设施建设、贸易和投资便利化为两翼，以核能、航天卫星、新能源三大高新领域为突破口的

---

① 《中国对阿拉伯国家政策文件》（2016年1月），《人民日报》2016年1月14日。

"1+2+3"合作格局基本形成,已经有了早期收获①。

五、2012年至今中国的多边外交

多边外交,是三个及以上国际社会主权国家或相对独立地区领导人或相关代表,依托国际性、区域性或国别性多边交往机构或机制,进行的定期或不定期的多边交往活动。这些国际性、区域性或国别性多边交往机构或机制,主要有联合国及其附属机构、世界贸易组织、国际货币基金组织、世界银行、二十国集团、亚太经合组织、上海合作组织、金砖国家、东亚峰会、全球气候峰会、达沃斯论坛、博鳌亚洲论坛、世界互联网大会等等。"中国特色大国外交"之多边外交,是指中国依托这些多边交往机构或机制进行的多边外交活动,以及中国在其中的地位、作用和影响力。

(一) 中国在联合国及其附属机构中的地位、作用、影响力

党的十八大以来的五年间,面对深刻变化的国际力量对比和日益突出的全球性问题,习近平在联合国相关会议上,提出了中国的全球治理观、发展观、经济全球化观等一系列新理念新主张,推动建立更加公正合理、普惠均衡的全球治理体系。

关于全球治理观。2015年9月,中国国家主席习近平在纽约联合国总部出席第70届联合国大会一般性辩论并发表题为《携手构建合作共赢新伙伴　同心打造人类命运共同体》的重要讲话,全面、系统地阐释了中国的全球治理观:当今世界,各国相互依存、休戚与共。我们要继承和弘扬联合国宪章的宗旨和原则,构建以合作共赢为核心的新型国

---

① 习近平:《共同开创中阿关系的美好未来》(2016年1月21日),《人民日报》2016年1月22日。

际关系，打造人类命运共同体①。2017年1月，中国国家主席习近平在瑞士日内瓦万国宫出席"共商共筑人类命运共同体"高级别会议并发表题为《共同构建人类命运共同体》的主旨演讲，进一步深入阐释了中国的全球治理观：构建人类命运共同体，实现共赢共享。世界命运应该由各国共同掌握，国际规则应该由各国共同书写，全球事务应该由各国共同治理，发展成果应该由各国共同分享。构建人类命运共同体，关键在行动。坚持对话协商，建设一个持久和平的世界；坚持共建共享，建设一个普遍安全的世界；坚持合作共赢，建设一个共同繁荣的世界；坚持交流互鉴，建设一个开放包容的世界；坚持绿色低碳，建设一个清洁美丽的世界②。

关于发展观。2016年9月，习近平在纽约联合国总部出席联合国发展峰会并发表题为《谋共同永续发展做合作共赢伙伴》的重要讲话，全面、系统地阐释了中国的发展观：唯有发展，才能消除冲突的根源。唯有发展，才能保障人民的基本权利。唯有发展，才能满足人民对美好生活的热切向往。本次峰会通过的2015年后发展议程，我们应该以此为新起点，共同走出一条公平、开放、全面、创新的发展之路，努力实现各国共同发展：我们要争取公平的发展，让发展机会更加均等；我们要坚持开放的发展，让发展成果惠及各方；我们要追求全面的发展，让发展基础更加坚实；我们要促进创新的发展，让发展潜力充分释放③。

关于经济全球化观。2017年1月，中国国家主席习近平在瑞士达沃斯国际会议中心出席世界经济论坛2017年年会开幕式并发表题为《共担时代责任共促全球发展》的主旨演讲，全面、系统地阐释了中国的全球化

---

① 习近平：《携手构建合作共赢新伙伴　同心打造人类命运共同体——在第七十届联合国大会一般性辩论时的讲话》（2015年9月28日），《人民日报》2015年9月29日。

② 习近平：《共同构建人类命运共同体——在联合国日内瓦总部的演讲》（2017年1月18日），《人民日报》2017年1月18日。

③ 习近平：《谋共同永续发展做合作共赢伙伴——在联合国发展峰会上的讲话》（2016年9月26日），《人民日报》2016年9月27日。

观：历史地看，经济全球化是社会生产力发展的客观要求和科技进步的必然结果，不是哪些人、哪些国家人为造出来的。经济全球化为世界经济增长提供了强劲动力，促进了商品和资本流动、科技和文明进步、各国人民交往。当然，我们也要承认，经济全球化是一把"双刃剑"。当今世界经济增长、治理、发展模式存在必须解决的问题。我们既要有分析问题的智慧，更要有采取行动的勇气：第一，坚持创新驱动，打造富有活力的增长模式；第二，坚持协同联动，打造开放共赢的合作模式；第三，坚持与时俱进，打造公正合理的治理模式；第四，坚持公平包容，打造平衡普惠的发展模式①。

关于脱贫、可持续发展与维和行动。2015年7月，联合国发布的《2015年千年发展目标报告》显示："中国极端贫困人口比例2014年下降到4.2%，成为世界上减贫人口最多的国家，也是世界上率先完成联合国千年发展目标的国家。"②2016年在联合国大会第七十届会议通过《2030年可持续发展议程》，呼吁各国采取行动为今后15年实现17项可持续发展目标而努力。中国贯彻创新、协调、绿色、开放、共享的发展理念，迈向生态文明新时代。中国是联合国安理会常任理事国中派遣联合国维和人员最多的国家，迄今累计派出军队2万多人次。2014年12月，中国首支赴南苏丹维和步兵营举行出征誓师大会，这是中国首次派出整建制的步兵营参加联合国维和行动。2015年9月，在纽约联合国总部第70届联合国大会一般性辩论上，习近平宣布：中国加入新的联合国维和能力待命机制，决定为此率先组建常备成建制维和警队，建设8000人规模的维和待命部队。2017年7月，中国公安部常备维和警队300余名队员全部列入联合国维和待命机制。

---

① 习近平：《共担时代责任共促全球发展——在世界经济论坛2017年年会开幕式上的主旨演讲》（2017年1月17日），《人民日报》2017年1月18日。

② 中共中央党史研究室：《党的十八大以来大事记》，《人民日报》2017年10月16日。

（二）中国在主要国际经济组织中的地位、作用、影响力

党的十八大以来的五年间，中国在世界贸易组织、国际货币基金组织、世界银行中作为成员国发挥积极作用。中国加入世界贸易组织以来经济保持中高速增长，在世界主要国家中名列前茅，截止2017年国内生产总值已经高达12万亿美元，连续8年稳居世界第二，对世界经济增长贡献率超过30%。中国"十三五规划"明确提出要继续"维护世界贸易组织在全球贸易投资中的主渠道地位"①。2016年7月，李克强在北京同世界银行、国际货币基金组织、世界贸易组织、国际劳工组织、经济合作与发展组织、金融稳定理事会等主要国际经济金融机构负责人举行首次"1+6"圆桌对话会。2016年10月1日起，人民币正式加入国际货币基金组织的特别提款权货币篮子。国际货币基金组织总裁拉加德发表声明："货币篮子扩容对于IMF、中国和国际货币体系来说，都是历史性里程碑。"②新的货币篮子包含5种货币，美元、欧元、人民币、日元、英镑权重分别为41.73%、30.93%、10.92%、8.33%、8.09%，人民币是第三大权重的货币，人民币国际化进程加速。世界银行通过提供期限较长的项目贷款，推动了中国交通运输、能源、农业、金融、文卫、环保、金融人才培养等事业的发展，对中国的脱贫功不可没。

中国倡导创立的金砖国家新开发银行和亚洲基础设施投资银行，开创了发展中国家组建多边金融机构的先河。2014年7月，金砖国家领导人在巴西福塔莱萨举行第六次会晤发表《福塔莱萨宣言》，宣布建立金砖国家开发银行，标志着金砖国家合作从概念向实体迈进。该行初始资本为1000亿美元，由5个创始成员平均出资，总部设在中国上海。金砖国家开发银行于2015年7月21日正式开业。2015年12月25日，首个由中国倡议

---

① 《中华人民共和国国民经济和社会发展第十三个五年规划纲要》（2016年3月16日第十二届全国人民代表大会第四次会议批准），《人民日报》2016年3月18日。
② 《人民币正式加入SDR货币篮子 将有助于增强SDR的代表性、稳定性和吸引力》，《人民日报》2016年10月2日。

设立的多边金融机构亚洲基础设施投资银行在北京正式成立。2016年1月16日，亚洲基础设施投资银行开业仪式在北京举行，习近平为亚洲基础设施投资银行标志物"点石成金"揭幕并致辞。目前，亚洲基础设施投资银行成员国已从最初创立时的57个扩大到80个，成员国包括亚洲、欧洲、非洲、拉丁美洲的国家。该银行不只是一个亚洲地区的银行，已成为仅次于世界银行的全球性多边金融机构。

（三）中国在主要国际区域组织中的地位、作用、影响力

金砖国家领导人会晤机制，是来自亚、欧、拉、非四大洲发展实力强劲的五大国对话交流合作的平台。2013年3月27日，习近平出席在南非德班举行的金砖国家领导人第五次会晤。2014年7月，金砖国家领导人在巴西福塔莱萨举行第六次会晤，首次把政治协调列入会晤议程，并建立金砖国家开发银行和应急储备安排，标志着金砖国家合作从概念向实体迈进。2015年7月，习近平出席在俄罗斯乌法举行的金砖国家领导人第七次会晤。2016年10月，习近平在印度果阿出席金砖国家领导人第八次会晤。2017年9月，在中国厦门举办金砖国家领导人第九次会晤。《金砖国家领导人厦门宣言》和《新兴市场国家与发展中国家对话会主席声明》是厦门金砖国家领导人第九次会晤和新兴市场国家与发展中国家对话会达成的两份综合性文件。

二十国集团领导人峰会，是国际金融危机的产物，一定程度上平衡了发达国家与发展中国家的力量对比，全球治理开始从"西方治理"向"西方和非西方共同治理"转变。2013年9月，习近平出席在俄罗斯圣彼得堡举行的二十国集团领导人第八次峰会，发表《共同维护和发展开放型世界经济》的主旨讲话。2014年11月，习近平出席在澳大利亚布里斯班举行的二十国集团领导人第九次峰会。2015年11月，习近平出席在土耳其安塔利亚举行的二十国集团领导人第十次峰会。2016年9月，二十国集团领导人第十一次峰会在中国杭州举行，这是中国首次举办G20首脑

峰会，会议通过《二十国集团领导人杭州峰会公报》。2017年7月，二十国集团德国汉堡第十二次峰会延续中国杭州峰会共识，强调全球发展同舟共济、合作共赢。中国国家主席习近平发表《坚持开放包容，推动联动增长》的重要讲话。

亚太经济合作组织，是亚太地区最具影响的经济合作官方论坛。2013年10月，习近平出席在印度尼西亚巴厘岛举行的亚太经合组织第二十一次领导人非正式会议。2014年11月，亚太经合组织第二十二次领导人非正式会议在北京举行，与会的21位经济体领导人或代表围绕"共建面向未来的亚太伙伴关系"主题深入交换意见。2015年11月，习近平出席在菲律宾马尼拉举行的亚太经济组织第二十三次领导人非正式会议。2016年11月，习近平出席了在秘鲁利马举行的亚太经合组织第二十四次领导人非正式会议。2017年11月，亚太经合组织第二十五次领导人非正式会议在越南岘港举行，习近平出席并发表题为《携手谱写亚太合作共赢新篇章》的重要讲话。

东亚峰会，素以"领导人引领的战略论坛"作为定位。2012年11月，在第七届东亚峰会上，东亚峰会"10+6"机制16个国家共同启动"区域全面经济伙伴关系"谈判。2016年9月，第11届东亚峰会在老挝万象举行。东盟十国领导人与中国总理李克强、美国总统奥巴马、俄罗斯总理梅德韦杰夫、日本首相安倍晋三、韩国总统朴槿惠、印度总理莫迪、澳大利亚总理特恩布尔、新西兰总理约翰•基和联合国秘书长潘基文出席，呈现"10+8"首脑会晤格局。会后，李克强与东盟十国及韩国、日本、印度、澳大利亚、新西兰等国领导人共同出席了《区域全面经济伙伴关系协定》联合声明发布仪式。2017年11月，第十二届东亚峰会在菲律宾马尼拉举行，李克强出席并发表讲话。

巴黎气候变化大会，2015年11月开幕，全球150个国家的元首和政府首脑，以及195个国家及欧盟缔约方代表史无前例地汇聚到一起。习近平作为中国最高领导人首次出席气候变化大会，在开幕式上发表《携手构建合作共赢、公平合理的气候变化治理机制》的讲话，提出了要构建人类命运共同体，要建设一个公平合理、合作共赢的全球气候治理体系。2015年12月12日，《巴黎协定》的最终文本通过。2016年4月22日，中美同时签署《巴黎协定》。2016年9月3日，中国国家主席习近平同美国总统奥巴马、联合国秘书长潘基文在杭州共同出席气候变化《巴黎协定》批准文书交存仪式，习近平和奥巴马先后向潘基文交存中国和美国气候变化《巴黎协定》批准文书。潘基文在致辞中表示：联合国高度赞赏中美两国在应对气候变化挑战方面发挥的领导作用。富有雄心的《巴黎协定》将为全球提供可持续发展新的稳定框架，将为我们共同的家园提供安全保护①。2016年11月4日，《巴黎协定》正式生效，是全球气候治理史上的里程碑。

（四）中国在中国主导的国际区域组织中的地位、作用、影响力

党的十八大以来的五年间，中国在中国主导的上海合作组织、博鳌亚洲论坛、世界互联网大会等国际区域组织中发挥积极作用。上海合作组织，每年举行一次成员国国家元首正式会谈，定期举行政府首脑会谈，轮流在成员国举行。2013年9月，习近平参加在吉尔吉斯斯坦比什凯克举行的上海合作组织成员国元首理事会第十三次会议。2014年9月，习近平出席在塔吉克斯坦杜尚别举行的上海合作组织成员国元首理事会第十四次会议。2015年7月，上海合作组织成员国元首理事会第十五次会议在俄罗斯乌法举行，习近平出席并发表《团结互助，共迎挑战，推动上海合作组织实现新跨越》的讲话，成员国元首签署了《上海合作组织成员国元首乌法宣言》，通过了《上海合作组织至2025年发展战略》等重要文件。2016年6月，习近平对乌兹别克斯坦进行国事访

---

① 《习近平同奥巴马、潘基文共同出席气候变化〈巴黎协定〉批准文书交存仪式》，《人民日报》2016年9月4日。

问，并出席在塔什干举行的上海合作组织成员国元首理事会第十六次峰会。在第十六次峰会上，签署印度、巴基斯坦加入上海合作组织义务的备忘录。2017年6月在哈萨克斯坦阿斯塔纳第十七次峰会上，批准给予印度、巴基斯坦上海合作组织成员国地位，至此，上海合作组织有中国、俄罗斯、乌兹别克斯坦、哈萨克斯坦、吉尔吉斯斯坦、塔吉克斯坦、印度、巴基斯坦8个成员国。

博鳌亚洲论坛，是非官方、非营利性、定期、定址的国际组织，论坛年会每年在海南举行一次。2013年4月，博鳌亚洲论坛年会在海南博鳌举行，主题是"革新、责任、合作：亚洲寻求共同发展"，习近平出席开幕式并发表《共同创造亚洲和世界的美好未来》的主旨演讲。2015年3月，博鳌亚洲论坛年会在海南博鳌举行，习近平出席开幕式并发表《迈向命运共同体，开创亚洲新未来》的主旨演讲。

世界互联网大会，是由中国倡导并每年在浙江省嘉兴市桐乡乌镇举办的世界性互联网盛会。2014年11月19日至21日，首届世界互联网大会在浙江乌镇举行，中国国家主席习近平向大会致贺词。2015年至2017年第二届至第四届世界互联网大会在乌镇连续召开。

六、2012年至今中国的"主场外交"

党的十八大以来的五年间，"领袖外交"和"主场外交"成为"中国特色大国外交"最亮丽的风景线。习近平是新中国历史上出访次数最多、参加国际活动最多、会见国际组织领导人和世界各国领导人最多的国家最高领导人，出访足迹实现全球覆盖。党的十八大以来的五年间，习近平累计出访36次、64个国家（2013年11个，2014年18个，2015年14个，2016年14个，2017年7个），累计近180天，行程近50万公里，相当于绕地球飞行近12圈，足迹遍布各大洲，不断拉近中国与世界的距离。他曾幽

默地表示，每次用这么多时间出访很"奢侈"，但很有必要①。

党的十八大以来的五年间，中国政府在北京、杭州、厦门等城市主办一系列主场外交活动，包括和平共处五项原则发表60周年纪念大会、亚太经合组织第二十二次领导人非正式会议、纪念中国人民抗日战争暨世界反法西斯战争胜利70周年大会、二十国集团领导人第十一次峰会、"一带一路"国际合作高峰论坛、金砖国家领导人第九次会晤，等等。越来越多的"中国倡议"演化为国际共识，越来越多的"中国方案"演化为国际行动。

（一）举办和平共处五项原则发表60周年纪念大会

和平共处五项原则，是1954年中国政府在处理与陆地邻国印度、缅甸之间的历史遗留问题的过程中首先提出并积极倡导的。2014年6月28日，和平共处五项原则发表60周年纪念大会在北京人民大会堂隆重举行，中印缅三国领导人出席。

中国国家主席习近平出席大会并发表讲话，缅甸总统吴登盛、印度副总统安萨里出席纪念大会并致辞。习近平在主旨讲话中指出：60年前，中印缅三国共同倡导了和平共处五项原则，这是国际关系史上的重大创举，为推动建立公正合理的新型国际关系作出了历史性贡献。和平共处五项原则载入了中国宪法，是中国外交政策的基石。新形势下，如何更好坚持和弘扬五项原则，推动建立新型国际关系，共同建设合作共赢的美好世界，习近平提出六点看法：第一，坚持主权平等，第二，坚持共同安全，第三，坚持共同发展，第四，坚持合作共赢，第五，坚持包容互鉴，第六，坚持公平正义②。吴登盛在致辞中表示："和平共处五项原

---

① 中共中央宣传部、新华通讯社、中央电视台联合制作政论专题片：《大国外交》解说词第一集《大道之行》，《人民日报》2017年8月29日。

② 习近平：《弘扬和平共处五项原则 建设合作共赢美好世界——在和平共处五项原则发表60周年纪念大会上的讲话》（2014年6月28日），《人民日报》2014年6月29日。

则经受住时间的考验，日臻成熟，已经成为国际关系的基本准则，也是缅甸外交政策的基石。……我们倡议各国都遵循和平共处五项原则，共同致力于促进世界和平、稳定、发展。"①安萨里在致辞中表示："和平共处五项原则具有永恒的生命力。印中缅三国发展阶段不同，本着和平共处五项原则，可以聚同化异，交流互鉴，加强合作，共同发展。国际社会应该践行和平共处五项原则，携手应对各种全球性挑战，推动建立和平、稳定、繁荣、安全的世界。"②和平共处五项原则生动反映了《联合国宪章》宗旨和原则，并赋予这些宗旨和原则以可见、可行、可依循的内涵。

（二）举办纪念中国人民抗日战争暨世界反法西斯战争胜利70周年大会

第二次世界大战是人类社会历史上一次大规模长时间的惨痛悲剧，中国是第二次世界大战期间东方主战场，中国抗日战争开始时间最早，结束时间最迟。2014年2月27日，十二届全国人大常委会第七次会议通过《关于确定中国人民抗日战争胜利纪念日的决定》，将9月3日确定为中国人民抗日战争胜利纪念日。2015年9月3日，纪念中国人民抗日战争暨世界反法西斯战争胜利70周年大会在北京天安门广场隆重举行。中共中央总书记、国家主席、中央军委主席习近平发表重要讲话并检阅受阅部队。中共中央政治局常委、国务院总理李克强主持纪念大会。65位外国领导人、政府高级别代表、联合国等国际组织负责人、前政要等应邀出席大会，30个国家的外军观摩团团长等出席大会。阅兵仪式上，除了中国的徒步方队、装备方队外，还有17个国家的军队方队或代表队参加阅

---

① 《和平共处五项原则发表60周年纪念大会在北京举行》，《人民日报》2014年6月29日。
② 《和平共处五项原则发表60周年纪念大会在北京举行》，《人民日报》2014年6月29日。

兵仪式。

在纪念大会上，习近平指出：中国人民抗日战争和世界反法西斯战争，是正义和邪恶、光明和黑暗、进步和反动的大决战。中国人民抗日战争胜利，是近代以来中国抗击外敌入侵的第一次完全胜利。我们纪念中国人民抗日战争暨世界反法西斯战争胜利70周年，就是要铭记历史、缅怀先烈、珍爱和平、开创未来。我们要以史为鉴，坚定维护和平的决心。为了和平，我们要牢固树立人类命运共同体意识。相互尊重、平等相处、和平发展、共同繁荣，才是人间正道。世界各国应该共同维护以联合国宪章宗旨和原则为核心的国际秩序和国际体系，积极构建以合作共赢为核心的新型国际关系，共同推进世界和平与发展的崇高事业[1]。

（三）举办"一带一路"国际合作高峰论坛

2017年5月14日至15日，中国在北京主办"一带一路"国际合作高峰论坛。论坛主要包括开幕式、圆桌峰会和高级别会议三个部分，还有以"五通"（即：政策沟通、设施联通、贸易畅通、资金融通、民心相通）和智库交流为主题的6场平行主题会议。30位国家元首、政府首脑及联合国秘书长等3位重要国际组织负责人出席"一带一路"国际合作高峰论坛领导人圆桌峰会等活动，来自130多个国家和70多个国际组织的约1500名各界贵宾作为正式代表出席论坛，来自全球的4000余名记者注册报道此次论坛。

"一带一路"国际合作高峰论坛的主题是"加强国际合作，共建'一带一路'，实现共赢发展"。为了发出中国声音、提供中国方案，东道主中国领导人多次发表讲话。主要有：中国国家主席习近平的《开辟合作新起点　谋求发展新动力——在"一带一路"国际合作高峰论坛圆桌峰会上的开幕辞》《携手推进"一带一路"建设——在"一带一路"国际合

---

[1] 习近平：《在纪念中国人民抗日战争暨世界反法西斯战争胜利70周年大会上的讲话》（2015年9月3日），《人民日报》2015年9月4日。

作高峰论坛开幕式上的演讲》《在"一带一路"国际合作高峰论坛欢迎宴会上的祝酒辞》《在"一带一路"国际合作高峰论坛圆桌峰会上的闭幕辞》。中国国务院副总理张高丽的《坚持共商共建共享　加强"五通"交流合作——在"一带一路"国际合作高峰论坛高级别全体会议上的致辞》。习近平强调：丝路精神"以和平合作、开放包容、互学互鉴、互利共赢为核心"①。经过与会各国各方共同商讨，形成了《"一带一路"国际合作高峰论坛圆桌峰会联合公报》。公报从会议的时代背景、合作目标、合作原则、合作举措、愿景展望五个方面共18条介绍了会议内容和取得的成果。携手推进"一带一路"建设和加强互联互通倡议对接的努力，为国际合作提供了新机遇、注入了新动力，有助于推动实现开放、包容和普惠的全球化②。中方对其中具有代表性的一些成果进行了梳理和汇总，形成高峰论坛成果清单。清单主要涵盖政策沟通、设施联通、贸易畅通、资金融通、民心相通5大类，共76大项、270多项具体成果③。中国主办"一带一路"国际合作高峰论坛，"目的就是共商合作大计，共建合作平台，共享合作成果，让'一带一路'建设更好造福各国人民"。中国希望通过"一带一路"倡议实现的最高目标是："不断朝着人类命运共同体方向迈进。"④共商、共建、共享是"一带一路"国际合作的核心理念。中国将在2019年举办第二届"一带一路"国际合作高峰论坛，努力将"一带一路"建设成为和平之路、繁荣之路、开放之路、创新之路、文明之路。

"主场外交"的意义主要表现在以下几个方面：第一，一系列"主场

---

① 习近平：《携手推进"一带一路"建设——在"一带一路"国际合作高峰论坛开幕式上的演讲》（2017年5月14日），《人民日报》2017年5月15日。
② 《"一带一路"国际合作高峰论坛圆桌峰会联合公报》，《人民日报》2017年5月16日。
③ 《"一带一路"国际合作高峰论坛成果清单》，《人民日报》2017年5月16日。
④ 习近平：《开辟合作新起点　谋求发展新动力——在"一带一路"国际合作高峰论坛圆桌峰会上的开幕辞》（2017年5月15日），《人民日报》2017年5月16日。

外交"活动主题鲜明、成效显著。和平共处五项原则发表60周年纪念大会，坚持和弘扬和平共处五项原则，唱响共同建设合作共赢的美好世界的奏鸣曲；纪念中国人民抗日战争暨世界反法西斯战争胜利70周年大会，呼唤铭记历史启示的真理：正义必胜、和平必胜、人民必胜；"一带一路"国际合作高峰论坛，主张共商合作大计，共建合作平台，共享合作成果。第二，一系列"主场外交"活动的纵贯线索是"一带一路"。中国坚持对外开放的基本国策，主办一系列"主场外交"活动的一个目的，是积极促进"一带一路"国际合作，打造国际合作新平台，增添共同发展新动力。"在'一带一路'等重大国际合作项目中创造更全面、更深入、更多元的对外开放格局。"①第三，一系列"主场外交"活动使"中国特色大国外交"之国际影响力、感召力、塑造力得以彰显。中国秉持的共商共建共享的全球治理观念贡献中国智慧和方案。

总之，党的十八大以来的五年间，中国坚持和平发展道路，全方位、多层次、立体化的外交布局基本形成并深入展开，中国特色大国外交全面推进，为夺取新时代中国特色社会主义事业伟大胜利营造了良好的外部条件。同时，中国推动构建人类命运共同体，促进全球治理体系变革，国际影响力、感召力、塑造力进一步提高，为世界和平发展和人类进步事业作出了新的重大贡献。

---

① 习近平：《在庆祝中国共产党成立95周年大会上的讲话》（2016年7月1日），《人民日报》2016年7月2日。

后 记

　　筚路蓝缕启山林，栉风沐雨砥砺行。2018年，是实现了新中国成立以来中共党史和中华人民共和国史上具有深远意义的伟大转折的中共十一届三中全会召开40周年，是改革开放和社会主义现代化建设新时期开创40周年，年届"不惑"，中国改革开放和社会主义现代化建设事业、中国特色社会主义事业和中华民族伟大复兴事业凯歌行进中的一些整体性的、阶段性的发展规律和发展特征及其发展趋势，已经相对明晰地呈现出来，使我们有可能、也有条件对其中的历史经验和现实启示进行一番比较全面、系统、深入的梳理和阐释、总结和揭示，以期以此丰富而深刻的历史积淀作为中国特色社会主义新时代继续开拓前进的借鉴和滋养。

　　作为"中国改革开放40年"丛书的一部，《改革开放40年的中国外交》，聚焦的就是新时期以来40年中国独立自主的和平外交，是将以邓小平为核心的第二代中央领导集体、以江泽民为核心的第三代中央领导集体、以胡锦涛为总书记的中央领导集体、以习近平同志为核心的党中央先后治国理政的四个历史发展阶段，作为四个有机组成部分而谋篇布局的，旨在探讨新时期以来40年中国独立自主的和平外交之历史发展进程、脉络、规律、特征、成就和经验。

　　本书的编写，是由我带着我的四个中国人民大学的博士陈宗海、李

桂华、张安、穆阿妮集体合作共同完成的。他们先后于2007年、2011年、2013年、2014年博士毕业于中国人民大学马克思主义学院当代中国史专业或中国近现代史基本问题研究专业，博士学位论文均是当代中国外交研究方向。现在都已经成为所在单位——北京理工大学、中国农业大学、华中师范大学、北京科技大学马克思主义学院的业务骨干和中青年学术带头人，均是教授或副教授职称。全书由我牵头设计编写的基本思路、体例和提纲，并对整部书稿进行了统改定稿工作。

本书的编写，具体分工如下：导言：齐鹏飞；第一章：张安、齐鹏飞；第二章：穆阿妮、齐鹏飞；第三章：李桂华、齐鹏飞；第四章：陈宗海；后记：齐鹏飞。

对于每一章作者提供的初稿，我仅仅出于保持编写体例、编写风格统一的考虑，进行了基本史实的校订、个别具体内容的增删和文字上的修改润色，对于其各有所长、各有侧重的学术见解和学术观点，均维系原意。

由于本书并非严格意义上的学术研究专著，而是政治理论读物的定位，因此，为了行文的连贯和流畅，增加可读性，本书遵照丛书的总体要求参照教材编写的"惯例"和"通例"，对于所吸收和利用的学界研究的新成果和新材料——除了基本的引文，没有特别一一注明出处，在此一并致歉并致谢。

由于本书的编写从动议到完成不足一年时间，自觉浅陋之处在所难免，恳请各位学界方家和广大读者批评指正。

齐鹏飞

2017年12月